深圳市汉仁慈善基金会资助出版

待完成的现代化

儿童发展与中国现代化

杜智鑫 著

中国发展出版社
CHINA DEVELOPMENT PRESS

图书在版编目（CIP）数据

待完成的现代化：儿童发展与中国现代化 / 杜智鑫
著 . —北京：中国发展出版社，2024. 11. —ISBN
978-7-5177-1435-4

Ⅰ. G61

中国国家版本馆 CIP 数据核字第 2024H1S387 号

书　　　名：待完成的现代化：儿童发展与中国现代化

著作责任者：杜智鑫

责 任 编 辑：耿瑞蝶

出 版 发 行：中国发展出版社

联 系 地 址：北京经济技术开发区荣华中路 22 号亦城财富中心 1 号楼 8 层（100176）

标 准 书 号：ISBN 978-7-5177-1435-4

经 　销 　者：各地新华书店

印 　刷 　者：北京博海升彩色印刷有限公司

开 　　　本：710mm×1000mm　1/16

印 　　　张：16.75

字 　　　数：290 千字

版 　　　次：2024 年 11 月第 1 版

印 　　　次：2024 年 11 月第 1 次印刷

定 　　　价：88.00 元

联 系 电 话：（010）68990635　68990625

购 书 热 线：（010）68990682　68990686

网 络 订 购：http://zgfzcbs.tmall.com

网 购 电 话：（010）88333349　68990639

本 社 网 址：http://www.develpress.com

电 子 邮 件：1944517807@qq.com

前　言

　　研究通常起源于问题。本书所探讨的问题是儿童发展与中国现代化的关系。本书明确提出，要实现中国式现代化，关键在于实现人的现代化，而要实现人的现代化，则首先要实现儿童发展的现代化。近代以来[①]，中国始终把实现现代化作为国家目标之一，历经了从古到今、从西到中、从技到道的反复尝试与探索。当前，中国正在努力深入推进中国式现代化，按照"两步走"战略部署，力争在 21 世纪中叶全面建成社会主义现代化强国。随着以中国为代表的发展中人口大国的快速现代化，现有现代化理论存在的一些不足日益凸显，包括"重西方轻亚非拉"和"重效率轻公平"。更重要的是，在以往现代化发展中"重物轻人"，过于重视经济的发展、物质的生产与财富的积累，而忽视人的全面发展和儿童的发展。中国所要追寻的是具有中国特色的现代化，是要实现共同富裕的现代化。在这种探索和发展中，除制度、科技、贸易、资源和环境之外，更重要的是探讨人的现代化。没有人的现代化水平的提升，现代化就会失去根本。儿童是国家的未来、民族的希望，是人的现代化的关键。国内外大量的科学研究和政策实践表明，实现人的现代化要重视儿童、投资儿童，促进儿童健康成长和人力资本积累，从而实现经济社会可持续发展和社会公平。

　　中国的儿童现代化尚待完成。自晚清起，中国的儿童现代化就开始了科学化、本土化、制度化的探索，尽管这种探索满是坎坷和艰辛，呈现出"前进—倒退—再前进"的演进历程。本书利用近代百余年来的资料和研究，从跨学科、跨时空的角度，系统梳理了中国儿童发展的现代化进展和

---

　　① 本书中的"近代以来"指的是 1840 年鸦片战争以后的历史时期。

经验。中国近代的儿童发展是从"救亡造材"到"培养新国民"，然后到"培养革命主力军"，再到"培养现代化主力军"的过程；是从少数儿童"精英教养"走向普惠发展的过程；是从高等教育走向义务教育再走向儿童早期教育，从儿童救助走向教育、营养、心理、保护等儿童综合福利发展的过程；也是不断探索、从借鉴走向本土创新的过程。中国现代儿童发展政策的基本趋势是：家庭福利功能不断弱化，国家福利功能不断增强。近代中国的儿童现代化一开始就面临着城乡分割和区域差距巨大的挑战。中国儿童发展正在努力实现从政策到立法的现代化转变。

当前正面临世界百年未有之大变局，中国要解决所面临的重大现代化问题，关键在于实现人的现代化，在于实现儿童发展的现代化。本书敏锐地指出，与儿童发展现代化需求和期望相比，当前中国的儿童发展还面临诸多挑战和问题。在当前中国取得成为世界第二大经济体和消除绝对贫困等巨大成就的同时，也要看到与美国、英国、德国、日本等发达国家在创新能力、新技术的应用能力，尤其在人的现代化方面，还存在差距，而这种人的现代化的差距表现在儿童发展的现代化方面。当前，受各种因素的影响，儿童发展事业还不平衡，城乡区域发展差距大的形势还没有得到根本扭转，特别是欠发达地区的儿童，在健康、营养、教育等方面的发展水平明显低于全国平均水平。儿童优先还未完全上升到国家战略高度，对儿童发展的投入还不足，儿童发展尤其是早期发展公共服务体系不够完善，儿童权益受损的事件还屡有发生，儿童发展水平和人力资本积累水平还有待提高。到 21 世纪中叶，要如期完成全面建成社会主义现代化强国的目标，这些发展差距都急需弥补。

如何才能实现"少年强则国强"？儿童的现代化发展是推动实现人的现代化和中国现代化的系统而深刻的社会变迁过程，涉及理念的变革、社会的转型、国家的建设和制度体系的建立。作为一种"蓝图描绘"，本书提出，从儿童的视角出发，要实现中国儿童发展的现代化，需要实现儿童发展理念的现代化，建设儿童优先社会，成为儿童投资型国家，建成儿童现代化发展体系。

本书的观点多直接来自笔者从事儿童项目工作的困惑、思考和实践，部分观点来自对历史和专业材料的阅读和梳理，还有部分观点得益于前辈和专家们的思考和阐发，以及与同事和从事农村儿童工作人员的交流讨论，对此笔者心存感激并鸣谢。同时，笔者也强烈感受到对儿童发展与中国现代化的探讨，很大程度上受限于研究视野的单一、历史资料和数据的缺乏、研究方法的较为传统、科学定量化研究和追踪调查的相对稀少，当然最大的不足还是笔者自身的专业素养与积累。笔者将本书的探讨视为一个提出问题的过程，有时提出问题远比找出问题的答案更为重要。儿童发展和中国现代化是一个宏大而重要的议题，也是一个需要更多专家学者和实践者努力从跨学科、多元化、创新的视角去探讨并实践完成的议题。

目　录

第一章　现代化与儿童发展

近代以来，中国经过长期的现代化探索和奋斗，取得历史性发展成就，综合国力显著增强。中国是世界第二大经济体、第一制造业大国、第一大货物贸易国和第二大消费市场。科技水平大幅提升，"嫦娥"探月等实现航天突破，自主研发的北斗卫星导航系统全球组网，大飞机实现国产化。民生福祉不断提升，人均国内生产总值提升至约 1.25 万美元，接近高收入国家门槛；消除了绝对贫困，近 1 亿农村贫困人口全部脱贫；15 岁及以上人口平均受教育年限为 9.91 年；基本医疗保险覆盖超过 13.5 亿人，基本养老保险覆盖超过 10 亿人。

近代以来，中国把实现现代化作为国家目标之一。现代化意味着从传统经济到现代经济、从传统社会到现代社会、从传统政治到现代政治、从传统文化到现代文化，更重要的是从传统人到现代人的转变。目前，世界上绝大多数国家都在开展现代化建设。中国的现代化是世界现代化的重要组成部分。

中国的现代化历经了从古到今、从西到中、从技到道的反复尝试与探索，正在实现由站起来、富起来到强起来的历史跃迁。未来，中国将深入推进中国式现代化，按照"两步走"战略部署，先基本实现社会主义现代化，再建成社会主义现代化强国。

一、何谓现代化

现代化发轫于西方，已经持续了几百年，形成了诸多关于现代化的理论。综合来看，有 5 种代表性观点。

第一种观点以经济学家刘易斯、罗斯托为代表。他们认为，现代化实质上就是从农业社会向现代工业社会的过渡，是经济落后国家通过使劳动力从低效的农业部门向高效的工业部门转移，不断破除二元经济结构，从而推动整体经济现代化的过程。这一过程首先从英美等发达国家开始。而后发展的国家的现代化只有两种路径：要么模仿英美等国的工业化，要么通过与这些国家的经济联系为工业化创造条件。现代化进程中最关键的就是"起飞阶段"。

第二种观点认为，现代化是人类社会从前现代社会向现代社会转型的全面而剧烈的过程，影响包括风俗习惯、政治、经济、文化、人的心理、城市化等各个方面。这类观点主要是由韦伯、帕森斯等社会学家提出的。在他们看来，现代化是一种动态而深刻的社会结构转型，在推动社会发展进步的同时也带来了许多消极的影响。

第三种观点以学者英克尔斯为代表。他提出现代化的关键是人的现代化的观点。他认为，现代化不仅是经济和社会结构的变迁，更是人们心理和行为模式的转变，是实现由传统人到现代人的转变。人的现代化是现代化制度与经济得以长期发展并取得成效的先决条件。

第四种观点以学者弗兰克、阿明、卡多佐的依附理论和学者沃勒斯坦的世界体系理论为代表。他们认为，现代化是一种相互关联的发展体系，或是一个资本主义世界经济体系。现代化的发展过程，就是从边缘国家向半边缘国家再向核心国家的跃升过程。

第五种观点认为，东亚一些国家和地区成功的发展经验为现代化提供了另外的路径。1993 年世界银行发布了名为《东亚的奇迹：经济增长与公共政策》的报告，把东亚后发经济体所取得的发展成就归结为"东亚模式"，认为存在政府主导经济转型的优势。[①]

上述观点既有对现代化经验的总结，也有对现代化问题的反思和批判。更为重要的是，随着以中国为代表的发展中人口大国的快速现代化，以上现代化理论存在的一些不足日益凸显。

---

① 李培林：《社会学视角下的中国现代化新征程》，《社会学研究》2021 年第 2 期。

首先，重西方轻亚非拉。由于现代化是发轫于欧洲并由西方发达国家主导的发展过程，因而西方现代化的道路被视为普世的道路。这忽视了东亚国家和金砖国家所取得的发展成就和经历的道路探索。同时，一些发展中国家不顾自身国情，盲目模仿西方现代化道路，陷入"中等收入陷阱"。现代化的路径是多元的而非单一的，现代化绝不意味着西方化。

其次，重物轻人。现有的现代化理论过于注重经济的发展，注重物质的投资与生产，却忽视人的本质要求与发展。决定现代化的不是器物，也不是制度，而是"人"（思想观念和实践）。现代化就是促使人的现代性不断提升的过程。如果没有人的现代性的提升，现代化就可能会因失去根本而变形走样，甚至落空。

再次，重效率轻公平，或者说经济成功、社会失败。现代化发展的失衡导致少数人的暴富和多数人的生活困苦并存，背离了现代化的方向和本意。2022 年，全球最富有的 10% 的人口占有全球总收入的 52%，而最贫穷的 50% 的人口仅占有全球总收入的 8.5%。中东和北非地区是世界上收入分配明显不平等的地区，欧洲的不平等程度则较低。平均而言，全球收入分配中最富有的 10% 的人，人均年收入为 12.21 万美元；而最贫穷的 50% 的人，人均年收入为 3920 美元[1]。

最后，重成人轻儿童。2022 年，全球有 3.33 亿儿童（占全球儿童总数的 1/6）生活在极端贫困中。从全球来看，儿童虽然只占全球人口的 1/3，却占极端贫困人口的一半以上。儿童生活在极端贫困家庭的概率是成年人的两倍多，两者分别为 15.8% 和 6.6%，他们缺乏生存和茁壮成长所需的食物、卫生设施、住所、医疗保健和教育。撒哈拉以南非洲地区有 40% 的儿童生活在极端贫困中。按照目前的减贫速度，到 2030 年消除儿童极端贫困的可持续发展目标将无法实现。在消除贫困和不平等的斗争中，没有时间可以浪费，必须把儿童放在首位[2]。

---

[1] 世界不平等实验室：《2022 年世界不平等报告》。
[2] 联合国儿童基金会、世界银行：《根据国际贫困线的全球儿童货币贫困趋势》，2023。

二、人的现代化

现代化理论中的一个重要的视角是"人"的视角，以学者英格尔斯的人的现代化理论最具代表性。英格尔斯认为，在任何时代与社会，人都是现代化进程中最基本的因素。只有国民在心理与行为上都发生了转变，形成了现代的人格，这个社会才能成为现代社会。他归纳出现代人的9个特征：有接受经验的能力；对内外部产生的大量问题持有自己的观点；面向当前与未来；有计划与组织地处理生活；为促进个人目标的实现掌控环境，而不是被环境操纵；相信可以依赖别人与别的机构来履行义务与完成职责；懂得并愿意尊重他人；信仰科学与技术；相信分配公平。与之相对，固守传统、不具备变革精神的"传统人"的存在，成为制度变革和社会变革的阻碍。他还指出，现代化还会给家庭生活和社会结构带来深刻的影响。现代化可以改变传统的亲子关系和家庭形态，子女更倾向于自主选择工作和生活方式。同时，现代化使社会流动性增强，人们可以凭借自己的努力打破出身阶层的限制，实现向上流动[1]。

此外，社会学家非常重视对现代化带来的社会和人的问题的研究，如托马斯和兹纳涅茨基对身处欧美的波兰农民移民的大规模社会史研究、埃尔德对大萧条时期的孩子们的研究、帕特南对美国社会过去半个世纪日渐扩大的"阶级鸿沟"和美国梦破碎的研究，都从不同的时空和领域关注了现代化过程中人的发展和转变，尤其是底层人群遭受的社会流动受阻和挫折[2]。

人的现代化理论的另一个重要启示是，无论不同国家的现代化路径有多大的区别，教育的普及和科技的应用都是社会发展的前提。科学技术是第一生产力，教育则是推动科技进步进而使其转化为生产力的重要途径。受教育的主体是人。美国经济学家舒尔茨和贝克尔等人对于人力资本的解释主要

---

① 英格尔斯：《人的现代化》，殷陆君译，四川人民出版社，1985。
② 李培林：《社会学视角下的中国现代化新征程》，《社会学研究》2021年第2期。

包含两个方面：其一是个人所具备的技能，其二是生产知识的存量。在获取人力资本的方式中，接受正规的教育是最主要的途径之一。通过教育来增加人力资本的积累，可以促进社会整合和良性发展。西方发达国家的经验表明，随着产业结构的调整，劳动力成本的比较优势将逐渐丧失，依赖高新技术的趋势将逐渐显现。受教育程度较低的劳动力无法满足向高新技术产业转型的需要，这就需要国家加大对人力资本的投资，其中的关键就是加大教育投入并确保受教育机会的相对公平。

为了更好地促进人的现代化，20世纪90年代，联合国开发计划署提出了人类发展指数（Human Development Index）的概念。人类发展指数主要由教育水平、预期寿命和生活质量3个变量构成，目的在于改变过去主要依赖国内生产总值（GDP）来衡量一个国家发展水平的状况，使用更综合的指标来衡量一国的综合发展水平。自1990年在《人类发展报告》中发布以来，经过30多年的发展与完善，人类发展指数已经在全球广泛使用，在指导发展中国家制定相应发展战略方面发挥了极其重要的作用。

同样是为了促进人的现代化，2018年底，世界银行提出人力资本指数（Human Capital Index）的概念。世界银行认为，人力资本由人们一生中积累的知识、技术及健康组成，能够发挥其作为社会生产力要素之一的潜力。人力资本指数通过教育年限、考试成绩、医疗保健、孩子存活率和成人存活率5个指标，推算其未来生产和经济增长潜力[1]。该指数把健康与教育对下一代劳动者生产力的贡献进行量化，旨在促使各国政府更有效地投资下一代发展。

2015年，联合国成员国一致通过《2030年可持续发展议程》。该议程由17个可持续发展目标组成，是实现全世界更美好和更可持续未来的蓝图。可持续发展目标呼吁全世界共同采取行动，消除贫困，保护地球，改善所有人的生活。

---

[1]　叶田阳、常志有：《深化中国与东盟经济与贸易合作的对策研究》，《商业经济》2021年第8期。

三、儿童发展是人的现代化的关键

人的现代化是现代化的根本和保障。儿童是国家的未来、民族的希望，其发展无疑是人的现代化的关键。实现人的现代化首先要重视儿童，投资儿童，促进儿童健康成长和人力资本积累，从而实现经济社会可持续发展和社会公平。

（一）儿童正在成为宝贵的社会财富

《柳叶刀》的研究表明，从 1950 年平均每名女性生育约 5 个孩子到 2021 年的 2.2 个孩子，全球总和生育率下降了一半以上。据预测，未来几十年全球生育率将进一步下降，到 2050 年，超过 3/4 的国家（全球 204 个国家中的 155 个）的生育率将不足以长期维持人口规模；到 2100 年，这一比例将上升至 97%（全球 204 个国家中的 198 个）。根据国家统计局的数据，中国的出生人口自 2017 年以来连续 7 年下降，2023 年出生人口数为 902 万人，比 2022 年减少 54 万人，继续创新低。2022 年到 2050 年中国少子化趋势显著。16 岁以下人口占比将从 2022 年的 19.4% 下降到 2035 年的 13.0%，下降趋势明显。这意味着伴随世界多数国家和地区出生人口的下降，儿童正在成为宝贵的社会财富。

（二）发展新范式：从传统人力资本理论到投资儿童早期发展

人力资本已成为当前经济社会可持续发展的重要驱动力。经济学家很早就注意到了人力资本的重要性及影响因素。

马歇尔很早就强调家庭在人力资本投资中的重要性，并指出父母的收入水平、教育程度、预期能力都会影响子女的人力资本水平。舒尔茨和贝克尔提出和完善了现代意义上的人力资本概念，揭示了人力资本影响经济运行的深刻含义。明塞尔则将学校教育、在职培训与人力资本投资相联系，将受教育年限或受教育水平视为人力资本代理变量。后来，卢卡斯和罗默将人力资本概念完整地纳入经济增长理论[①]。

在此基础上，诺贝尔经济学奖获得者福格尔、赫克曼等人的理论形成了新的人力资本理论流派，强调应以对人的投资作为推动经济发展的核心手段，尤其要重视对儿童早期发展的投资。

福格尔的研究使人们了解到，人的能力对经济发展具有重要影响。儿童早期发展的质量对人口质量有着长期而深远的影响，关系到人们成年后的健康状况。阿玛蒂亚·森则指出，成年人所具备的各方面能力与其童年经历有着深刻的关联。对教育和其他可丰富童年体验的活动进行投资，可以提升人在成年以后的各种能力，提高成年后的发展机遇和创造经济收益的能力。

赫克曼的研究表明，个体发展的敏感期出现在生命的早期阶段，儿童的早期发展对各种能力的形成至关重要，与人一生的成就有着重要的因果关系（见图 1–1）。此外，"能力产生能力"，一个人掌握的技能越多，就越容易通过协同作用，学会更多的技能。早期形成的能力有助于促进个体进一

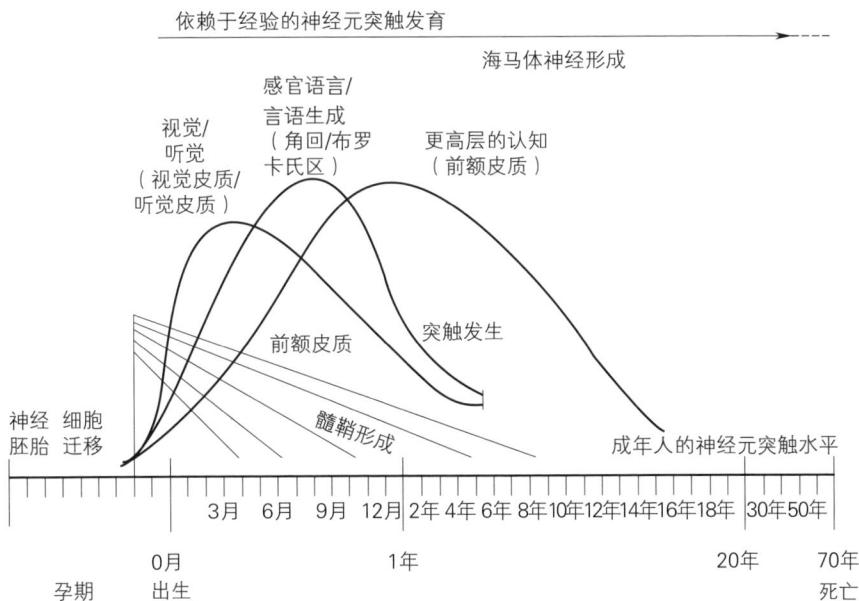

图 1–1　个体的能力发展与生命周期

资料来源：*Developmental Science and the Media*：*Early Brain Development*。

[①]　杜丽群、王欢：《家庭经济学视角下人力资本理论研究进展》，《经济学动态》2021 年第 5 期。

步的学习。0～3岁是儿童早期人力资本投资的关键期，也是回报率最高的阶段。人力资本投资回报率会随着年龄增长而逐渐下降。[①]

基于早期经历的大脑开发能够为真正意义上的人力资本形成奠定基础。高质量的儿童早期发展项目将优质的养育、照护（包括健康和营养方面）、教育和刺激活动结合在一起，这些项目会通过教育资本、健康资本、社会资本和公平资本4条路径将人的发展与经济增长直接关联起来（见图1-2）。

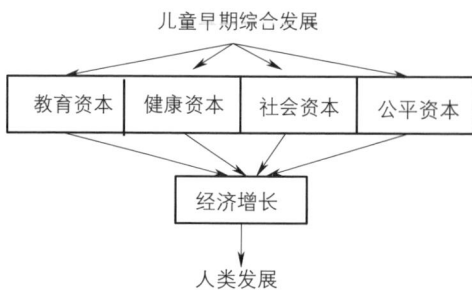

图1-2 儿童早期综合发展

资料来源：*From Early Child Development to Human Development*。

因此，对人进行投资被认为是经济社会发展的重要驱动力和国家竞争力的重要体现。很多经济学家和发展机构都在敦促各国以及国际社会关注儿童，尤其是儿童早期发展。儿童在5岁以前极易受到各种不利因素的影响，并且这种影响会持续一生，需要付出极大的努力才能弥补。如图1-3所示，当儿童暴露在6～7个诸如贫困、忽视等风险因子时，90%以上会出现发育迟缓的现象。通过投资儿童的早期发展，一个国家能够成功地形成人力资本，提升其未来的经济竞争力。

儿童发展投入越早，成本越低，回报率越高（见图1-4）。儿童早期发展投资是具有最高回报率的投资。全球多个干预项目的跟踪研究显示，儿童早期发展阶段每投入1美元，将获得4.1～9.2美元的回报；在美国，这一

---

① 弗拉维奥·库尼亚、李珊珊、王博雅等：《投资儿童早期人力资本：儿童早期发展项目设计的经济理论、数据及启示》，《华东师范大学学报（教育科学版）》2019年第3期。

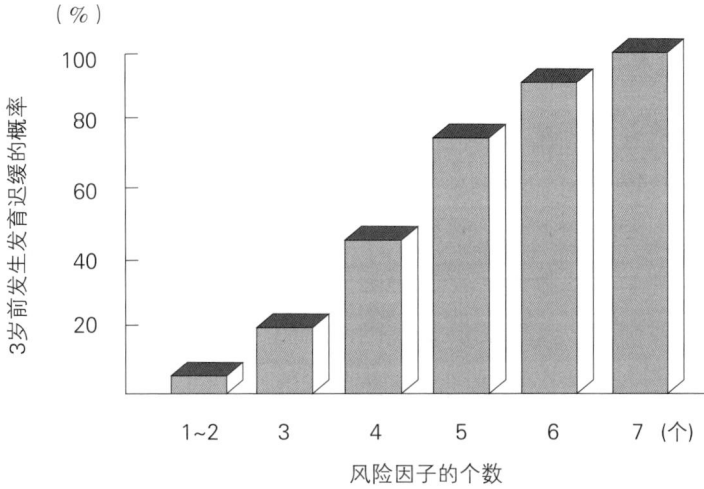

图1-3　风险因子与发育迟缓

资料来源：*Developmental Status and Early Intervention Service Needs of Maltreated Children*。

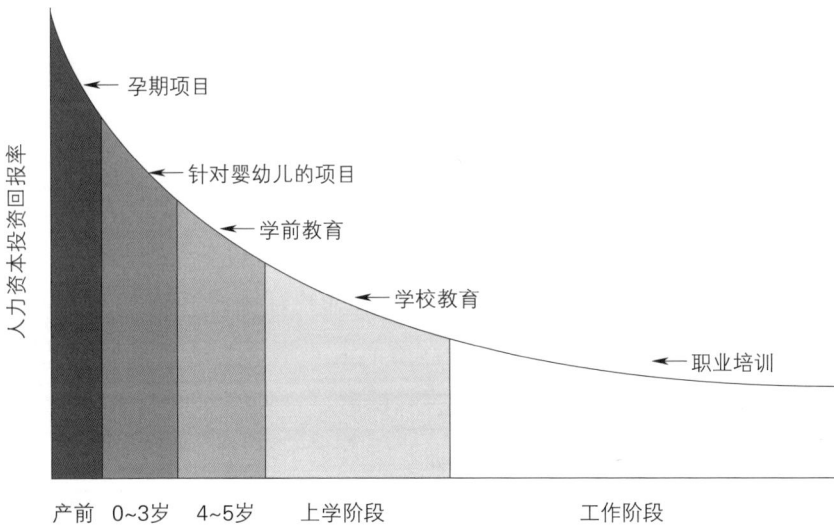

图1-4　儿童早期发展与人力资本投资回报

资料来源：*Schools，Skills and Synapses*。

回报为 7～16 美元 [1]。投资儿童发展也比投资青年和成人教育更有效，学校教育阶段和成人继续教育阶段投资回报的比例分别只有 2：1 和 3：1。

（三）儿童发展与代际流动

诺贝尔奖获得者赫克曼提出，投资儿童早期发展是一种减少贫困和社会不平等的"预分配"战略。他认为，以转移支付方式提高低收入人群收入，建立社会安全网，以激励的手段帮助低收入人群摆脱贫困是减少不平等的传统政策。这些政策被世界各国广泛采用，成为现代福利国家社会政策的重要组成部分。著名的例子是巴西实施的以有条件现金转移支付为主的家庭救助计划。美国在 20 世纪 60 年代的反贫困斗争中也采用了类似的做法。但关键的问题是这些政策能否长期减少不平等，能否促进下一代的社会流动和减少下一代的经济不平等。目前，缺乏有力证据证明传统政策在这方面是奏效的。

赫克曼通过研究表明，如果社会及早对儿童生命周期采取连贯一致的干预措施，将促进弱势儿童的认知和社会情感能力发展，并提高儿童的健康水平和幸福感。这些社会干预措施的积极效果将通过各种渠道渗透于生命周期全过程，并在代际传递。这些措施同时也能提高劳动生产率，具有较高的成本效益和投资回报率，它传递的效率原则正是所有社会项目应该秉持的基本准则。有质量的儿童早期政策是为数极少的无须平衡平等和效率关系的社会政策之一。公平的社会政策必定同时具有经济效益 [2]。

在社会学领域，针对儿童的生命历程和代际流动也有一些经典的研究。美国学者埃尔德的《大萧条的孩子们》一书以生命历程研究为主线，重点探讨了经历过大萧条的孩子们的成长道路、人格、价值观以及对于生活的态度。研究发现，在大萧条艰难的岁月里，环境、经济和各种压力对身处其中的孩子的改变是不可逆的，不仅影响他们幼年时的生活环境和发展，而且对其成年后的工作和生活都产生了深远影响。这种影响甚至波及

---

[1]　中国发展研究基金会：《中国儿童发展报告 2017：反贫困与儿童早期发展》，中国发展出版社，2017。

[2]　杜智鑫：《积极推进流动儿童的社会融合》，《社会治理》2017 年第 10 期。

研究对象的后代①。

美国社会学家帕特南从代际流动的视角出发，在《我们的孩子》一书中生动地展示了美国社会过去半个世纪以来日渐扩大的阶级鸿沟。这种阶级鸿沟的产生主要受家庭结构、父母教育方式、学校教育、邻里社区等方面的影响，其中儿童早期发展和教育尤为重要。中上阶层的父母有更多时间陪伴孩子，给予孩子充足的营养和早期教育；而经济条件薄弱的家庭，不仅是经济上"穷"，更多的还生活在残缺家庭，得不到父母共同的关爱，在隔代教养的环境中长大。他还高度认同关于儿童发展的生命早期1000天理论。儿童的大脑发育是否健康，被证明是同父母所受的教育、家庭收入和社会阶级密切相关的。越是富裕家庭和受教育程度高的父母，越能认识到儿童早期发展的重要性，越会对孩子进行全面细致的养育照顾。更重要的是，对儿童早期的精心养育照顾具有很高的投资回报率。该书的结论是，美国已呈现机会鸿沟和收入不平等日益扩大的"两个美国"的图景，美国梦已然破碎，这对美国的发展影响深远②。

英国学者邓肯·埃克斯利的专著《撕裂的公平：社会流动性以及孩子们的前景》同样是对代际流动和社会公平的深入研究。他在开篇即设问：英国离"机会型社会"还有多远？他认为，要实现这一目标，需要促进社会流动，给予社会大众和后代实现梦想和抱负的机会。然而，英国的特权阶层和非特权阶层的不平等从孕期和儿童早期就开始了。母亲的焦虑、物质条件的匮乏，如饥饿和营养不良，使低收入家庭的孩子在出生前就处于较低的健康水平。因此，低收入家庭的孩子一出生就落后于富足家庭的孩子，这种差距甚至会贯穿整个生命周期。孩子出生后，面临着早期教育的问题。对于低收入家庭的父母来说，他们需要将大量的时间和精力投入到工作中以维持生计，因此缺少足够的时间和精力来关注孩子的学前教育。相比之下，富足家庭的父母由于拥有较好的经济资源和较高的受教育水平，会为孩子的学前教育投入更多的时间和金钱。当孩子开始接受学校教育时，这种由家庭背景带来的差异会不断增大。此外，家庭经济状况还会

---

① 埃尔德：《大萧条的孩子们》，田禾、马春华译，译林出版社，2002。

② 帕特南：《我们的孩子》，田雷、宋昕译，中国政法大学出版社，2017。

对孩子的心理产生影响。稳定、富裕的家庭生活往往能够促使孩子形成掌控人生的积极思维。而拮据的家庭生活和带有"污名化"性质的福利救济则可能会损害孩子的自信心。在青少年阶段，非特权阶层的孩子所认同和模仿的对象往往来自同等人群，这些人并不能给予孩子们足够的向上流动的动力。他们在获取职业信息、接受专业建议以及参与社会实践方面存在明显弱势。因此，英国要实现合理的社会流动以减少社会贫困和不平等现象，政府就必须给予非特权阶层的青少年从儿童早期到高等教育和就业等更多发展机会[①]。

此外，美国学者马赛厄斯·德普克和法布里奇奥·齐利博蒂在《爱、金钱和孩子：育儿经济学》一书中探讨了不同国家和地区育儿方式的差异，以及育儿方式与经济差距和机会公平的关系。他们将育儿方式分为密集型教养方式和放任型教养方式。他们的研究表明，除了收入、财富和教育方面的不平等，不断增长的育儿差距也可能成为社会流动和代际传递的关键链条。受过高等教育的父母更有可能共同抚育他们的孩子，在育儿上花更多时间，采用有利于孩子在社会上立足或提升阶层的教养方式。与之相反，在处境不利的家庭中，父母要面对贫困、单亲、低教育水平、时间不足等约束和限制，这让他们无法采取中上阶层那样的成就导向的育儿做法。育儿差距增加了弱势背景的孩子所要面临的人生挑战，阻碍了他们更好地实现社会流动。

（四）儿童权利与全球发展目标

让儿童享有儿童权利是现代化的理念和实践进步。儿童权利是儿童基于自己的需要所享有的利益与保护。与公民权利相比，儿童权利概念的产生相对较晚。1959 年 11 月 20 日，联合国第 14 届全体会议通过的《儿童权利宣言》详细说明了儿童应享有的权利。在承认儿童权利的同时，该宣言明确指出，各国应逐步采取立法及其他措施，为捍卫这些权利而努力。《儿童权利宣言》提出了 10 项原则：①所有的儿童都平等地享受本宣言中

---

① 邓肯·埃克斯利：《撕裂的公平：社会流动性以及孩子们的前景》，沈慧译，中国工人出版社，2023。

的一切权利；②儿童应享有特殊的保护，应该在健康、正常、自由和受尊敬的环境中成长；③儿童出生后有权获得命名和国籍；④儿童应享受到生活的保障，得到应有的营养、住所、娱乐和医疗服务；⑤低常儿童应得到特别的医治、教育和照顾；⑥儿童尤其是幼儿，应得到父母的关心和照顾，社会和公共权力机构应照顾和帮助没有家庭和没有足够营养的儿童；⑦儿童至少应在小学阶段享受义务教育；⑧在任何情况下，儿童都应首先受到保护和救济；⑨儿童不能被强制要求从事影响其体格和心理发展的活动；⑩儿童应在谅解、容忍、和平和世界性友谊的环境下成长。

1989 年 11 月，联合国大会通过了《儿童权利公约》，为儿童权利保护订立了一套全面的国际法律准则。该公约指出，儿童作为"积极和创造性"的权利主体，拥有 4 大权利，即生存权、保护权、发展权和参与权。

《儿童权利公约》的基本精神体现为 4 条原则：无歧视原则，儿童利益优先原则，保障儿童生存、生命和发展的原则，以及尊重儿童观点和意志的原则。《儿童权利公约》把儿童作为行使自己权利的主体，反映了国际社会对儿童权利的最新认识。为维护儿童应有的权利，促进全世界对儿童生存、保护和发展的关心和重视，159 个国家政府代表团于 1990 年 9 月参加了世界儿童问题首脑会议，发表了《儿童生存、保护和发展世界宣言》及《执行九十年代儿童生存、保护和发展世界宣言行动计划》。

此后，各国对儿童权利和发展的共识不断增强，对儿童权利的保护和发展投入力度不断加大，儿童发展被纳入各个时期重要的全球发展目标。

2000 年，国家元首及政府首脑签署了《联合国千年宣言》。它强调了人类发展多方面的协同效应，并对各国在打破贫困"怪圈"过程中所需要的一系列健康和教育政策给予优先考虑，涉及多项与儿童相关的健康和教育发展目标。这些目标促使全球各界关注减贫，并从各国际发展机构和各国调动资源。自 2000 年起，每个国际发展机构都开始基于各自的视角和机构任务明确儿童早期发展的重要性。包括世界银行在内的多边发展机构，以及美洲开发银行和亚洲开发银行等区域性发展银行，在儿童早期发展计划的发展（贷款）组合中均是主要资助方。

2015 年联合国制定并通过了《2030 年可持续发展议程》。该议程提出到 2030 年消除贫困，首次将儿童早期发展纳入相关发展目标，并将在未来 15 年内引导儿童发展决策。目标不再局限于降低母婴死亡率，而是涵盖儿童早期发展和儿童健康成长的机会公平和权利。在具体目标方面，与儿童发展相关的可持续发展目标特别呼吁消除饥饿并实现粮食安全（可持续发展目标 2）、确保健康和福祉（可持续发展目标 3）、提供普遍获得健康保障及生育保健的机会（可持续发展目标 3）、确保水和卫生的提供及可持续管理（可持续发展目标 6）、杜绝虐待并减少针对儿童的暴力（可持续发展目标 16）。可持续发展目标 4 呼吁包容和公平的优质教育，让全民终身享有学习机会。可持续发展目标 4.2 特别呼吁确保所有男女童获得优质的幼儿发展、看护和学前教育，为他们接受初级教育做好准备，并特别提出为推广幼儿服务提供前所未有的机会。除此之外，可持续发展目标 10 还呼吁减少国家内部和国家之间的不平等，可持续发展目标 11 则致力于确保为儿童及妇女提供安全和可持续的住房。

（五）儿童发展与儿童投资型国家

在国家竞争力日益取决于人力资本积累的今天，投资儿童早期发展正在成为各国政府的共识，许多国家正在迈向儿童投资型国家。

儿童投资型国家是指高度重视儿童发展事业，将儿童发展作为国家战略予以优先投资和大力投资的国家。儿童投资型国家的特征包括：一是国家通过专业、系统的儿童立法来保障儿童的权利；二是政府将儿童发展作为国家战略，实施大型国家项目；三是将儿童发展经费纳入政府的年度财政预算，不断提升儿童发展投资在财政投资中的占比；四是扩大儿童发展项目的覆盖范围并提高补贴标准，从"弱势小众"转向"普惠大众"；五是明确各层级部门在儿童发展事务中的权利义务关系；六是国家投资支持儿童服务的专业人才建设，增加岗位设置和政府购买；七是积极引导社会力量参与儿童发展事业；八是注重对儿童发展的前沿研究和对儿童发展政策和项目的科学评估[①]。

---

① 万国威、裴婷昊：《迈向儿童投资型国家：中国儿童福利制度的时代转向——兼论民政部儿童福利司的建设方略》，《社会工作与管理》2019 年第 4 期。

在上述基础上，许多国家正在竞相建设儿童投资型国家，大力投资儿童发展，开展国家项目，展开人力资本的国际竞争。如美国的"开端计划"与"早期开端计划"、英国的"确保开端计划"、澳大利亚的"学前教育普及计划"、巴西的"快乐儿童计划"等，都进行了有意义的实践。有些国家的行动计划持续了几十年，所提供的普惠性儿童早期发展服务，提高了处境不利儿童的早期养育水平和入园率，取得了不同程度的实效。近些年来，和中国同处东亚的日本和韩国的早期教育改革不断推进，早期教育得到了前所未有的重视。政府把儿童的早期教育作为国家的战略事业，大力投入的同时给予法律和制度保障。

除上述各国已开展的项目外，关于国家投资儿童发展尤其是早期发展的共识和行动还在不断深化。2015 年，美洲开发银行发布报告，其中关键信息包括：儿童早期服务质量起决定性作用，如果无法妥善利用资源，则经费再多也无法解决幼儿发展水平低下的问题；继续实验、评估和更新项目设计在提升幼儿服务质量方面必不可少；儿童早期发展政策需要制度性的支持。

在 2018 年第 71 届世界卫生大会上，联合国儿童基金会提出养育照护的基本框架。会议再次强调了投资儿童早期发展对促进经济增长、促进社会可持续发展、消除极端贫困和不平等的重要性，并重申政府在其中的重要作用[1]。

2018 年在二十国集团（G20）领导人峰会上，儿童早期发展被写入 G20 峰会公报，各成员国承诺共同推动儿童早期发展。

四、中国的现代化和儿童发展

经过长期的艰辛探索和努力，中国走出了一条适合中国国情的现代化道路。

---

[1] 加里·达姆施塔特、杨洁、聂景春等：《推动儿童早期发展——从个体到社会》，《华东师范大学学报（教育科学版）》2019 年第 3 期。

（一）中国的现代化探索

中国的现代化是一个艰难探索的历程。晚清时，在内忧外患的形势下，以曾国藩、左宗棠、胡林翼、李鸿章为代表的洋务派掀起了"求富自强"的洋务运动。洋务派购买外国船炮，操练新式军队，创办军事工业和民用工业，介绍西方科技知识。这是在不改变制度的前提下的"师彼之长"，无法真正达到"求富自强"的目的。1894 年的中日甲午战争结束了洋务运动 30 余年的探索。[①]

洋务运动失败后，从 19 世纪 90 年代起，中国又掀起了维新变法运动，到百日维新达到高潮。维新的目的在于向西方学习，发展农业、工业、商业等。但是，由于当时顽固势力坚持"宁可亡国，不可变法"的立场，维新变法运动也以失败告终。

1911 年，孙中山领导的革命党人发动了辛亥革命，推翻了清王朝，结束了两千多年的封建君主制度，建立起中华民国。中华民国建立之初，孙中山的治国方略主要以三民主义为主，即争取民族独立、创建民主国家、解决民生问题。此后不久，出现了洪宪复辟和北洋军阀割据，现代化进程出现反复和倒退。直到 1927 年南京国民政府成立，形式上完成了全国的统一，逐渐统一财权和实现关税自主等。但国民政府的国家综合能力是弱小和不牢固的，面对世界性经济危机和日本的入侵，最终的结果就是现代化进程的中断和失败[②]。严峻的现实使当时的社会各界不得不去寻找新的现代化之路。

俄国十月革命的胜利，给中国的现代化探索带来了新的希望。以毛泽东同志为主要代表的中国共产党人创造性地解决了马克思列宁主义基本原理同中国具体实际相结合的一系列重大问题，提出通过新民主主义革命走向社会主义的"两步走"战略，制定了新民主主义革命总路线。经过 28

---

① 樊文娥：《中国现代化进程中人的现代化》，《南通师范学院学报（哲学社会科学版）》2003 年第 4 期。

② 龙小涛：《关于南京国民政府（1927—1948）的现代化研究综述》，《西部学刊》2019 年第 6 期。

年的浴血奋战，1949 年中华人民共和国成立。新中国成立以后，又经过数年的努力，苏联模式的社会主义制度在中国建立起来了 [1]。探寻新的现代化路径成为迫切的时代任务。

1978 年，改革开放的大幕正式开启。1987 年，中国共产党第十三次全国代表大会提出"三步走"发展战略：第一步，实现国民生产总值比 1980 年翻一番，解决人民的温饱问题；第二步，到 20 世纪末，使国民生产总值再增长一倍，人民生活达到小康水平；第三步，到 21 世纪中叶，人均国民生产总值达到中等发达国家水平，人民生活比较富裕，基本实现现代化。此后一段时间，中国的现代化建设基本就是按照这个设想推进的。

2017 年 10 月，党的十九大报告明确提出到 21 世纪中叶建成富强民主文明和谐美丽的社会主义现代化强国这一目标。2022 年 10 月，党的二十大报告提出，团结带领全国各族人民全面建成社会主义现代化强国、实现第二个百年奋斗目标，以中国式现代化全面推进中华民族伟大复兴。全面建成社会主义现代化强国，总的战略安排是分两步走：从 2020 年到 2035 年基本实现社会主义现代化；从 2035 年到 21 世纪中叶把我国建成富强民主文明和谐美丽的社会主义现代化强国。

回顾上述中国现代化探索历程，中国所要追寻的是中国特色的现代化，是最终要实现共同富裕的现代化。在这种探索和发展中，除探讨制度、科技、贸易、资源和环境之外，更重要的是要探讨人的现代化和儿童发展的现代化。

（二）中国的儿童现代化

现代化的关键之一是人的现代化。中国是世界上最大的发展中国家。经过近代现代化的艰难探索历程，面对当前现代化进程中出现的各种问题和挑战，需要尽快实现人的现代化。而实现人的现代化其起点和关键又在于儿童发展，需要实现儿童发展的现代化。

中国近代的儿童发展是从"救亡造材"到"培养新国民"，再到"培

---

[1]　张神根：《马克思主义中国化时代化与中国式现代化》，《当代世界与社会主义》2023 年第 1 期。

养革命主力军",再到"培养现代化主力军",从少数儿童"精英教养"走向普惠发展的过程;是从高等教育走向义务教育再走向儿童早期教育,从儿童救助走向教育、营养、心理、保护等儿童综合福利发展的过程;也是不断探索、从借鉴走向本土创新的过程。

1. 中国儿童现代化的成就

新中国成立以来,通过坚持儿童优先,强化政府责任,儿童健康水平持续提高,婴儿死亡率和发育迟缓率大幅下降;教育机会更加公平,质量不断提升,学前教育得到快速发展,义务教育得到普及,高中阶段教育迈上新台阶。中国的儿童发展和现代化取得历史性成就。

儿童健康水平持续提高。国家卫生健康委数据显示,截至 2023 年,中国婴儿死亡率降至 4.5‰,5 岁以下儿童死亡率降至 6.2‰,孕产妇死亡率降至 15.1/10 万。中国妇幼健康核心指标水平位居全球中高收入国家前列,被世界卫生组织列为全球妇幼健康高绩效的 10 个国家之一。

教育普及水平持续提升,教育质量显著提升。截至 2023 年,学前教育毛入园率为 91.1%,初步实现了普及普惠的学前教育。九年义务教育巩固率达到 95.7%,义务教育基本实现均衡发展。高中阶段毛入学率为 91.8%,高中阶段教育全面普及。中等职业教育水平质量稳步上升①。

有效消除儿童贫困,阻断贫困代际传递。脱贫地区儿童健康和营养指标明显提高。2020 年中国发展研究基金会和中国儿童中心联合开展的脱贫地区儿童早期发展调查研究显示,2019 年脱贫地区婴儿死亡率、5 岁以下儿童死亡率明显下降,与全国平均水平基本持平。1120 万婴幼儿从贫困地区儿童营养改善项目中受益。国家实施的农村义务教育阶段学生营养改善计划惠及 3700 多万居住在贫困农村地区的在校学生。随着我国学前教育毛入园率达到 89.7%,以及中国发展研究基金会和部分地方政府合作开展"一村一园"计划,脱贫地区的学前教育机会公平和质量问题得到有效解决。2020 年,全国义务教育阶段 20 多万建档立卡辍学学生实现动态清零,农村儿童早期养育项目开始起步,基层困境儿童社会服务体系开始

---

① 国家统计局:《中华人民共和国 2023 年国民经济和社会发展统计公报》,2024。

建立。

儿童福利水平大幅提升，社会环境不断优化。儿童福利和救助保护机构数量稳中有升。截至 2021 年底，全国共有儿童福利机构 539 个，未成年人救助保护机构 276 个；城乡社区儿童之家 32.9 万个；全国共配备儿童督导员 5.3 万人、儿童主任 65.1 万人[①]。

2. 儿童观的现代化

鸦片战争后，晚清政府为了提振国力，实施了"癸卯学制"，制定了《蒙养院章程及家庭教育法章程》，提出保育儿童，促进其身心健康发展的教育目标[②]。

民国时期，社会各界认为，欲求富强，必先培养新国民。新国民来自成长中的儿童。理想的儿童应当是爱国、体魄强健、努力学习西学、自立、尚公的新国民[③]。教育需要改善"国民性"，教育的落脚点要从技术层面转移到思想层面，教育启蒙的主题要从"救亡造才"转移到启蒙立人，从培养器物之才转移到唤醒国民意识。教育要"使人成人"，培养新国民。

1949 年中华人民共和国成立，当时人们对儿童发展的看法除了从儿童自身出发，更多是从国家和社会的角度出发。

1978 年党的十一届三中全会开启了改革开放，儿童权利更加受到重视，儿童被视为人力资本基础和国家竞争力所在。以 1979 年全国托幼工作会议的召开和 1981 年《幼儿园教育纲要》的制定为标志，人们对儿童的认识逐渐回到儿童本身。政府工作报告中也明确提出，全社会都应关心和保护儿童，支持儿童工作。1986 年的《中华人民共和国义务教育法》从不同的方面规定并体现了儿童与国家的关系。

1989 年联合国大会通过了《儿童权利公约》。1990 年召开了世界儿童首脑会议。1992 年，中国政府制定实施了《九十年代中国儿童发展规划

---

① 国家统计局：《2021 年〈中国儿童发展纲要（2021—2030 年）〉统计监测报告》，2023。

② 王海英：《20 世纪中国儿童观研究的反思》，《华东师范大学学报（教育科学版）》2008 年第 2 期。

③ 程再凤：《晚清绅士家庭的孩子们（1880—1910）》，华东师范大学，2011。

纲要》。在《儿童权利公约》的影响下，政府和社会开始重视"儿童优先"的原则，强调儿童享有生存权、保护权、发展权[1]。

20 世纪 90 年代以来，国内外日益强调儿童早期发展是人力资本积累的重要基础，是国家未来竞争力的起点和关键。研究表明，儿童发育早期存在发育敏感期，是大脑发育的关键期。保证儿童早期充足的营养和养育刺激有助于个人能力的形成和健康成长，形成良好的人力资本，带来个人和社会巨大的经济和社会收益。相反，生活在不利的家庭和社会环境中的儿童，所面对的早期营养不良、家庭暴力、缺乏关爱等风险因素，会阻碍大脑的正常发育和能力的形成，可能导致日后辍学、犯罪等问题，陷入贫困代际传递。投资儿童发展，对于中国当前消除不平等、实现共同富裕和现代化具有重要意义。首先，有助于减少儿童疾病、营养不良的发生，提高弱势家庭的净收入和综合福祉；其次，有助于提高儿童长远的能力发展，改善个人健康和心理状况，提升劳动生产率，减少和预防青少年犯罪、失业等经济与社会问题，推动共同富裕和社会繁荣。

3. 西化与本土化

中国近代的现代化对于"西化"经历了"引入—接受—质疑—否定—再引入—接受"的过程，这同样也体现在近代儿童现代化的历程中。中国近代的儿童发展尤其是学前教育的现代化发轫于教会对学前教育的传播，呈现"西风东渐"的特点。晚清大批西方传教士来到中国，带来了相对先进的教育观念，建立了一批新式的学前教育机构，给中国学前教育制度的启动提供了可模仿的对象和经验。此后，清政府正式开展的蒙养院制度则是对日本学前教育制度的模仿，并且招聘了为数不少的日本园长和教师。到了民国时期，风向则再次转向了"西化"。当时城市所建的幼稚园多数采用欧美的教学体制，不仅园所布置"西化"，课程的设置和教师的培训也十分"西化"。针对此种"西化"和"贵族化"的情况，当时以陶行知、陈鹤琴为代表的中国教育学家发起了学前教育的中国化探索，建立了南京鼓楼幼稚园和中国第一所乡村幼稚园，形成了有中国特色的学前教育教学

---

[1] 王海英：《20 世纪中国儿童观研究的反思》，《华东师范大学学报（教育科学版）》2008 年第 2 期。

体系，建立了本土化的教师培训体系。随着新中国的成立，受当时苏联的影响，中国的学前教育从教学内容到教师培养都模仿苏联的体制。改革开放以后，一方面许多幼儿园再次开始吸收借鉴欧美的办园和教学理念，另一方面重新开始了中国特色学前教育的探索。可以说，中国近代的儿童现代化尤其是学前教育经历了"西化"与"本土化"不断转化和吸收、不断否定与借鉴的过程。从中国未来的发展来看，一定会形成具有中国特色的儿童现代化之路，但在这个过程中对国外先进经验的吸收和借鉴也是必不可少的。

4. 家庭与国家

家庭与国家在儿童发展中的关系和各自的角色是中国近代儿童现代化的重要议题。现代儿童福利的基本假设是，单个家庭无法应对现代社会生活中的社会风险和高昂的育儿成本，需要外部的帮助，因此政府对每个儿童都负有责任。现代儿童福利的基本发展趋势是，家庭福利功能不断弱化，国家福利功能不断增强。总体来看，在晚清以前，儿童福利和教育主要由家庭供给，国家几乎不介入。晚清科举制的废除和迅速兴起的学堂改变了这种状况。教育开始从家庭转到国家，家庭的功能减弱[1]。

随着中国近代现代化的推进，国家越来越深入地介入儿童的发展。五四运动时期，蔚然兴起的儿童公育思想就是希望国家和社会完全担负起儿童早期保育责任的典型表达。此后的南京国民政府加强对儿童福利的制度建设，同时还进行由政府主导的儿童福利试验区建设。

新中国成立后，国家在儿童发展中的作用更加突出。政府对儿童发展高度重视，不断完善包括儿童救助、教育、卫生在内的各种制度，同时加大了政府投入力度。改革开放以来，随着国家实力的增强和儿童发展需求的变化，中国的儿童发展和福利开始从"补缺型"逐渐向适度普惠型发展。

5. 城市与农村

在近代中国的儿童现代化过程中，一开始就面临着城乡分割和差距

---

[1] 程再凤：《晚清绅士家庭的孩子们（1880—1910）》，华东师范大学，2011。

巨大的挑战。在晚清现代化的探索中，最先发展起来的是北京、上海、汉口、长沙、广州等大城市，现代的学堂也最先在这些城市中建立起来。当时的广大乡村发展相对落后，还沿袭传统的私塾教育。居住在城市的孩子比居住在农村的孩子更早进入学堂学习，接触现代科学知识。

最早的幼教机构大都设在城市，特别是沿海一带，乡村难见其踪影。南京国民政府时期，教育家陶行知分析当时的国情，指出"吾国以农立国，人民百人中有八十多个住在乡村里"，但当时农村经济萎缩，农民生活贫穷，文化落后。因此，中国教育的重点和难点应该在农村。工厂和农村最需要幼稚园，幼稚园的下乡和进厂势在必行。当时必须对幼稚园进行根本变革，创造合理的、适合中国国情的幼稚园，使之为广大劳动人民谋幸福。

新中国成立后，由于城乡分割的计划经济体制的原因，社会制度安排呈现典型的城乡二元结构。中国儿童的发展和福利制度也反映了城乡二元性特征。在城市，国家不仅对儿童发展投入较多，教育、卫生、救助等各项制度也相对较为完善，儿童发展水平明显高于农村。

6. 普及与社会公平

只有少数儿童及家庭享有权利和服务，还是所有儿童和家庭普遍享有权利和服务从而实现社会公平，是中国近代儿童现代化非常重要的议题。晚清社会转型时，当时的精英士绅比一般百姓在经济上更优越，见识上更广博，他们更乐于送孩子进大城市的学堂，甚至出国留学。这方面的差别最明显地体现在女孩子的读书问题上。中国现代最早的一批新知识女性，如苏雪林、陈衡哲、杨步伟等，都出身于官绅家庭[①]。

在学前教育上同样如此。教会最开始在中国办的学前教育机构具有慈善性质，上层社会人士不愿意将自己的子女送往教会学校。后来，由于教会的教育目标发生了变化，想要培养各行各业的领袖人才以扩大自己的影响。教会的学前教育机构以良好的设备和新颖的教材与教法开始引起中国上层社会人士的注意，他们纷纷把自己的小孩送往教会幼稚园。教会幼稚

---

① 程再风：《晚清绅士家庭的孩子们（1880—1910）》，华东师范大学，2011。

园逐渐变成了富贵人家的学前机构。当时，很多幼稚园设置了各种障碍，把劳苦大众的子女排除在外。

新中国成立后，儿童发展水平大幅提高，政府坚持"儿童优先"，强化政府责任，儿童健康水平持续提高，婴儿死亡率和发育迟缓率大幅下降；教育机会更加公平，质量不断提升，义务教育得到普及，学前教育得到快速发展。与此同时，中国仍然有约47%的儿童生活在乡村，其中大量儿童生活在不利的家庭环境中，比如留守、单亲、父母教育水平低、看护人患有精神疾病等。中国发展研究基金会和中国儿童中心2020年联合开展的脱贫地区儿童大调查显示，脱贫地区0~3岁儿童发育迟缓率的比例较高，尤其是脱贫地区的农村儿童与城市儿童相比仍然有很大的差距。要实现共同富裕和现代化，就必须大力投资农村儿童发展，维护社会公平。

7. 保守与开放创新

中国近代儿童现代化同样徘徊在保守与开放创新之间。晚清洋务运动时期，新式教育开始在中国萌生并发展，如洋务官员开办新式学校、选派幼童赴美、开办幼稚园、建立京师大学堂等。但是，由于制度改革滞后和保守势力的阻挠，洋务运动时期的教育改革没有形成完整的近代教育体系，没有形成制度体制的革新①。

这种保守与开放创新同样体现在当时中央与地方在推动新式教育的博弈之中。相对于当时中央的保守，在张之洞、端方等地方督抚的大力倡导和行动下，湖北由当时一个传统教育资源一般的省份，一跃成为全国学界之翘楚，其中许多方面，甚至在全国起到了开风气之先的作用。他们力主废除科举制度，大力兴办包括中国第一所幼稚园——湖北幼稚园在内的新式教育，派遣留学生到欧美和日本学习。

新时期的婴幼儿早期照护事业同样面临创新的要求。随着2019年国务院办公厅印发《国务院办公厅关于促进3岁以下婴幼儿照护服务发展的指导意见》，以城镇地区为主的托育事业获得了快速发展。截至2023年底，

---

① 杨勇：《洋务运动教育改革与明治维新教育改革比较研究》，河北大学，2011。

每千人的托位数达到了 3.38 个。但与此同时，在广大农村地区，国家还未出台早期养育专项政策，相应的投入少，公共服务缺乏，目前只有部分社会公益组织在进行相关的模式探索。

8. 从救济到普惠的制度建设

晚清民国时期的儿童福利更多体现出"救济"的特点，突出表现在对弃婴的救助保护上。民国后期，政府和社会力量开始意识到要为儿童福利提供保障，但限于当时国家的能力和政治环境，施行的还是有限的儿童福利制度，以教育福利和儿童保护为主[1]。

随着新中国的成立和国内经济的快速发展，政府推动包括儿童发展在内的社会福利制度建设，开始从原来的"小福利"向"大福利"转变。所谓"大福利"指的是建立适度普惠的福利制度。适度普惠的儿童福利对象超越了传统的孤残儿童，是对所有儿童的关爱和照护，涵盖了儿童营养健康、养育、教育、保护等综合性发展内容[2]。从历史发展的角度来看，儿童福利体系的发展从"救济"发展到适度普惠，未来也必将发展到完全普惠。

9. 从政策到立法

针对儿童发展问题，不同时期的政府制定了众多儿童发展政策，但存在"政策碎片化"的问题，缺少统一性或整体性[3]。伴随儿童现代化的进展，要保护和实现儿童的根本权利，迫切需要实现从政策到立法的转变，这也是世界上很多国家儿童发展的重要经验。新中国成立以来，我国儿童立法取得了很大进展，陆续出台了《中华人民共和国未成年人保护法》《中华人民共和国义务教育法》《中华人民共和国学前教育法》《中华人民共和国家庭教育促进法》等法律。

---

[1] 于建琳、宣朝庆：《儿童国家化与现代国家建设——观念链引发的积极儿童福利实践》，《青年研究》2022 年第 4 期。

[2] 姚建平、刘明慧：《改革开放以来中国儿童福利制度模式研究》，《社会建设》2018 年第 6 期。

[3] 乔东平、廉婷婷、苏林伟：《中国儿童福利政策新发展与新时代政策思考——基于 2010 年以来的政策文献研究》，《社会工作与管理》2019 年第 3 期。

五、待完成的现代化

随着全球化的不断深入和社会环境的不断发展变化，当前正面临百年未有之大变局，中国在现代化发展的过程中既面临机遇又面临挑战。要解决所面临的重大现代化问题，关键还是人的现代化。而人的现代化关键在于重视儿童发展，投资儿童发展。

（一）中国在人的现代化方面还存在差距

中国经过不懈探索与奋斗，在经济、政治、文化、生态和社会建设等领域都取得了巨大进步，人们生活水平得到了巨大改善。中国建立了完整的现代工业体系，成为世界第二大经济体。载人航天等战略高新技术领域取得重大突破。国家的经济实力、科技实力、国防实力、综合国力极大增强。

在中国取得巨大成就的同时，也要看到与美国、英国、德国、日本等发达国家在创新能力、新技术的应用能力，尤其在人的现代化方面，还存在差距。

世界银行发布的 2020 年人力资本指数报告，在对 174 个国家和地区的评测中，中国排名第 44 位；世界排名前 5 位的经济体依次是新加坡、中国香港、日本、韩国和加拿大。中国人力资本结构失衡，亟须进行全国性的人口素质升级，优化人力资本的结构，来推动我国未来的高质量发展。联合国开发计划署发布的 2023 年至 2024 年《人类发展报告》显示，2022 年，中国的人类发展指数为 0.788，与 2021 年相比，排名上升了 4 位，在 193 个国家和地区中排名第 75 位。中国的人类发展指数水平显著落后于经济发展水平，还需改善和提高。

相关学者通过 Barro-Lee 数据进行估算，结果显示，2020 年中国 15～64 岁人口的平均受教育年限为 8.99 年，低于多数经济合作与发展组织国家，也低于东亚和太平洋地区的不少国家[①]。由此可见，现阶段我国人口教育水

---

① 牛建林：《中国人口教育发展的特征、结构性矛盾与下一步思路——基于第七次全国人口普查公报和相关人口教育统计的发现》，《教育研究》2021 年第 11 期。

平与世界发达国家相比仍然存在差距；大力发展国民教育是提高我国国际竞争力的重要基础。

此外，近年来中国人口出生率急剧下降，对人口结构和国家经济社会发展也造成巨大影响。联合国发布的《世界人口展望 2022》显示，中国 2022 年总和生育率已经下降到 1.2 左右，排名全球倒数第五位（见表 1-1）。

表 1-1　2022 年全球总和生育率靠后的国家

排名	国家	总和生育率
1	韩国	0.087
2	新加坡	1.035
3	安道尔	1.135
4	圣马力诺	1.138
5	中国	1.175
6	马耳他	1.199

资料来源：《世界人口展望 2022》。

中国式现代化是全体人民共同富裕的现代化。伴随着中国踏上现代化新征程，中国经济发展进入新常态，从高速增长转向中高速增长。中国过去的经济发展比较注重实物资本投资。实物资本投资会带来经济增长，短期效应比较显著，但长期来看，过度的实物资本投资会造成生产能力过剩，还会挤占消费，导致消费需求不足。新的经济发展模式应更加注重人力资本投资。人力资本投资带来的经济增长在短期效应上也许不如实物资本投资，但是它有长期的增长效应。实现从人口红利到人才红利的转变，对强化人力资本提出了紧迫的要求。

强化人力资本投资并实现均等化是实现人的发展和共同富裕的有效途径。共同富裕意味着需要保持长期、稳定、较高速度的经济增长和居民收入增长，需要进一步提高劳动生产率。提高劳动生产率必须要靠人力资本投资。同时，共同富裕要建立以人的发展为中心的再分配机制，这要求实现基本公共服务均等化，特别是通过投资人力资本，使人在生命周期的

"两头"，即在前劳动力市场阶段和后劳动力市场阶段，享受均等的公共服务。不断提升整个社会的受教育程度是实现共同富裕的重要路径之一[①]。

从儿童早期开始，大力投资包括营养、教育在内的人力资本，也是保持中国社会流动性的需要。未来，在大力投资儿童早期发展的基础上，为家庭背景较差的儿童提供必要的政策支持，在各方面条件允许的情况下进一步延长义务教育年限，继续保障和扩大教育成果，都可以成为新时期促进代际社会流动的手段。

（二）中国儿童发展的挑战

1. 人口结构变化

2000年第五次全国人口普查时，中国大陆31个省（区、市）和现役军人中，0~14岁的人口为28979万人，占总人口的22.89%。2010年第六次全国人口普查时，儿童数量明显下降，0~14岁的人口为22000万人，占总人口的16.6%，下降了6.29个百分点。2020年第七次全国人口普查结果显示，0~14岁人口为25338万人，占总人口的17.95%，比2010年上升了1.35个百分点，但相较2000年仍有约5个百分点的差距。二孩政策全面放开后，新生人口并没有迎来反弹，而是继续呈下降趋势。根据国家统计局的数据，2016年出生人口1786万人，到了2023年变为902万人，比2016年减少了近900万人。

2. 快速城镇化使得儿童发展需求多元化

城镇化水平持续快速提高，使儿童发展需求多元化。2020年，中国流动人口子女规模约1.4亿人（流动儿童7109万人，留守儿童6693万人）。对于许多流动人口家庭来说，把孩子带在身边使其成为流动儿童，多面临各种入学、升学方面的挑战；把孩子送回老家使其成为留守儿童，面临亲情缺失、教育质量无法保障、心理问题高发等问题。"流动"和"留守"是一个两难的选择[②]。留守儿童迫切希望有和城市儿童一样的平等的教育和健

---

① 李实：《实现共同富裕要落实人力资本投资均等化》，中国发展研究基金会，2022年1月21日。

② 顾磊：《让流动儿童享受公平发展的阳光》，《人民政协报》2022年7月26日。

康发展机会，有公平的发展起点，能够得到更多的社会关爱。流动儿童也迫切希望能在所生活的城市里享受到与城市儿童同样的教育、健康、公共服务，未来能够有平等的、向上的社会流动机会。

3. 农村及欠发达地区儿童的发展尤其是早期发展需要重点关注和投资

帮助农村及欠发达地区开发教育、健康等人力资本成为实现乡村振兴和共同富裕的重要方向。根据第七次全国人口普查数据，全国共有 2.98 亿儿童，按常住农村人口口径 36.9% 计算，大约有 1.1 亿农村儿童（见图 1-5）。解决好这个庞大群休的营养、教育、心理健康和保护问题，既紧迫，又有巨大的人力资本、家庭和社会回报。农村早期儿童教育更是人力资本最大潜力所在，因此也是人口高质量发展的关键。农村的人力资本需要"极大提高"，这个"大"既是指儿童人口规模大、政策举措大，也是指公共资源投入大和重配力度大。

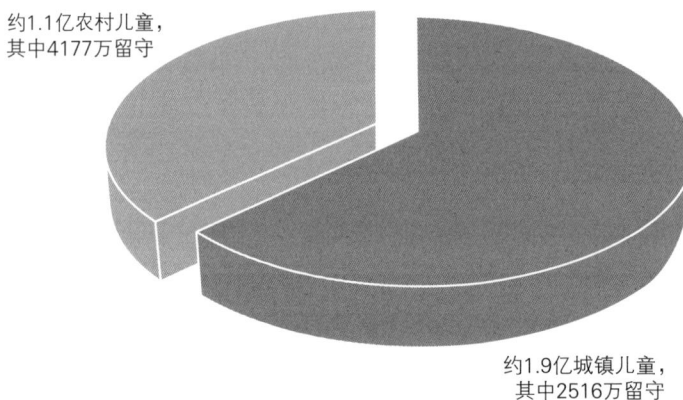

约1.1亿农村儿童，其中4177万留守

约1.9亿城镇儿童，其中2516万留守

图 1-5　我国城乡儿童现状

资料来源：蔡昉参加中国发展研究基金会 2023 年 8 月 22 日举行的"投资儿童早期发展 助力人力资本提升"闭门圆桌研讨会发言 PPT——《为未来的人才红利投资》。

当前，中国儿童发展的城乡差距仍然较大。2022 年 6 月，中国发展研究基金会对贵州省毕节市 8 个区（县、市）的 3396 名 0 ~ 6 岁儿童及其家庭进行了儿童早期发展综合调查。调查结果显示，毕节市农村地区 0 ~ 3 岁儿童综合发展异常率为 52.4%，远超脱贫地区 35.9% 的平均水平；农村地区 6 ~ 36 个月儿童在认知、语言、运动、社会情感方面，分别存在着 19.83%、36.37%、29.03%、48.65% 的发育滞后风险。

农村学龄阶段儿童的发展水平也明显低于城市儿童，城乡儿童认知能力和非认知能力都存在较大差距。使用中国家庭追踪调查（CFPS）2014 年和 2018 年的数据对农村与城市学生的认知能力进行分析，结果发现，农村义务教育阶段学生的认知能力显著低于城市义务教育阶段学生的认知能力，无论是字词测试得分还是数学测试得分，农村地区学生得分均显著低于城市地区学生。农村地区学生非认知能力水平和城市地区学生也存在差距。部分调查从大五人格的角度出发，对城乡学生非认知能力的差距进行分析，农村初中学生在自我效能感、自信心、自律、社会性、积极情绪、自我教育期望等多种非认知能力上的发展水平均显著落后于城市同龄人；同时中低收入家庭学生的非认知能力水平显著偏低。

上述的儿童发展尤其是早期发展现状既不利于农村及欠发达地区的人力资源开发和积累，也有失社会公平，亟须改变。为农村及欠发达地区儿童提供营养和教育机会，积累人力资本，构筑向上流动的渠道，防止贫困的代际传递，应是中国人口高质量发展的重点。

4. 育儿差距明显

社会不平等主要体现在收入差距、财富差距、健康差距和社会资本差距等方面。然而，有一种对以上差距有重要影响的因素还没有得到人们的充分重视，那就是育儿差距。

目前我国高收入群体约占总人口的 1%，他们对儿童教养服务"求优""求精"，投入较多。中等收入群体约占总人口的 34%，他们对儿童教养高度重视，同样投入较多，在公办资源有限的情况下，他们会选择质量和收费双高的民办机构。城乡低收入群体占全国总人口的近 65%，约 9 亿人 [1]。他们中有 1/3 在城镇，开始认识到儿童教养的重要性，由于收入水平低，他们非常渴望"质优价廉"的公办早教机构或公办园。这一度导致城镇地区入园难、入园贵，早期养育公共服务缺乏问题凸显。这 9 亿人中

---

[1]　李实：《我国低收入人群有多少？》，中国经济网，2020 年 9 月 3 日。

另外的 2/3 都在农村，主要分布在中西部地区，家庭人口规模庞大，老人和小孩的人口负担重，他们对儿童教养的重要性认识还不够充分，同时他们所生活的村庄和社区往往也缺少相应的儿童早期发展服务和机构。对于他们而言，儿童早期发展首先意味着机会的获取和服务的提供。

中国自古就有重视教育的文化传统。因此不难理解，为何一种深深的焦虑会弥漫于各群体的父母身上。一定程度上，中国未来会成为一个密集型教养方式常态化的国家。

5. 科技的迅猛发展带来的人力资本挑战

以人工智能为代表的科技快速发展是机遇也是挑战。适应这一挑战需要及早加大人力资本投资。近年来，以 ChatGPT 为代表的人工智能技术的快速发展和它在未来可能带来的失业问题引起了人们的广泛关注。根据麦肯锡的一份报告，到 2030 年，世界上可能有高达 30% 的工作小时数会从人类转移到机器，3.75 亿人可能因此更换工作，而中国受影响的人口可能高达 1 亿人。发展人工智能必须重视人力资本投资。加大人力资本投资，应对未来挑战要尽快、尽早，要从儿童早期发展做起。人工智能时代，教育是重要的引擎和驱动力。未来中国要适应这个重大转变，就要把培养儿童的能力和人力资本作为未来教育的核心内容，并创新教育体系。

6. 社会代际流动的挑战

当前，中国社会大众对子女通过努力是否能够改变命运有着强烈的焦虑心理。人们不希望一个社会产生阶层固化，长期持续地存在贫困的代际传递。

现有研究普遍认为，当前我国代际社会流动趋缓。这种趋缓主要是教育机会获得不平等和家庭背景的直接影响增强所致。因此，为低收入群体子女提供早期发展服务，保障其接受高质量教育，将是未来提升我国社会流动性的重要途径。

（三）以儿童现代化助推中国式现代化

中国未来要以中国式现代化全面推进中华民族的伟大复兴，其中就包含着实现人的现代化，尤其是实现儿童发展的现代化。实现现代化目标意味着需要约两代人的健康成长和努力奋斗。今天的儿童会在 2035 年左右成年并进入劳动力市场，成为经济发展和社会进步的贡献者；他们的下一代大约会在 2050 年之后成长为中国现代化的主力军和主人翁。这两代人建设国家和获得个人幸福的能力很大程度上取决于当下他们所接受的养育、教育和社会保障服务的质量。当前，受各种因素的影响，中国的儿童发展仍然面临诸多问题与挑战，儿童事业发展还不平衡，城乡和区域间发展差距大的趋势还没有得到根本扭转，特别是欠发达地区的儿童，在健康、营养、教育等方面的发展水平明显低于全国平均水平。这些发展差距都亟须在上述两代人身上弥补。儿童的现代化发展将是推动实现人的现代化和中国式现代化的动力。

现代化是一个系统而深刻的社会变迁过程，涉及理念变革、社会转型、国家的建设和制度体系的建立。从儿童的视角出发，实现中国儿童的现代化，需要实现儿童发展理念的现代化，建设儿童优先社会，成为儿童投资型国家，建成儿童现代化发展体系。

儿童发展理念的现代化是儿童现代化的基础。儿童发展的现代化理念集中体现在儿童权利、儿童优先、儿童友好等方面。首先是加快制定和出台儿童发展相关法律法规，切实保护儿童的基本权利，使儿童的权利维护和健康成长有法可依、有法必依。其次是制订国家层面的儿童发展战略计划，明确提出适应中国建成社会主义现代化强国的儿童发展目标，切实坚持儿童优先原则，实现中国儿童工作从生存保护型向高质量发展的转变，实现 2030 年可持续发展目标，奠基中国未来发展的国家竞争力。最后是建设"儿童友好"型城市和乡村。在城市和社区通过充分考虑儿童发展需求，广泛提供寓教于乐的儿童活动公共设施；在农村通过积极提高有质量保证的卫生、教育和儿童保护等公共服务，建设儿童友好型村庄。

实现中国儿童的现代化，需要建设儿童优先社会。重视儿童是一个国家、一个社会文明进步的标志。随着近年来生育率的急剧下降，儿童数量也急剧下降，儿童成为更加宝贵的社会财富，更加迫切地需要建设儿童优先社会。儿童是民族的希望和国家的未来，优先关爱和照护儿童才会让社会更美好，让明天更美好。一个儿童优先的社会，孩子们应该享有受到高度重视、得到优先对待、获得优质的社会服务、身处安全的成长环境、亲子同享游乐等权利。

实现中国儿童的现代化，需要建设儿童投资型国家。第一，儿童发展的治理必须以儿童为中心，秉持儿童优先的理念，以发展为导向。国家和政府对于儿童发展的治理不能局限于眼前和局部的利益，而应着眼于未来，以投资发展为导向，视这些儿童为国家的人力资本、"新国民"和"未来劳动力"。第二，政府在儿童发展的治理中应发挥主导作用。国家必须承担起为儿童提供充足和高质量公共服务的责任。第三，以早期发展、教育和健康卫生为主要内容。早期发展、教育和健康卫生是人力资本的重要组成部分。第四，加强对家庭的支持。儿童的需要与家庭的需要是不可分割的，帮助家庭就是帮助儿童。第五，积极建设儿童友好型城市和儿童友好型村庄。第六，推进财政改革，加大对儿童发展，尤其是儿童早期发展的投入。第七，在政府层面设立儿童家庭相关部门，给予儿童发展组织上和行政上的有力保障，确保城乡所有儿童群体均能分享发展成果，健康成长。

实现中国儿童的现代化，还需要建成儿童现代化发展体系。儿童现代化发展体系具有 3 个特征：一是强调儿童发展体系的全体共享性，二是强调儿童发展体系的发展型特征，三是强调儿童发展体系的高质量。

基于此，可将中国儿童现代化发展体系的建立分为两个阶段：2020—2035 年为第一个阶段，主要任务是初步建立中国儿童现代化发展制度框架；2035 年至 21 世纪中叶为第二阶段，建成中国现代化普惠儿童发展体系。

2035 年中国儿童现代化发展体系的目标是进一步实现全体儿童的发展权利和待遇的公平性，实现儿童健康成长并获得适当的公共服务，基本实现儿童发展城乡公共服务的均等化，农村儿童发展水平接近城市儿童发展水平。这包括 4 个方面的具体内容。一是将学前教育纳入义务教育体系，所有学龄儿童在享受 9 年义务教育之前享受 3 年的免费学前教育。二是进一步完善可及、普惠和有质量的 0~3 岁婴幼儿的早期养育公共服务基本制度。让所有 0~3 岁婴幼儿都能享受中心型、家访型或两者相结合的早期养育服务。三是建立公平和有质量的儿童营养健康政策体系。让所有 0~14 岁的儿童都能得到基本的营养健康干预和保障，确保健康成长。四是在现有已普及义务教育的基础上，大力提升义务教育质量，缩小城乡教育差距。

21 世纪中叶，中国现代化普惠儿童发展体系的主要目标是建设儿童投资型国家，建成全程干预、全程关爱的儿童发展体系，儿童发展水平接近发达国家水平。具体包括：通过制定实施儿童发展法等使儿童权利得到根本保障和维护；形成政府主导的儿童投资体系，教育支出占 GDP 的 5% 及以上，儿童早期发展投入占 GDP 的 1% 及以上；儿童公共服务均等化，建成遍布城乡的婴幼儿照护体系和普及普惠的学前教育体系，建成高质量的义务教育体系，实施从孕期到义务教育阶段的国家儿童营养项目；形成完善的儿童保护体系，将儿童保护和预防结合起来；为全体具有公民身份的儿童提供补贴；促进儿童健康成长，积累丰富的人力资本。

第二章 "少子化"与人口结构转变

人口发展是"国之大者",也是现代化的根基。近年来,中国的低生育率问题日益严重,人口出现负增长,逆转了100多年来人口增长的趋势。

当前中国已显现明显的"少子化"趋势。国家统计局的人口数据显示,2022年,全年出生人口956万人,人口自然增长率为-0.60‰。中国已迈入人口负增长时代。长期来看,"少子化"对中国经济社会发展的影响是深远复杂的。"少子化"会影响人口和劳动力供给的平衡,会削弱中国经济发展活力。"少子化"会加剧老龄化问题,并与老龄化一起形成"并发症"。"少子化"加剧将对早期养育、学前教育、义务教育和高等教育等造成巨大冲击。同时,"少子化"会导致年青一代难以独立、心理成熟晚、"巨婴"现象突出。综合来看,"少子化"会削弱中国的综合国力。人口总量大、"少子化"、老龄化是中国未来发展的基本面。人口是个慢变量,作为一个长周期事件,在短期内不太可能根本性地改变。面对这样的局面,国家的战略和政策应该去适应它,并在此基础上发现新的机遇。2023年召开的二十届中央财经委员会第一次会议强调,要以人口高质量发展支撑中国式现代化。

一、"少子化"与现代化

"少子化"是指生育率降低,幼年人口比例逐渐下降的现象。纵观全球,一旦一国工业化和城市化达到一定高度,无论何种强度、形式的鼓励生育政策,从长期看,均难以改变生育率下行的大趋势。自20世纪下半叶始，亚洲的日本和韩国、欧洲的德国和俄罗斯，以及美洲和大洋洲的一些国家，都出现了生育率持续走低的趋势[①]。

日本是典型的"少子化"国家。日本人口出生率从 1920 年前后开始下降，"二战"之后加速。1974 年，日本第二次婴儿潮结束后，长期"少子化"正式开始。日本从"少子化"到"严重少子化"再到"超少子化"仅分别用了 3 年和 15 年的时间。2022 年 6 月，日本厚生劳动省发布数据：2021 年日本全国出生人口为 81.16 万人，死亡人口为 143.98 万人，这意味着总人口减少 62.82 万人，也是日本有记录以来最大的人口自然下降。2022 年，日本的出生人口为 79.97 万人，首次低于 80 万人，日本的"少子化"进一步加剧。

同为东亚国家的韩国 2023 年生育率降至 0.78‰，成为全球总和生育率最低的国家，也是全球首个且唯一生育率进入"0 时代"的国家。

《世界人口展望 2022》数据显示，近几十年来，许多国家的生育率显著下降，全球人口增长速度正处于 1950 年以来的最低水平，2020 年全球人口增长率已降至 1% 以下。国际上通常以生育率 2.1 代表生育更替水平，来衡量一个国家的人口发展情况。若生育率低于 2.1，人口总数或将萎缩。根据联合国的数据，目前全球约有一半（51.8%）的国家和地区生育率低于 2.1。研究表明，经济发展水平越高，生育率就越低。细化来看，生育成本提高、生育年龄推迟、女性参与社会劳动的占比提高、女性受教育水平提高等因素彼此间相互影响，进而导致生育率下降。

二、中国的"少子化"

当前中国人口出现的低生育率和人口负增长，是对 100 多年来人口增长趋势的逆转。

研究表明，清道光十四年（1834 年）时，中国人口总数已达到 4 亿人，基本上奠定了中国近现代庞大人口数量的基础。此后，经过持续增长，19 世纪中期达到 4.3 亿人的高峰。从 1840 年鸦片战争到 1949 年中华人

---

① 寇佳丽：《全球老龄化催生银发经济》，《经济》2016 年第 7 期。

民共和国成立，全国人口从 41281 万人增长至 54167 万人，用了 109 年。1949 年后，我国人口从 5 亿增长到 14 亿，仅用了 68 年（1949—2017 年），这种高速增长前所未有[①]。

近年来，这一趋势出现了根本性的转变。根据国家统计局的数据，中国总人口自 2017 年以来连续多年下降（见图 2-1），2022 年出生人口为 956 万人，比 2021 年减少 106 万人，继续创新低。分省份看，广东出生人口居前，河南、山东、河北等人口大省近 5 年出生人口降幅超过 40%。从出生人口看，2021 年出生人口前三位的省份为广东、河南、山东，分别为 118.3 万人、79.3 万人、75 万人，仅广东省出生人口超百万人，3 省份合计占全国的 26%。从出生人口变动看，2017—2021 年，新疆、山东、黑龙江 3 省（自治区）出生人口降幅超过 50%，重庆、湖南、河北等 10 省（市）出生人口降幅为 40%~50%，山西、吉林、四川等 15 省出生人口降幅为 20%~40%，仅宁夏、贵州、西藏 3 省（自治区）出生人口降幅小于 10%[②]。此外，与西方相比，中国"少子老龄化"的一个特征是，在经济上"未富先老"、在制度上"未备先老"。

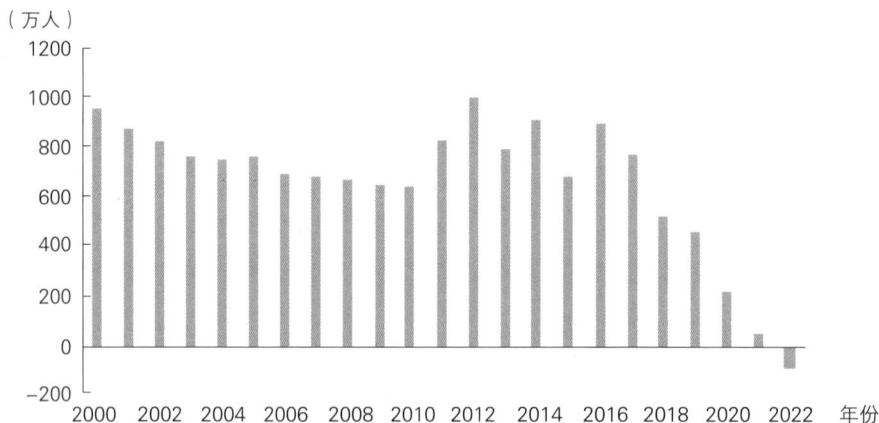

图 2-1　中国总人口年度变化情况

资料来源：国家统计局。

[①] 范建鏋：《人口结构变化、公共支出转型与中国式现代化》，《财经智库》2022 年第 6 期。
[②] 育娲人口研究团队：《中国人口形势报告 2023：鼓励生育刻不容缓》。

新时代我国人口发展面临着深刻而复杂的变化，"少子老龄化"将成为常态。预计 2022—2050 年中国"少子化"趋势显著。到 2035 年，16 岁以下人口占比将从 2022 年的 19.4% 下降到 13.0%。尽管生育政策已经放开三孩，但是效果尚不明显。预计 2050 年这一比例将继续下降到 12.9%，降幅有所收缩，但"少子化"这一整体趋势没有变。根据育娲人口研究团队的《中国人口预测报告 2021 版》，到 2050 年，我国出生人口将降至 773 万人，为印度的 1/3。

三、中国"少子化"现象的原因

从国家统计局的数据可以看出，人口出生率、自然增长率及出生人口长期呈下行趋势。导致出生人口减少、生育率下降的因素有很多。

第一，《中华人民共和国人口与计划生育法》规定，一对夫妻仅能生育 2 个子女（2021 年放开三孩政策）。在计划生育限制下，家庭生育积极性可能减弱。

第二，育龄妇女规模的下降是导致出生人口数量下降的重要因素。2016—2020 年，20～34 岁生育旺盛期妇女平均每年减少 340 万人，而 2021 年相比于 2020 年，更是减少了 473 万人[1]。

第三，晚婚晚育普遍，不婚不育渐多。当前"90 后""00 后"群体作为新的婚育主体，婚育推迟现象十分突出，生育意愿持续降低。育龄妇女平均打算生育子女数从 2019 年的 1.73 个降到 2021 年的 1.64 个[2]。

第四，养育成本提高，居民生育意愿减弱。养育子女面临着各种各样的成本。结婚和生育面临的第一重成本就是居住成本，养育子女还有教育成本。为了让子女赢在起跑线上，兴趣班、辅导班等加大了家长在子女教育方面的开支。养育子女还需要衣食等方面的生活开支。

第五，生育子女可能影响夫妻双方工作，对应着一定的机会成本。各

---

① 薛鹏：《读懂大国人口账本》，《中国纪检监察报》2022 年 5 月 24 日。
② 侯杰：《生育友好的社会环境正在逐渐形成》，《中国家庭报》2022 年 2 月 17 日。

类机会成本将影响居民的生育意愿。根据 2022 年发布的《中国生育成本报告》，全国家庭子女从 0 岁至大学本科毕业的平均养育成本为 62.7 万元。对年轻人来说，生育、养育、教育孩子的成本居高不下，相关配套支持政策不衔接、托育等公共服务不够健全等，都让年轻人"不想生、不愿生"。

第六，城镇化影响生育率。快速的城镇化会推迟年轻流动人口的初婚年龄和初育年龄，改变家庭原有的生育规划，降低育龄妇女生育孩子的理想数量，从而降低生育率。同时，养育成本还会随着城镇化的推进而提高。随着乡村人口向城镇转移，乡村人口去往城镇就业，带动了城镇化发展。但是城镇地区的子女养育成本高于乡村地区的子女养育成本，因此在养育成本提高的情况下，人们的生育意愿可能下降或者延期。

四、"少子化"的长期影响

"少子化"问题不仅是人口问题，还事关国家命运，其长期影响主要表现在如下方面。

第一，"少子化"会减少人口和劳动力的供给，降低中国经济发展活力。2010—2021 年我国 15～64 岁人口规模从 10 亿人降至 9.7 亿人，占比从 74.5% 降至 68.3%，预计到 2050 年会降至 59%，劳动力规模持续萎缩。长期"少子化"必然导致人口规模不断萎缩，导致需求和消费的萎缩，除了早期发展、医疗、养老等少数行业，其他行业的需求都将缩减，消费不足，投资乏力。

第二，"少子化"会加剧老龄化问题，并与老龄化一起形成"并发症"。有研究估算，按现在的趋势，到 2035 年左右中国将会拥有 4.2 亿老龄人口。这个庞大的群体需要依靠年轻人继续交社保来维持社保体系的运转；需要有大量的年轻人以各种方式参与老龄护理，包括医疗服务、生活服务。当老龄化叠加"少子化"，不仅会带来养老经济的困难，还将引起一系列社会问题。

第三,"少子化"加剧将对教育行业造成冲击。首先是幼儿教育。从2011年开始,幼儿园招生数量增长趋势开始放缓。《2022年全国教育事业发展统计公报》显示,2022年全国共有幼儿园28.92万所,比上年减少5610所,下降1.90%;学前教育在园幼儿数为4627.5万人,比上年减少180.7万人(见图2-2),下降3.76%,其中,普惠性幼儿园在园幼儿数为4144.05万人,比上年减少74.16万人,下降1.76%。幼儿教育的供求关系发生了严重失衡,将面临残酷的优胜劣汰的局面。

(万人)

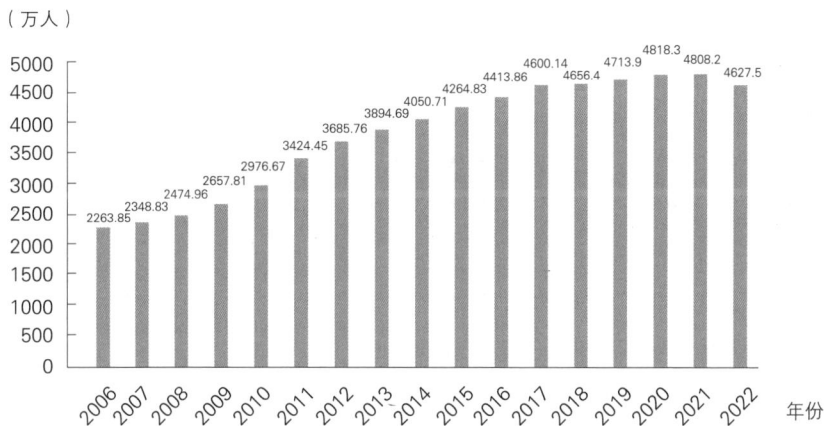

图 2-2 2006—2022 年全国学前教育在园幼儿数

资料来源:《2022年全国教育事业发展统计公报》。

其次是义务教育。自2003年以来,全国义务教育阶段学校数一直呈减少趋势,2020—2035年将延续这一趋势,而且下降速度将逐步加快。预测表明,2035年全国小学、初中需求数量分别为9.28万所和4.79万所,较2020年分别减少5.14万所和0.38万所。显然,人口负增长对小学的影响比初中大,因为小学在规划时分布更密、服务半径更小,所以总体基数也更大,而初中辐射的面积更大一些,存在更多冗余空间。也就是说,由于生源减少,10多年后,小学数量将至少减少一半。一方面,人口萎缩较为严重地区的小学数量可能会最先减少,这主要与学校所处的地理位置和社会环境有关。总的来说,未来教育供求关系一定会发生根本性变化,带来的结果一方面是学校出现招生困难,部分面临倒闭;另一方面,随着生源减少，学校自然而然就要转向小班化教学，班级规模会缩小，生师比也相应降低，老师将有条件从主要关注班级总体情况，转向更关注每个学生个体，客观上有利于提高教育教学质量[1]。

再次是高等教育。最迟再过 15 年，我国高校也将出现生源数量"断崖式下跌"的现象。教育部相关资料显示，2011—2020 年，全国各类高等院校共增加了 329 所，各类高等教育在校生增加了 1016 万人。从 2018 年开始，我国普通高等教育本专科招生规模急剧扩大，到 2020 年，招生规模已经达到 967.5 万人，增加了近 200 万人。2020 年全国 18 岁人口数量约为 1366.7 万人，高等教育毛入学率已经达到 54.4%，我国已经进入高等教育普及化的阶段。未来，一批办学条件不好、办学水平不高、特色不够鲜明的地方本科、高职院校将面临关闭[2]。

第四，"少子化"将对农村地区发展造成严重影响。农村青壮年劳动力的短缺会对农村经济发展造成负面影响，加剧诸如农村土地撂荒的问题。随着年轻人口流入城市，农村老年人接受的家庭照护可能减少，从而给国家的养老保障体系带来更大压力[3]。此外，随着人口减少，农村的住房和宅基地也会出现大量的闲置，村庄"空心化"将加剧。

第五，"少子化"会影响年青一代成长的独立性。首先是心理成熟晚，"巨婴"现象突出。年轻人有成年人的年纪和身体，但心智还停留在未成年人阶段，呈现"幼态持续"状。虽然 18 岁被定义为成年的年纪，但很多人即使到了 20 多岁，还不觉得自己是成年人。其次是心理脆弱，抗压能力差。"少子化"时代的年轻人，往往成长环境优越，物质条件较好，成长过程中的需求基本由家长包办，很少经历过挫折的历练，这种情况下年轻人往往心理脆弱，抗压能力差，遇到困难容易放弃。再次是自我意识强，但沟通和协调能力弱。这导致年轻人在复杂的环境下解决问题的综

① 霍思伊、李金津、乔锦忠：《教育如何应对人口之变？》，《中国新闻周刊》2023 年第 1081 期。

② 《出生率下降，高等教育如何应对生源危机？》，《记者观察》2023 年第 7 期。

③ 周绍杰、王拓、胡珺祎：《中国农村人口现状及生育意愿问题研究》，《清华大学学报（哲学社会科学版）》2024 年第 1 期。

合能力不足,应付不了激烈的竞争。

第六,"少子化"会削弱中国的综合国力。人口规模是一个国家综合国力的基础性因素。近年来,日本、韩国等一些发达经济体先后进入人口负增长时代,"少子化"和老龄化带来了强烈的冲击,削弱了其综合国力。对于当前已呈现"少子化"和"未富先老"的中国来说,人口的转变所带来的冲击主要表现在需求侧。一方面,"少子化"和老龄化减少劳动力供给、减缓人力资本改善速度、降低资本回报率、加大生产率提高难度,从而削弱经济的潜在增长能力。另一方面,"少子化"和老龄化也会降低投资意愿和抑制居民消费,从而削弱社会总需求。

五、"少子化"带来的政策转变

2019 年,国务院办公厅印发《国务院办公厅关于促进 3 岁以下婴幼儿照护服务发展的指导意见》,强调促进婴幼儿照护服务发展事关千家万户。

2021 年,中共中央、国务院发布《中共中央 国务院关于优化生育政策促进人口长期均衡发展的决定》,强调取消社会抚养费等制约措施,配套实施积极生育支持措施。

2022 年,党的二十大报告提出,优化人口发展战略,建立生育支持政策体系,降低生育、养育、教育成本,实施积极应对人口老龄化国家战略。

2022 年中央经济工作会议强调,完善生育支持政策体系,积极应对人口老龄化、"少子化"。

2023 年 5 月,二十届中央财经委员会第一次会议强调,以人口高质量发展支撑中国式现代化。要建立健全生育支持政策体系,大力发展普惠托育服务体系,推动建设生育友好型社会,促进人口长期均衡发展。

上述政策的制定和出台表明我国正在由家庭育儿转向社会育儿。

第三章　儿童发展鸿沟与社会公平

　　实现社会公平是现代社会的主要发展目标。现代社会的不平等突出表现为收入差距和财富差距，但权利不平等和能力不平等同样突出。社会不平等在相对弱势的儿童身上有突出体现，而儿童发展差距很大程度上又是导致社会不平等的重要因素。根据最新的科学研究，不同社会经济群体的分化在生命早期就已显现，认知能力差距明显且始终存在，非认知能力差距也持续存在，生理健康差距随着年龄的增长而逐渐扩大。如果社会及早对儿童全生命周期采取连贯一致的干预措施，将促进弱势儿童的认知和社会情感能力的发展，并增进儿童健康和幸福。这些社会干预措施的积极效果将通过各种渠道渗透于人的生命周期全过程，并在代际传递。这些干预措施同时也可提高劳动生产率，具有较高的成本效益和投资回报率。有质量的儿童早期政策是为数极少的无须平衡平等和效率关系的社会政策之一。

　　中国的现代化过程很大程度上就是努力消除社会不平等、追求社会公平的过程。从晚清到民国时期存在的严重社会不平等，不仅表现在收入差距、权利差距上，也突出表现在儿童发展的差距上。社会不平等导致旧社会的社会阶层严重分化，收入差距极化，教育和公共卫生水平低、覆盖面小，经济发展落后，社会凝聚力不足。新中国成立后，对社会公平的追求，很大程度上消除了绝对贫困，提高了人们的收入水平和教育、健康水平，极大提高了儿童的发展水平和福祉。但同时也要看到，当前我国仍然是一个发展中国家，还存在城乡差距和区域差距，其中就包括儿童发展的城乡差距和区域差距。身处优越环境的城市儿童可以接受大量的早期投资，而处境不利的农村儿童尤其是欠发达地区的儿童往往无法接受早期投资。长远来看，投资儿童尤其是儿童早期发展而非采用再分配手段才是减少社会不平等、促进社会流动的最有效的社会政策。美国在 60 多年前就开始尝试利用收入再分配政策来解决社会流动问题，结果以失败告终。中国要建设中国式现代化，应该尽早以可持续的方式投资和帮助农村及欠发达地区儿童，促进他们的认知、社会情感发展和健康状况，而这些能力和人力资本将提高工作效率，增加发展机会，促进社会流动，实现共同富裕和社会公平。

一、晚清变局中的儿童：生存之艰

（一）晚清的经济社会状况

晚清的经济社会发展，如《中国经济的长期表现：公元 960—2030 年》所描述的，总体上是比较令人失望的。长期的战争使清政府财政收入匮乏。政府既无力增强军事力量，也无力新修和维护大型水利工程，更无力实现普遍的义务教育。这一时期，中国的人口没有显著增长，人均收入水平下降。到了 19 世纪 90 年代，中国世界最大经济体的位置被美国所取代。

1890 年，中国的现代制造业与运输业仅占当年 GDP 的 0.5%。在自强运动中出现了几个政府办的工业企业，包括上海的兵工厂、福州的造船厂和轮船招商局、天津的开平煤矿和几家纺织工厂。19 世纪末，中国城市人口的比重比 1820 年时没有太多增长，大部分中国城市的面貌没有变化。1890 年，中国的出口额大约只占 GDP 的 0.6%，几乎没有机器及其他现代设施的进口。鸦片仍然占进口总额的 25%，棉织品占 41%。出口商品中最大宗的项目是茶叶，占总量的 27%，生丝占 25%，丝织品占 6%。[①]

---

① 安格斯·麦迪森：《中国经济的长期表现：公元 960—2030 年》，伍晓鹰、马德斌译，上海人民出版社，2011。

1890—1933 年，中国人均 GDP 大约上升了 7%（平均每年上升 0.16%）。按照西方国家的标准，这种幅度的上升是十分可怜的。

（二）晚清的儿童发展差距

在当时"国贫民弱"的情况下，诚如梁启超所言，"少年强则国强"，儿童是国家的根本与民族的希望。

与当时已经初步实现现代化的西洋、东洋等国家相比，晚清的儿童发展水平是很低的：营养缺乏，卫生保健服务差，未普及现代的学校教育。当时的儿童发展呈现"两极化"现象，精英阶层与普通家庭的儿童发展差距巨大。占人口大多数的贫民的子女，家庭环境差，饮食无营养，儿童死亡率高，缺乏必要的家庭和学校教育。与之相比，晚清的皇子和贵族子弟，从小有充足的营养，接受系统的精英教育，获得较强的全面发展的能力和治国本领。作为社会中坚力量的士绅家庭，高度重视子女的发展和教育。他们在"西潮东渐"的潮流中以及"废科举、兴学堂"的制度改革下，适时而变，使家庭教育和学堂教育并重，为孩子的未来倾尽全力。这种儿童教养的革新使晚清士绅的后代在知识和精神上面貌一新，开始逐渐走出家庭，向现代国民转变。

1. 晚清普通儿童的状况

由于缺乏系统的统计数据和资料，通过当时来华的外国人的观察和记载，可以在一定程度上了解晚清儿童的生存状况。他们的观察可分为 3 类，即中国儿童的生存状况、中国儿童的天性发展和中国儿童的教育问题。他们是以当时西方的权利之尺来衡量中国当时的儿童发展状况的。

（1）极高的婴儿死亡率

晚清的婴儿死亡率极高。当时，中国与西方国家在婴儿的成活率方面有很大的差距。西方国家的婴儿成活率为 70%，中国仅为 20%，许多婴儿不到两岁便夭折[1]。

---

① E.A. 罗斯：《变化中的中国人》，李上译，电子工业出版社，2017。

　　导致婴儿高死亡率的原因，首先是艰苦的生活环境。处在艰苦生活环境中的中国婴儿过于弱小，缺乏足够的营养，加之医疗保健条件落后，面临的只能是残酷的死亡。除贫穷之外，婴儿死亡率高的原因还有缺乏现代卫生健康知识。有些父母常用一些不易消化的食物来喂婴儿，导致婴儿卡噎窒息；许多家长也不注意儿童卫生，不喜欢开窗换气，容易诱发疾病；孩子没有洗手的习惯，常用脏手拿东西吃。总之，不注重营养和卫生，致使中国儿童的体质较差。

　　（2）溺婴、疾病及男女不平等

　　溺婴、疾病及男女不平等是多数来华西方人眼中的中国儿童问题。来华较早的郭士立在几次旅行中观察到，新生女婴被溺死的现象十分普遍[①]。溺婴的当事人通常并没有罪恶感。

　　男女不平等同样引发关注。他们观察到，男女不平等普遍且贯穿人的一生。从出生起，女孩就不受欢迎。当时人们所溺婴孩多为女婴。即便女孩能够活下来，童年生活也极为单调，生活在一个狭小的生活圈子，机会有限。女孩所受教育有限，很少有女孩能够进入学堂学习。女孩出嫁时间也过早，很多女孩在16岁时都已完婚。此外，幼年时期的缠足也是一种巨大的痛苦。

　　（3）家庭教育缺失

　　当时中国的家庭教育也非常缺失。大多数家庭父母受教育水平有限，受过教育的母亲更是少数，无法给予孩子应有的养育启蒙。除无法传授必要的文化知识外，家长在教育孩子时还常采取简单粗暴的方式。晚清的中国家长尤其是母亲整天忙于家务，无暇与孩子一起玩耍，没有意识到发展儿童天性的重要性。

　　此外，当时中国儿童的游戏与娱乐也单调乏味。中国儿童的玩具多是一些手工产品，产量少，复杂程度低。儿童游戏单调，儿童不够活泼。蹦蹦跳跳的活动在中国得不到鼓励，人们对儿童也要求矜持和稳重。很多时候占据了他们宝贵童年时光的是干活，当时中国农村的孩子大部分时间都

---

　　① 约·罗伯茨：《十九世纪西方人眼中的中国》，蒋重跃、刘林海译，中华书局，2006。

忙于干活。

（4）学校教育僵化

晚清儿童的教育问题是来华西方人最关注的。他们认为当时的学校教育非常僵化且质量差。

首先，教学环境差。地面脏乱不堪，墙上污迹斑斑，空气混浊。所谓的校舍只是一间相当简陋的房子，供学生学习用的桌椅板凳更是十分粗陋。这样的环境在中国乡村学校司空见惯。

其次，教学无法真正启蒙儿童心智。当时的教育理念非常落后。社会公众都认为受教育是通向仕途与"光宗耀祖"之路。在这样的目标指引下，教育偏离智慧的传授，偏重伦理道德的养成和对传统的遵循。同时，内容过于枯燥。由于科举考试的影响，学生终日学习和背诵诸如《三字经》等深奥的经典，与孩子的日常生活相去甚远。

最后，教学方式呆板、无效率。一个儿童一天累计学习时间要达到10小时之久。教学则通常是一种"填鸭式"的模式，要求学生死记硬背，甚至要求倒背如流。即便如此，效果也不好。

2. 晚清的皇子教养

与普通家庭儿童养育形成鲜明对比，晚清的皇子教养有着一套完整的体系。这套完整而严格的教养体系保障了皇子的全面发展，也影响了晚清的治理水平。

清朝有一套完整的皇子养育制度。皇子满月后就要离开生母，由奶娘抚养。他们除生母之外，还需记名到品级比较高的嫔妃名下，认其为嫡母或庶母。清朝对皇子的抚养非常注重营养，皇子从出生就坚持母乳喂养，一般都要被喂养到5~6岁，远远超过现在国际上所提倡的母乳喂养到2岁的水平。同时，皇子的医疗条件也有最高级的保障，生病了由太医院的医生为其诊疗[①]。

清朝对皇子的教育非常重视，也很严格。为了培养皇子的品德与学识，专门建立了上书房，并特别选派汉族、满族大学士担任总师傅。皇子

---

① 溥任：《晚清皇子生活与读书习武》，《紫禁城》1989年第2期。

们在师傅的严格管教下，学习满、蒙古、汉等文字，学习传统儒家经典及治国之术，学习弓箭、骑射等。皇子们学习相当辛苦，每天早晨3时—5时就要到上书房读书，师傅们在5时上课、11时—13时下课，下午往往还有骑射等课程。元旦、端午节、中秋节等传统节日各放假1日。皇帝还经常光临上书房，进行检查、督促。正是清朝对皇子的严格要求，使清朝皇帝执政的综合能力整体上处于相对较高水平。

3. 晚清士绅家庭的孩子

士绅是晚清社会的中坚精英阶层，受晚清"西潮东渐"的潮流以及"废科举、兴学堂"的制度改革影响，他们对孩子的教养既为当时的国家和社会培养了人才，也反映着那个时代的精神和变革。家庭教育配合学堂教育成为当时的时代潮流。这种儿童教育的革新使晚清士绅的后代在知识和精神上面目一新，他们开始逐渐走出家庭，向现代国民转变。

（1）科举与早教

传统士绅家庭均以其子弟考科举、入仕途为最大愿望，因此他们的孩子启蒙早，读书刻苦。入学前，家长先在家里对孩子进行启蒙，教他们识字，培养好的性格。祖辈父辈齐上阵，多方配合。

这些家庭的儿童一般在3岁左右开始识字，之后学习写字并诵读经典，先学四书后学五经。经书学完后，就开始学习历史。在六七岁时孩子们正式上学。士绅家庭为保持来之不易的身份，将督导孩子读书考试视为使命与责任。

（2）经书与西学

一些士绅家庭的教育在甲午战争后发生了变化。曾宝荪是曾国藩的曾孙女，起初她读的书仍然是《千字文》《论语》等，但1902年到南京居住后，她就开始学习日文和英文，每天下午4点以后还做瑞典柔软体操，这种学习一直持续到正式上学为止。

清末的教育改革打破了经学一统的局面，晚清学校课程中读经的内容在慢慢减少。1912年《普通教育暂行办法》颁布，规定小学读经课一律废止。

（3）城市与农村

在晚清向西方学习的过程中，城市得风气之先。新学堂最先在城市中建立起来，居住在城市中的孩子比农村孩子更早进入学堂。陈寅恪小时候在家塾读书，1901 年搬家到南京后，家里办了一所学堂，开设数学、英文、音乐、绘画等课程。除自家子弟外，亲戚朋友家的子弟也来上学。

农村孩子要想进入学堂学习就需要离开乡村，到城市里去上学。一定程度上，孩子读的学校层级越高，离自己的家乡就越远。

（4）上层与下层

在晚清转型时期，上层士绅比下层民众经济上更富裕，视野上更宽广和深远，这些都对他们规划孩子们的学习道路至关重要。他们更乐于送孩子进城市的学堂，甚至出国留学。这种差别最能体现在女孩子的读书问题上。中国现代最早的一批新知识女性，如陈衡哲、曾宝荪、凌叔华等，多出自官绅家庭。陈衡哲的祖父为翰林院庶吉士，父亲也是官员；曾宝荪是曾国藩之后；凌叔华的父亲在清末任直隶布政使。

（5）家与国

清朝时期学校并不发达，家庭在教育中扮演主要角色，家庭负责孩子的启蒙教育。晚清深刻的民族危机，使家庭与国家之间的矛盾显现出来。晚清迅速兴起的学堂遍布各州县。科举制的废除推动了教育权力从家庭转移到国家，家学和私塾逐渐消失。1880—1910 年出生的孩子是最后受到家学深刻影响的一代。晚清新式学堂把孩子从家庭中"拉"出来加以培养，使其成为国家教育下的国民。

晚清时期，由于受到传统观念的影响，儿童一般被视为家庭和父母的私有财产，家族主义高于一切，儿童的权利和地位得不到社会的承认。多数家庭对儿童的教养还是延续传统。整体上，晚清的儿童发展还处于很低水平。由于当时经济发展水平低，加上列强入侵，战争此起彼伏，清朝政府既无意识也无实力去承担对广大儿童的责任。儿童的生存权、养育权和受教育权难以得到有效的保障。更为重要的是，在当时的情形下，无法通过对儿童的培养来提供国家和社会发展急需的人才。尽管一些精英士绅家庭已经开始适时而变，引入一些先进的儿童教育理念和做法，但这些理念和做法在广大普通家庭远远没有得到普及。国家和社会要发展，就需要"新国民"和"新人才"，而这就迫切需要政府和社会各阶层共同努力去变革，寻求建立新的儿童发展理念和体系。[①]

二、民国时期的儿童：差距与不平衡

南京国民政府成立后，由于注意教育问题，其统治时期的儿童和教育事业较北洋军阀统治时期有所发展。但同时，由于社会阶层分化，收入差距大，政府财力有限，加之持续的战争，当时的儿童发展存在巨大差距与极度不平衡。

（一）民国时期的经济发展与收入差距

1. 民国时期的经济发展

1911 年清政府的统治结束，此后陆续经历了中华民国时期和军阀割据时期，当时的政府忙于内战，而且面临比晚清时更为严峻的外国侵略，因而在促进经济发展方面甚少作为。1928 年，南京国民政府成立，结束了四分五裂的军阀割据状态。国民党"五权分立"的政府结构模式与真正的民主政治相去甚远。经济方面有限的现代化成就，主要是在通商口岸城市和东部地区实现的。在那里，外国资本主义企业得以渗透，中国民族资本主义得以萌芽并成长。

民国时期的经济发展仍然是令人失望的。与世界其他国家形成强烈对比的是，新中国成立之前的人均 GDP 增长率要低于 1820 年的水平（见表 3–1）。中国在世界 GDP 中所占的比重从 1/3 降到了 1/20，实际人均收入从世界平均水平降到了世界平均水平的 1/4。[②]

---

① 程再风：《晚清绅士家庭的孩子们（1880—1910）》，华东师范大学，2011。
② 安格斯·麦迪森：《中国经济的长期表现：公元 960—2030 年》，伍晓鹰、马德斌译，上海人民出版社，2011。

表 3-1　1700—2003 年部分国家和全世界人均 GDP 增长率（年平均混合增长率）

	1700—1820 年	1821—1952 年	1953—1978 年	1979—2003 年
中国	0.00	−0.10	2.33	6.57
印度	−0.03	0.13	1.66	3.27
日本	0.13	0.95	6.69	2.11
欧洲	0.14	1.05	3.63	1.79
美国	0.72	1.61	2.24	1.85
全世界	0.07	0.93	2.62	1.55

资料来源：《中国经济的长期表现：公元 960—2030 年》。

1928—1937 年，国民政府在经济政策方面恢复了关税自主权，政府的财政收入增加，国内工业也受到一定的保护。即便如此，在 1936 年国民政府财税收入高峰时期，财税收入也只占 GDP 的 5.4%。由于巨额的军费开支，国民政府总是面临巨大的预算赤字。国民政府没有进行土地改革或向农民提供农业信贷，没有精力去推行大规模的基础改革以改善农村状况。

到 20 世纪 20 年代末，中国的出口额上升到一个高峰，约占 GDP 的 2.3%。后来受到 20 世纪 30 年代世界经济大萧条的影响，出口额下降，直到抗日战争全面爆发时，仍然比 1929 年的水平低 10% 左右。从 1926 年至 1937 年上半年，中国的物价上涨了 20%。在后来的战乱年代，物价暴涨，1937—1941 年，零售物价在上海上涨了 15 倍，在重庆上涨了 37 倍。[①]

2. 民国时期的收入差距

民国时期，社会各阶层存在较大的收入差距，出现明显的"极化"现象。

民国初年，行政官员的薪俸根据官等划分为十二级。官员属于高薪阶层。国务总理与各部总长以下的官员月俸按照官等被分为 600 元至 50 元不等的多个级别。即便科员的 50 元月俸，也是当时工人 10 元月工资的 5 倍。

清末民初新学的推行和报刊媒体的发展，推动了教师、编辑、记者等现代

① 安格斯·麦迪森：《中国经济的长期表现：公元 960—2030 年》，伍晓鹰、马德斌译，上海人民出版社，2011。

知识分子阶层的形成。大学教授作为社会的上层人物和高级知识分子，享有很高的社会地位和经济待遇，其工资收入甚至高于大部分官员（见表3-2）。

表3-2　国立大学各级别职员月薪

级别	校长（元）	学长（元）	主任（元）	一等事务员（元）	二等事务员（元）	正教授（元）	本科教授（元）	预科教授（元）	助教（元）	讲师
第一级	600	450	200	100	60	400	280	240	120	
第二级	500	400	180	90	50	380	260	220	100	
第三级	400	350	160	80	40	360	240	200	80	2～5元／小时
第四级	—	300	140	70	30	340	220	180	70	
第五级	—	—	120	—	—	320	200	160	60	
第六级	—	—	—	—	—	300	180	140	50	

资料来源：《中华民国史档案资料汇编》。

民国初年，工人群体的收入相对较低。一般来说，高级技工每月收入为数十元，普通工人基本处于日入三四角、月入10元左右的收入水平。1917年上海圣约翰大学的学生在对曹家渡的调查中发现，"工人支持五口之家月须15元"。工人收入本来就低，还要遭受包工头的盘剥、压榨，他们的生活水平之低可想而知。[①]

（二）儿童发展差距

民国时期，整体的经济社会发展程度与各阶层的收入差距造成了当时儿童发展各个方面的巨大差距和不平衡。

1. 儿童的卫生健康差距

中国早期的妇幼卫生工作是与杨崇瑞紧密关联的。1917年，杨崇瑞毕业于协和医学堂，是我国最早的女医学博士。1921年她到协和医院进修后留在医院妇产科。其间，她到北京郊区和河北省农村调查妇幼卫生状况，得

---

① 杨兴隆：《民国初期各阶层的收入水平与生活状况》，《经济社会史评论》2015年第3期。

到了当时产妇死亡率为 15‰、婴儿死亡率为 20% 的调查数据。

南京作为国民政府的首都，在政府成立之初有百余万人，其中 5 岁以内儿童的死亡数竟占全市死亡人口总数的 45%。南京作为国民政府首都，其儿童死亡率尚且如此之高，其他各地就更高了。[①]

抗战初期，陕甘宁边区的妇女和婴儿的死亡率也较高。据边区民政厅调查，安塞县五区 1939 年 4 月和 5 月共出生婴儿 50 名，至 1940 年 7 月仅成活了 10 余名。对志丹等地的调查数据显示，188 名妇女共生育婴儿 1028 名，死亡 645 名，死亡率高达 62.7%。[②]

1937 年，一些专业人士为了救治儿童，建立了中国第一家专科儿童医院，名为上海难童儿童医院，是上海儿童医院的前身。1943 年，80 万字的《实用儿科学》出版，成为中国第一部系统介绍儿科医学的专业学术著作。

2. 学前教育的差距

民国时期，学前教育有了较大的发展。20 世纪 20 年代中国幼稚园总数仅有 800 余所，到 1936 年，幼稚园总数已近 1300 所。但由于抗日战争，幼稚园数量又大幅减少，直到 1945 年，才恢复到战前的水平。

南京国民政府时期的学前教育发展极其不平衡，这种不平衡主要体现在城乡之间的差距。当时中国农村的学前教育基本"空白"。虽然后来陶行知先生创办了中国第一个乡村幼稚园——燕子矶幼稚园，开始推行"学前教育下乡"运动。但是不久，由于政治环境、资金、观念等因素，运动很快就失败了。当时幼稚园教育发展的片面性和城乡不平衡性持续存在，并有所加大。[③]

此外，抗战期间，延安边区政府设立的延安第一保育院、延安第二保育院和洛杉矶托儿所，共收托婴幼儿近 3000 名。在中共中央和边区所属的机关、学校、工厂等单位，也先后成立了 30 多个托幼组织，共收育婴

① 郭锋：《南京国民政府初期的医疗卫生事业》，广西师范大学，2010。
② 温金童、罗凯：《抗战时期陕甘宁边区的妇幼保健》，《医学与社会》2010 年第 10 期。
③ 王含含：《南京国民政府时期的幼儿园教育研究》，山东师范大学，2014。

幼儿达 2100 余名 ①。尽管有上述成绩，但相对于边区的适龄儿童数，这样的发展也是有限的。

3. 义务教育的差距

南京国民政府时期，教育有了进一步发展，但总体上适龄儿童的入学率还很低，学校教育还未得到普及。据统计，1929 年全国学龄儿童入学率为 20%，1930 年为 21.8%。

尤其是贫困家庭子女的受教育程度较为低下。据记载，1928 年北平入学儿童占学龄儿童的比重为 19.2%。贫困家庭中入学儿童比重远低于全市平均水平 ②。

在 1929 年至 1936 年相对稳定的几年中，教育经费占国家总预算的比重平均每年为 3.3%。而抗战时期，教育经费在国家总预算中的比重更低。

总体上看，民国时期由于社会阶层分化，收入差距大，政府财力有限，加之持续的战争尤其是抗日战争，当时的儿童发展存在巨大的发展差距，发展极度不平衡。这种儿童发展状况是与现代化的发展要求极不符合的，也对新中国成立初期的发展形成了严峻的挑战。

三、新中国的儿童：成就与挑战 ③

新中国成立以来，在党和政府的领导下，在社会各界的共同努力下，我国儿童事业发展取得了显著成就。当前我国儿童发展正处于历史最高水平，儿童健康、营养状况得以改善。2023 年，全国孕产妇死亡率是 15.1/10 万，婴儿死亡率是 4.5‰，5 岁以下儿童死亡率是 6.2‰。儿童教育普及程度持续提高，学前教育毛入园率和九年义务教育巩固率均有所提

---

① 熊辉、谭彩霞：《论抗战时期党在陕甘宁边区的儿童保育工作》，《社会科学辑刊》2007 年第 6 期。

② 李映涛：《底层民众与城市近代化：民国前期内地城市贫困人口的人口学特征研究》，《中华文化论坛》2023 年第 1 期。

③ 中国发展研究基金会：《中国儿童发展报告 2023：促进农村儿童高质量发展》，中国发展出版社，2023。

高。此外，《国家贫困地区儿童发展规划（2014—2020 年）》《中国儿童发展纲要（2021—2030 年）》《中华人民共和国未成年人保护法》等一系列政策法规也相继出台，为新阶段中国儿童发展指明了清晰的方向，明确了促进儿童健康成长在我国建设社会主义现代化强国、实现中华民族伟大复兴中的战略性定位。

同时，在全力推进中国式现代化建设的关键时期，我国儿童发展还面临新的挑战。人口结构发生变化，"少子化"问题加剧，城乡儿童发展差距、区域儿童发展差距依然存在，乡村振兴和共同富裕下农村儿童发展要求日益紧迫，快速城镇化下流动儿童问题凸显。投资儿童营养、健康、教育不仅是事关社会公平的兜底性工程，更是中国式现代化的客观需要，高质量的儿童发展将为提高我国人力资本水平、助力乡村振兴和共同富裕、实现第二个百年奋斗目标打下坚实基础。

（一）当前的收入差距、财富差距和代际流动

中国式现代化是全体人民共同富裕的现代化。儿童发展尤其是早期发展是一种"预分配"机制，投资儿童发展尤其是早期发展既可促进中国经济的健康持续发展，也有助于实现社会公平。

近 20 年中国的收入差距在扩大，主要原因是高收入人群的收入增长超过低收入人群。比如，高收入人群每年基本上有 10%～15% 的收入增长率，低收入人群可能只有 5%～6%。

根据 2002 年的测算，中国财富差距的基尼系数约为 0.49，收入差距的基尼系数约为 0.45。到了 2013 年，财富差距的基尼系数上升到 0.63 左右，2018 年约为 0.7。2020 年中国财富差距的基尼系数达到 0.704，虽然低于巴西、俄罗斯、美国等国家，但高于法国、意大利与日本等[1]。

当前，人们普遍关注代际流动性问题，这很大程度上也与整个社会差距的不断扩大有关系。当差距越来越大，代际流动性就变得越来越重要。改革开放后，有一段时间，代际流动性是趋于下降的。20 世纪 90 年代后

---

[1] 张明：《收入分配问题为何成为焦点》，《金融博览》2021 年第 9 期。

期以来，中国社会的代际流动性在不断降低，这反映了社会的相对稳定。在短期内，阶层的固化程度和社会稳定程度有很大关系，但是它们之间的长期关系难有定论。

当前，代际流动性不断下降，阶层在不断固化。解决短期的收入、财富不公平等问题固然重要，但更重要的是要解决长期的社会不平等问题。所谓长期的不平等，就反映在代际流动性降低、阶层的代际传递问题上。人们当然不希望一个社会长期持续地存在贫困的代际传递。

（二）当前的城乡儿童发展差距

农村儿童作为中国未来农业农村发展的主力军，他们的健康成长和高人力资本水平将有助于实现乡村振兴和共同富裕。整体而言，受经济社会发展水平的制约，农村儿童发展仍然存在不平衡不充分的问题。因此，促进农村地区儿童发展，特别是儿童早期发展，最大限度提升农村儿童的人力资本质量，是缩小城乡儿童发展差距、实现教育均衡的有力抓手，也是实施乡村振兴战略的重要内容。

1. 农村 0~6 岁儿童早期能力发展面临的挑战

不同研究团队基于全国不同农村地区情况，使用不同类型的测量工具探究农村 0~6 岁儿童发展水平，得出较为一致的结论：与城市儿童相比，很大比例的农村 0~6 岁儿童发展潜能未得到充分发挥，脱贫地区这一情况更为严峻。2013 年，北京大学的研究团队对贵州、山西的 6 县 0~3 岁婴幼儿的调查表明，贫困地区 35.7% 的婴幼儿存在发展滞后风险，且 6~11 月龄婴幼儿发展滞后风险比例达到 48.0%。2014 年陕西师范大学的研究团队使用贝利婴幼儿发展量表（一）对陕西农村 1442 名 18~30 月龄婴幼儿及其看护人的研究表明，受访儿童中 48% 存在认知发展滞后风险[1]，其中 18~24 月龄婴幼儿认知发展滞后风险比例为 41%，25~30 月龄婴幼儿认知发展滞后风险比例为 55%，这表明随着月龄的增加，认知发展滞后风险比例有所增加，且认知发展滞后风险比例均高于城市地区

---

① 贝利婴幼儿发展量表（一）认知发展滞后风险是指认知分数低于 84 分。

（20%）；2015 年，北京大学的研究团队进一步使用贝利婴幼儿发展量表
（三）对河北、云南的两个贫困地区的 448 名 6~18 月龄婴幼儿进行调查，
结果显示，样本儿童中认知、语言和社会情感发展滞后风险[①]的比例分别
为 48.7%、40.6% 和 35%，均高于正常婴幼儿群体（16%），可见地区及
城乡儿童早期发展存在明显的不平衡问题。农村地区学前教育阶段 3~6
岁的儿童发展也存在一定比例的认知发展滞后风险。一项基于陕西农村地
区的研究使用韦氏幼儿智力量表（第四版）对陕西农村地区学前教育阶
段 3~6 岁的儿童发展进行调查，结果显示，36% 的样本儿童存在认知发
展滞后风险，而城市地区学前教育阶段儿童认知发展滞后风险的比例仅为
9.5%，农村地区学前教育儿童认知发展滞后风险比例远高于城市地区。通
过对湘西两县 26 所农村幼儿园的调研，得知在园儿童语言理解能力和记
忆能力处在临界或低弱水平的比例分别为 31% 和 21%，远远高于 8.9% 的
全国平均水平。2020 年，中国发展研究基金会使用贝利婴幼儿发展量表
（四）对贵州脱贫地区 966 名 0~3 岁婴幼儿发展现状进行调查，发现样本
儿童认知发展滞后风险比例为 19.83%，语言发展滞后风险比例为 36.37%，
运动发展滞后风险比例为 29.03%，社会情感发展滞后风险比例为 48.65%。
脱贫地区儿童早期发展仍存在相当比例的滞后风险，乡村振兴阶段仍需重
点关注。

2. 农村学龄阶段儿童能力发展面临的挑战

近年来，我国学前教育取得显著成绩，但城乡学龄儿童认知能力和非认
知能力仍然存在较大差距，农村学龄阶段儿童的发展水平明显低于城市儿童。

从学生的学业表现来看，农村学校学生显著落后于城市学校学生。部
分研究使用中国教育追踪调查（CEPS）2013 年基线数据和 2014 年追踪调
查数据对农村地区和城市地区学生的学业表现进行对比，发现农村学校学
生的学业成绩标准得分（语文、数学和英语）显著低于城市学校学生的学
业成绩标准得分。使用中国家庭追踪调查（CFPS）2014 年和 2018 年的数
据对农村与城市的学生认知能力进行分析，结果发现，农村义务教育阶段

---

① 贝利婴幼儿发展量表（三）认知发展滞后风险是指认知分数低于 105 分，语言发展滞后风
险是指语言分数低于 109 分，社会情感发展滞后风险是指社会情感分数低于 100 分。

学生的认知能力显著低于城市义务教育阶段学生的认知能力，无论是字词测试得分还是数学测试得分，农村地区学生得分均低于城市地区学生（见图 3-1）。

（分）

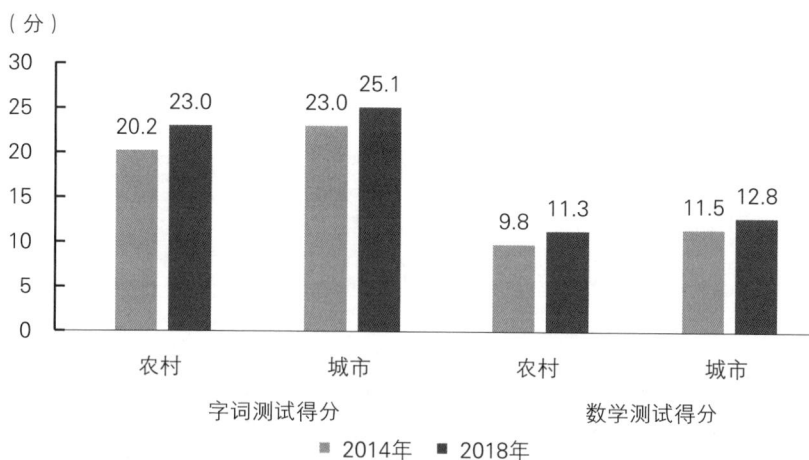

图 3-1 2014 年和 2018 年城乡义务教育阶段学生认知能力得分

资料来源：中国家庭追踪调查 2014 年、2018 年数据。

同时，使用 2013—2014 学年中国教育追踪调查基线数据，比较城乡初中学生认知能力测试得分也可得出相似结论，无论是七年级还是九年级，农村初中学生认知能力得分普遍低于城市初中学生（见图 3-2）。

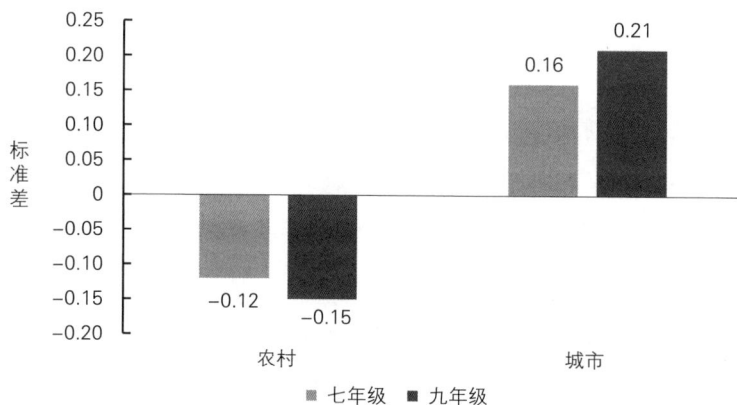

图 3-2 城乡初中学生认知能力比较

资料来源：中国教育追踪调查 2013—2014 学年基线数据。

多项研究也表明，农村地区学生非认知能力水平和城市地区学生存在差距。部分调查从大五人格的角度出发，对城乡学生非认知能力差距进行分析发现，农村初中学生在自我效能感、自信心、自律、社会性、积极情绪、自我教育期望等多种非认知能力上的发展水平均落后于城市同龄人；同时，中低收入家庭学生的非认知能力水平显著偏低。使用2013—2014学年中国教育追踪调查数据中涉及青少年非认知能力的指标（自我效能感、自信心、自律、社会性和积极情绪）对城乡义务教育阶段学生非认知能力进行衡量，可以发现，农村学生在自我效能感、自信心、社会性这几个非认知能力指标上得分均落后于城市同龄人（见图3-3）。

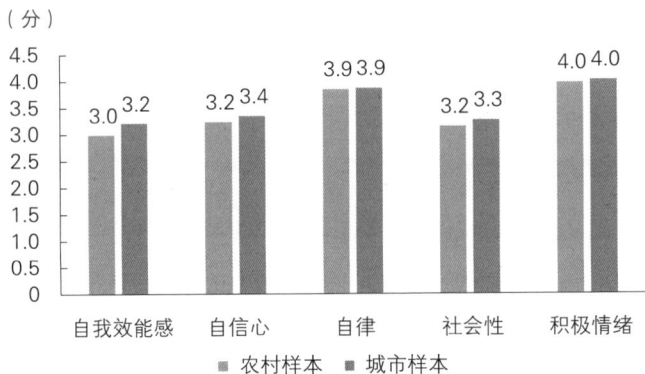

（分）

	农村样本	城市样本
自我效能感	3.0	3.2
自信心	3.2	3.4
自律	3.9	3.9
社会性	3.2	3.3
积极情绪	4.0	4.0

图 3-3　2013—2014 学年城乡义务教育阶段学生非认知能力得分

资料来源：中国教育追踪调查 2013—2014 学年基线数据。

3. 农村儿童在营养健康方面面临的挑战

经济社会发展不平衡和自然环境差异使我国儿童营养健康存在明显的地区和城乡差异，且儿童年龄越小，城乡差距越大。我国农村学龄儿童的生长迟缓发生率显著高于城市地区。2017 年我国中西部贫困农村 6～15 岁学龄儿童生长迟缓率为 5.3%，而城市 6～15 岁儿童仅为 1.0%[①]。儿童早期在贫血率、生长迟缓率等指标上，中西部地区均落后于全国平均水平。研究表明 48.3% 的 6～12 月龄农村婴幼儿存在贫血[②]问题，18 月龄后婴幼

---

① 张倩：《中国学龄儿童营养健康状况及改善措施建议》，《中国学校卫生》2021 年第 3 期。
② 世界卫生组织将血红蛋白值低于 110g/L 定义为贫血。

儿贫血率开始下降，但仍有 23.3% 的 24～30 月龄婴幼儿存在贫血问题[1]。这些调查反映了城乡和区域间儿童营养健康状况的不平衡。

综上所述，尽管我国儿童发展成效显著，但与儿童高质量发展的要求相比还存在明显的不足，城乡之间儿童发展存在较大差距。一是农村儿童早期发展缺少顶层设计，在 0～3 岁儿童早期发展阶段，尚未形成制度化的保障体系。二是部门协调配合力度不够，没有形成农村儿童发展合力，发展效率较低。三是基层力量薄弱，各类政策在基层落实不到位，影响农村儿童的发展。四是农村儿童在早期养育、健康、教育等方面依然存在明显的城乡差距，基本公共服务均等化还有很长的路要走。五是农村儿童早期发展存在明显的短板，投入和服务供给不足，供给与需求脱节。

---

[1]　岳爱、蔡建华、白钰等：《中国农村贫困地区 0～3 岁婴幼儿面临的挑战及可能的解决方案》，《华东师范大学学报（教育科学版）》2019 年第 3 期。

第四章　近代儿童发展思想与理论

近代以来，随着西方各种思潮在中国的广泛传播，国内各阶层人士的视野不断开阔，开始意识到儿童对于中国实现现代化的重要性。一些有识之士开始积极提出新的儿童发展理论和主张。其中有以曾国藩、李鸿章为代表的自强与培才的探索，以张之洞为代表的中体西用思想，以康有为、蔡元培、恽代英为代表的儿童公育设想，有陶行知、陈鹤琴等对中国化儿童教育的探索，更有孙中山、毛泽东、邓小平等政治家对国家儿童政策体系的宏大设想和目标设定，以及宋庆龄、邓颖超等妇女领袖对儿童发展的实践推动。在与西方相关理论观念的不断对话交流中，许多具有中国自身特色的儿童发展思想开始形成，对中国儿童发展的现代化产生了深远的影响。

一、自强培才

少年强则国强。中国儿童发展要实现现代化，就必须进行科学化、本土化、平民化的探索与尝试，这可以追溯到晚清时期的洋务运动教育改革。正是因为洋务运动积极追求"自强培才"，才有了幼童留美，才建立了"癸卯学制"和中国现代学校制度，中国近现代化的进程才得以推动和发展。

（一）自强与人才之缺

鸦片战争后，洋务运动兴起，中国开始走上了探索现代化的道路。当时，曾国藩、李鸿章等感叹，要实现自强求富，最缺乏的是具有西洋视野与知识技能的人才。他们认识到，这些急需的新式人才需要从小培养①。

当时，以朝廷的奕䜣和地方的曾国藩与李鸿章为代表，先后提出"自强"和"求富"的口号。曾、李二人都把人才的培养看作中国自强之根本。只有培养出适合的人才，才能将洋务事业办好，从而达到自强求富的目的。然而，他们不得不面临大量人才需求与教育无法供给之间的突出矛盾。当时教育的基本功能是进行人文的教化，同时培养官吏以治天下，而不是为促进经济发展服务。在内容上，无论是官办的国子监、府州县学，还是民间自立的私塾，均以科举考试为目标。而科举考试以四书、五经等儒家经典学说为基本内容，重义理、辞章，这种传统的旧教育模式根本培养不出时代所需之人才。

传统教育模式培养不出洋务事业所需的人才，而人才缺乏又如此严重，这就迫使洋务派寻求各种新方法和途径来解决问题。

（二）幼童留美

洋务派为了迅速推动洋务运动，雇洋人、译西书。但这样所得人才有限，且无法培养中国自己的人才。借鉴西方诸国在现代化初期都通过派遣留学生学习来推动国家富强的经验，曾国藩、李鸿章等萌发了派遣学生出国留学的想法，并付诸实践②。

1872—1881年，清政府在容闳的倡议和曾国藩、李鸿章的鼎力支持下，向美国派遣官费留学生。这些学生前后共4批120人，抵美后居住在美国家庭，进入美国学校学习。为此，清政府还设立了留学事务所，专管其事。1881年，清政府裁撤留学事务所，召回在美留学生，幼童留美行动遂告终结③。

1. 选取幼童

为什么选取幼童，结合当时历史文化制度背景与当事人个人经历，有三种可能。

---

① 范潇潇：《晚清民初留美幼童的媒介形象书写研究（1872—1919）》，河南大学，2023。
② 陈光明、周翠娇：《曾国藩、李鸿章与近代留学》，《湖南城市学院学报》2004年第4期。
③ 陈立尧：《早期留美幼童史事评述》，《黑龙江史志》2014年第16期。

　　首先是语言上的考虑。派人到美国学习，首先要学习和掌握英语，不仅要能听、能说，而且要达到相当的水平来学习专业知识。在当时晚清闭塞、风气未开、尚未普及英语的情况下，选派处于语言学习关键期的儿童无疑是最为适宜的办法。现代儿童发展研究表明，在儿童发展的早期，在语言环境充分的条件下，学习语言比较容易和高效。一旦过了儿童早期的关键窗口期，对语言的学习相对就比较困难。第一批留美幼童赴美后的经历也印证了这一点。

　　其次是容闳自身的留美学习经历。被称为"中国留学生之父"的容闳1828 年生于广东香山县的贫寒之家。1847 年，他由香港基督教会资助赴美留学，初入孟松学校，后入耶鲁学院（今耶鲁大学）学习。自身的留美学习经历使容闳认为，中国的年青一代也应该尽可能多地留美，接受西方现代教育，以自身所学推动中国复兴和文明富强。此后，他毕生的努力都是为了完成这个伟大的目标。

　　最后是冲破旧有思想的禁锢。从幼童在美国的留学经历来看，容闳可能考虑过留学生除需要学习西方的科技知识外，还应该学习西方的文化，接受西方教育的系统训练。在这方面，幼童更容易接受。

　　如何选取幼童？ 1871 年曾国藩和李鸿章联名上书《拟选聪颖子弟前赴泰西各国肄业折》，容闳拟就《挑选幼童前赴泰西肄业章程》①。经过艰苦的努力，挑选出来的幼童于 1872 年 8 月 11 日由陈兰彬率领从上海搭船赴美，同年秋天抵达旧金山。1873 年 6 月，第二批幼童由黄胜率领出国，同行的还有 7 名自费生。1874 年 9 月，第三批幼童由祁兆熙率领出国。1875 年 10 月，第四批幼童由邝其照率领赴美，同行的还有自费留学的徐润的 3 位堂弟。至此，120 名幼童全部到达美国。

2. 政府发起和政治精英倡导

　　虽然留美儿童计划的首倡者容闳是通过民间的力量得以赴美并完成学业的，但幼童留美作为中国近代史上第一次大规模留学运动是完全由政府发起的。

---

　　① 刘燕：《容闳与清代幼童留学》，《浙江档案》2007 年第 3 期。

　　幼童留美的建议是由清政府重臣曾国藩、李鸿章、丁日昌等人向清朝统治者上奏并得以批准的。此后，为幼童留美事宜专门设置了"两局"，并任命了相应的官员。在上海设幼童出洋肄业局，专门挑选留美幼童；在美国设立中国留学生事务所，经办留学事宜。幼童赴美留学的经费是由晚清政府筹集并拨付的。由于是政府发起的，学员肄业后由政府奏赏官阶差事，不准入籍外洋及华洋自谋别业。①

3. 半途而废与开一代风气之先

　　幼童留美计划的结局却是半途而废。1881 年 6 月 8 日，总理衙门上奏，请求将出洋学生一律调回。现有研究多数将幼童留美计划的夭折归结为幼童的西化。留学生的西化引起了监督陈兰彬的不满。第四任监督吴子登比陈兰彬更为保守，极力阻止留学事业继续进行。这些因素导致清政府最终下了撤回留学生的决心。

　　幼童留美计划本是在容闳的倡导和曾国藩、李鸿章等洋务重臣的支持下进行的，但在留美幼童学习的事项上处处受到以传统士大夫自居的保守官员的掣肘，终致半途而废。同时，幼童留美是官派留学，当清政府意识到实际情况已背离原定目标和自身利益时，强制中止留学也就不足为怪了。

　　幼童留美是中国近代史上的一件大事。留美幼童成为那个时代思想观念最为开放的一批人，用在美国的所学所得服务于自己的国家。这是中国历史上第一次官派留学，更是在现代化探索过程中迈出的重要一步。②

二、中体西用

　　中国近代绕不过去的是"中体西用"的思想。鸦片战争后，林则徐首先提出了"师敌之长技以制敌"的思想，魏源继而明确提出了"师夷长技以制夷"的口号。这之后，有鉴于中西之间的巨大差距，冯桂芬等提出"以中国之伦常名教为原本，辅以诸国富强之术"。这可以说是"中体西

---

　　① 高如民：《论丁日昌在近代首批幼童留学中的历史作用》，《河南大学学报（社会科学版）》2006 年第 4 期。

　　② 陈立尧：《早期留美幼童史事评述》，《黑龙江史志》2014 年第 16 期。

用"思想的最初表述。

甲午战争前后，中西文化冲突在政治、军事、经济等各个领域展开，张之洞系统化、理论化地提出了"中体西用"思想。他在《两湖经心书院改照学堂办法片》中明确讲到"中体西用"，在《劝学篇》中系统总结和阐述了"中体西用"的内涵。之后，张之洞利用自己的社会地位和学术影响力，促进了"中体西用"思想在社会各个阶层、各个集团的传播。"中体西用"成为当时流行的口号。①

"中体西用"对儿童现代化产生了重要影响。张之洞主持制定了我国近代第一个学前教育法规《蒙养院章程及家庭教育法章程》。该章程集中体现了"中体西用"在儿童发展方面的价值取向和矛盾心态。一方面，他承认西方学校教育制度较中国传统学校教育制度更为良善，因而对设立近现代学前教育机构持积极态度，将蒙养教育视为国民教育的基础。该章程不仅提到蒙养院要借鉴西方幼稚园的形式，而且要选取国外家庭教育书籍广为刊布，在具体课程上也要设置游戏、歌谣、谈话、手技等现代教育科目。另一方面，张之洞等在给朝廷的《重订学堂章程折》中提出，各级各类学校的宗旨是以忠孝为本，以中国经史之学为基。这种宗旨当然也适用于蒙养院。章程制定者试图以"体""用"关系来处理两种不同文化的矛盾冲突，导致章程中规定的学前教育制度在形式和内容上产生极大反差，有近代学前教育之名，而无近代学前教育之实。②

此外，1902 年，张之洞时任两湖总督，他试办以"西学"为主的新式学堂，最为著名的是自强学堂。他将两湖书院改为两湖高等学堂，后经多次改革，最终成为一所新式学堂。在张之洞的倡导与影响下，1903 年 9 月，湖北巡抚端方在武昌阅马场创办了湖北幼稚园，1904 年正式命名为武昌蒙养院，这是中国第一所公办的幼儿教育机构，标志着中国幼儿教育近代化的开端。

---

① 杨勇：《洋务运动教育改革与明治维新教育改革比较研究》，河北大学，2011。
② 唐淑：《学前教育思想史》，人民教育出版社，2018。

三、儿童公育

"儿童公育"思想是在近代中国经济社会急剧转型的历史条件下，倡导家庭变革、主张婴幼儿教养社会化的一种思潮。

"儿童公育"是建立在家族制度消亡的基础之上的。随着大家庭逐渐被小家庭所替代，清末民初妇女解放的呼声也日益高涨，迫切需要解决儿童抚育的问题。一些学者提出，家庭的一些功能应转由社会来承担，包括抚育儿童。康有为首次提出了"儿童公育"思想，主张所有儿童都应当实行公养与公教。他按照胎教、育婴与育幼的划分设计了一套包括人本院、育婴院、慈幼院在内的儿童公养公教的体系。他提出，这些院的选址要地势平坦，环境宜人。在公育方式和内容设置上，必须有知识性、启蒙性、娱乐性，要有婴幼儿玩具、模型、实物等设施，要有音乐、诗歌等内容。在服务人员的选用上，要选仁智宅厚、聪颖又富有责任心的照护人员。

蔡元培设想的公育机构以美育为起点。他希望政府建立胎教院、乳儿院（或者育婴院）与蒙养院。先期试办，如有效则扩大范围，进而实现婴幼儿的公养与公教。他认为蒙养院是联结家庭教育与学校教育的过渡性机构，应当开设舞蹈、唱歌、手工等专项的美育课程，使儿童从小就形成健全的人格。

"儿童公育"思想在五四运动前后有了更进一步的发展和讨论。这一时期，以沈兼士、罗家伦、向警予、恽代英等为代表的新型知识分子都高举"儿童公育"的大旗，影响不断扩大。沈兼士提出，只有实行"儿童公育"，才能使妇女摆脱家庭的束缚，使儿童健全发展，实现社会公平。向警予主张实行"儿童公育"，使女性获得更多教育机会与工作时间。同时社会公育又能节约社会资源，比家庭教育更完美，更能提高儿童的幸福感。恽代英坚信"儿童公育"有助于使所有儿童得到合适的、平等的教育，有助于女子经济独立，有助于使人类普遍享受到幸福生活[①]。

---

① 潘晓飞：《清末民初"儿童公育"思想研究》，安徽财经大学，2013。

"儿童公育"也招致了一些知识分子的强烈反对。以杨效春为代表的"非儿童公育"者认为，家庭教育要比学校教育、社会教育的功用大得多，是"儿童公育"机构无法替代的。他们还认为当时中国没有实行"儿童公育"的条件。

四、中国化儿童教育

民国时期，陶行知、陈鹤琴等教育家不断开拓革新，努力探索中国儿童教育新路。他们认为当时中国的幼儿教育被外国教会垄断、全盘西洋化的现状不适合中国国情，不能使中国儿童适应。他们从幼儿教育入手，探索一条适合中国国情、符合幼儿身心发展特点和规律的现代幼儿教育之路。

（一）开办乡村幼稚园

陶行知身怀"亲民、爱民、为民、救民"的思想，提出了建设中国式幼稚园的构想并进行实践。他敏锐地指出当时的幼儿教育存在"外国病""花钱病""富贵病"三大问题。当时的幼教机构主要集中在大城市，为上层社会服务。他认为必须改变这种状况，明确提出要建立中国的、省钱的、平民化的幼稚园[①]。

鉴于当时的国情，他指出中国教育的重点和难点应该在农村，农村最需要幼稚园，幼稚园下乡势在必行。1926 年，陶行知在南京燕子矶开办乡村幼稚园，所需的 700 元经费均由他自己筹集。1927 年 11 月，燕子矶乡村幼稚园正式开学，这是中国第一所乡村幼稚园。幼稚园招收附近 3～6 岁的幼儿，不收任何学费。燕子矶乡村幼稚园运用中国的民歌、民谣、诗歌、故事、玩具及中国的民族音乐、自然风景来陶冶幼儿；在教学方法上，陶行知主张让儿童自由活动，多接触大自然。针对农村生活的特点，燕子矶乡村幼稚园实行全日制，尽可能办"整年整天的

---

① 龚芸：《论陶行知关于建设中国式幼稚园的构想》，《邵阳学院学报》2005 年第 2 期。

幼稚园"。

开办乡村幼稚园亟须培养师资，为此陶行知创办了乡村幼稚师范学校。他主张训练本乡师资教导本乡儿童。乡村幼稚教师的来源有两类：一类是本乡中"资质聪明，同情心丰厚之妇女"；另一类是乡村教师的夫人、姊妹和学生，把她们训练成乡村幼稚园教师，既可以解决就业问题，又可以增加她们的家庭收入。

此外，陶行知与晓庄学校师生还创办了晓庄幼稚园、和平门幼稚园、迈皋桥幼稚园、新安幼稚园等。陶行知所倡办的幼稚园有 3 个目标，即平民化、经济化及适合儿童生活。实践证明，他提出的建设中国式幼稚园的理论是切实可行的。

（二）幼稚园教育的中国化

陈鹤琴针对当时中国幼儿教育西化的状况，努力从幼儿教育入手，探索幼儿教育的中国化。

1923 年，陈鹤琴开办了一所实验幼稚园——南京鼓楼幼稚园，开展儿童教育试验。鼓楼幼稚园的环境十分优美，园内拥有大片绿色植物和果味花香，户外游戏设施被绿色植物包围，为孩子们提供了一个接近自然的游乐场所。陈鹤琴注重观察孩子们是怎样一步步发展的，他提出的教育理念是以游戏为主，注重孩子们的尝试和与自然的亲密接触。在园内，他让孩子们过集体生活，一起合作、一起游戏，注重孩子行为习惯和技能的养成。他请助手张宗麟等一道开展幼稚园课程、教材、教法、设备等的全面试验。在此基础上，他提出了适合国情和儿童特点的 15 条办院主张。1928 年，他受托依据鼓楼幼稚园的试验成果，起草了《幼稚园课程暂行标准》，1929 年在全国范围内推广。

1940 年，陈鹤琴到江西创办了江西省立实验幼稚师范学校，实现了由中国人自己培养幼教师资的宏愿。他自己写了很多教材，并且亲自给学生上课，然后让学生到师范附属的幼稚园观察实践。

1941 年 1 月，陈鹤琴主编的月刊《活教育》创刊。1942 年，他系统提出"活教育"的思想："做人，做中国人，做现代中国人"，即目的论；"大自然、大社会，都是活教材"，即课程论；"做中教，做中学，做中求进步"，即方法论。1944 年，他提出"五指活动"，由儿童健康活动、儿童社会活动、儿童科学活动、儿童艺术活动、儿童文学活动 5 个部分组成，5 个部分互相联系，在儿童生活中结成一个有组织、有系统的教育网[1]。

五、有养有教

在近代中国的发展过程中，孙中山、毛泽东、邓小平等政治家的思想和社会实践对当时的中国发展道路产生了深刻的影响，他们关于儿童成长的看法和思想也对当时的儿童政策和发展产生了积极的影响。

（一）重视儿童和普及教育

孙中山十分重视儿童教育，认为儿童无论贫富都应接受教育。他把"全力发展儿童本位之教育"列入《中国国民党第一次全国代表大会宣言》。孙中山一生的理想就是建立民主共和国，并把普及教育作为国家的一项重要任务。他在《建国方略》中写道："中国富强事业，非先从事于普及教育。"[2] 他主张首先普及中小学基础教育，将其列为同盟会之政纲。他任临时大总统时即发布命令，要求各省迅速开办中小学教育。同时，他力主多办义务学校，让穷人也有书可读。他还推动把庚子赔款全划作教育经费。孙中山重视普及教育，他从建设共和国的战略高度看待提高全民族教育水平和文化素质的重大意义。[3]

毛泽东高度重视儿童的保育和教育。早在中央苏区时期，他就参

---

① 虞永平：《中国幼教之父——陈鹤琴》，南京大学出版社，2019。

② 王丽君、张颖：《孙中山的国民教育思想及其现实意义》，《今日南国（理论创新版）》2009 年第 2 期。

③ 钮锡珍、刘守旗：《孙中山教育思想的时代特征及其启示》，《东南大学学报（哲学社会科学版）》2014 年第 3 期。

与制定和颁布了许多教育和保育政策。红军长征到达陕北后物资缺乏，但在毛泽东的重视和关怀下，创办了鲁迅小学、延安八路军抗属子弟学校、陕甘宁边区延属分区干部子弟小学和延安中学等。1938 年，毛泽东为《边区儿童》题词：儿童们起来，学习做一个自由解放的中国国民，学习从日本帝国主义压迫下争取自由解放的方法，把自己变成新时代的主人翁。同年 10 月，延安保育院成立时，毛泽东又为该院题词：好好的保育儿童，为教育后代而努力。1942 年延安庆祝"四四"儿童节，毛泽东题词：儿童们团结起来，学习做新中国的新主人[1]。1949 年 9 月，毛泽东亲自主持制定的《中国人民政治协商会议共同纲领》提交会议审议，指出：人民政府应有计划有步骤地改革旧的教育制度、教学内容和教学方法[2]。1951 年，毛泽东亲笔题词：好好学习，天天向上[3]。

邓小平对儿童和教育高度重视。早在改革开放之初的 1979 年 10 月，邓小平为全国青少年科技作品展览题词：青少年是祖国的未来，科学的希望[4]。随着改革开放的不断深入，邓小平继续强调少年儿童的重要性。退休以后，邓小平仍然关心着少年儿童。1992 年 6 月和 10 月，他先后两次向希望工程捐款 5000 元，用以救助那些因贫困而失学的孩子，中国青少年发展基金会将这笔捐款用于资助广西百色革命老区的失学孩子。

（二）现代化与"从娃娃抓起"

邓小平的儿童发展思想与实现国家现代化紧密关联。1980 年 5 月 26 日，邓小平为《中国少年报》和《辅导员》杂志题词：希望全国的小朋友，立志做有理想、有道德、有知识、有体力的人，立志为人民作贡献，

---

[1] 郑学富：《抗战期间，毛泽东三次为儿童节题词》，《人民政协报》2018 年 5 月 31 日。

[2] 中央教育科学研究所：《中华人民共和国教育大事记（1949—1982）》，教育科学出版社，1984。

[3] 刘功谊：《"好好学习，天天向上"的由来》，《人民政协报》2017 年 6 月 1 日。

[4] 《第 31 届全国青少年科技创新大赛在上海举行》，中国政府网，2016 年 8 月 15 日。

为祖国作贡献，为人类作贡献[1]。1983 年，邓小平为北京景山学校题词：教育要面向现代化，面向世界，面向未来[2]。这为中国教育的改革发展确立了思想基础和战略方向。1989 年 10 月 10 日，邓小平为中国少年先锋队建队四十周年题词：培养有理想、有道德、有文化、有纪律的无产阶级革命事业接班人[3]。

邓小平高度关心对少年儿童的文化教育，反复强调要从娃娃抓起。1978 年 2 月 26 日，他说："抓科学技术，教育很重要。这不仅是科学院的事，而且是全民性的事，从娃娃起就要培养。"1985 年，邓小平在全国教育工作会议上提出，一个十亿人口的大国，教育搞上去了，人才资源的巨大优势是任何国家比不了的。有了人才优势，再加上先进的社会主义制度，我们的目标就有把握达到。现在小学一年级的娃娃，经过十几年的学校教育，将成为开创二十一世纪大业的生力军。中央提出要以极大的努力抓教育，并且从中小学抓起，这是有战略眼光的一着。如果现在不向全党提出这样的任务，就会误大事，就要负历史的责任[4]。在此基础上，邓小平重视并大力推动对少年儿童的文化教育。

六、做好儿童工作

我国近代出现了以宋庆龄、邓颖超、蔡畅为代表的一批杰出妇女领袖。她们始终关心儿童身心健康，重视儿童工作，促进了我国儿童事业的发展。

（一）儿童工作是百年树人的起点

宋庆龄把儿童工作提高到关系国家前途和民族兴亡的高度来认识。抗日战争时期，为了救助数以百万计的战时灾区儿童，她积极促进各阶层、各党派妇女团结合作，于 1938 年 3 月在武汉成立了中国战时儿童保育会。

---

①　邓小平：《邓小平文选第二卷》，人民出版社，1994。

②④　邓小平：《邓小平文选第三卷》，人民出版社，1993。

③　共青团中央、中共中央文献研究室：《毛泽东 邓小平 江泽民论青少年和青少年工作》，中国青年出版社、中央文献出版社，2003。

同时，她通过"保卫中国同盟"，为战时儿童保育工作积极筹措经费。1939年春，她又发起了为战时灾区儿童服务的运动，支持建立了包括陕甘宁边区第一保育院在内的一批地方托幼机构[①]。新中国成立后，她深刻指出：儿童工作就是缔造未来的工作。

邓颖超同样高度重视儿童发展，认为要把它提高到战略的地位并充分给予重视。她强调教育儿童青少年要涉及教育学、心理学等多个综合学科，需要有科学的精神、高度的责任感并埋头苦干。全社会要尊重儿童少年工作者，要帮助他们解决各种实际困难，要表扬和奖励作出成绩的儿童少年工作者。

（二）面向全体儿童的教育和儿童的全面发展

宋庆龄一贯主张对全体儿童进行教育，使孩子身心健全发展。早在20世纪40年代，她就提出了"为广大贫苦儿童服务"的方针，不仅要给孩子们粮食、衣物和医药，还要给他们精神食粮。新中国成立后，她更加重视对全体儿童实施全面发展的教育，强调把下一代培养成德、智、体、美全面发展的新人。

宋庆龄对儿童的智育很重视。她指出，必须教育儿童，使他们从小就能努力学习文化知识、爱科学、学科学。希望教师能通过孩子喜闻乐见的形式，如故事、儿歌、游戏等去培养幼儿学习的兴趣和求知的渴望，让他们的语言、观察、记忆和动手的能力得到全面发展。她还特别重视儿童的品德教育。她反对对孩子娇生惯养，要让他们生活有目标，有正确的世界观和是非观，为社会作出自己的贡献[②]。

（三）举办多种形式的保育机构

新中国成立初期，邓颖超提出，儿童保育事业的方向是尽可能多地为广大群众举办各种保育机构和幼稚园。为此，在城市地区要重点整顿或增

---

① 王慧：《从宋庆龄"让每个孩子都受教育"来看当代全纳教育》，《"宋庆龄的思想实践与和谐社会建设"学术研讨会论文集》，2007。

② 韩新路：《试论宋庆龄的儿童教育观》，《中华女子学院学报》2006年第3期。

设工厂的保育机构，在农村地区要重点组织托儿互助小组、托儿所及幼儿班（队）。

兴办保育机构的原则是量力而行、量需而办。以办小规模的半托为主，在可能时试办全托。首先是提倡各有关工矿企业、机关、学校、合作社举办保育机构；其次是重视社会力量，提倡整合社会各界力量，举办各种保育机构；最后是大力提倡举办城市街道托儿组织，同时积极扶持私人举办的保育机构的发展。[①]

蔡畅在中央苏区时期就很重视儿童保育工作。1931 年，她推动中央苏区的群众办起了"带孩子组"和"托儿组"，并促使苏区政府颁布了《托儿所组织条例》。新中国成立后，她主张大量举办多种多样的托幼机构，如哺乳室、托儿所、保育院、幼儿园，也包括妇女互助合作带小孩。她也鼓励企业与街道协同举办托儿组织或生活福利服务站。托幼机构既可以是半托的，也可以是全托的。在她的大力支持和精心指导下，1949 年到 1950 年，全国共举办保育训练班 67 期，训练保育干部 1850 多人。[②]

七、儿童权利和儿童优先

20 世纪 80 年代，中国的儿童现代化进入儿童权利保障和儿童优先时代。1989 年 11 月，联合国大会通过《儿童权利公约》，提出应赋予儿童享有的各项权利，尤其是基本的生存权、发展权、受保护权和参与权。1990 年召开的世界儿童问题首脑会议又通过了《儿童生存、保护和发展世界宣言》和《执行九十年代儿童生存、保护和发展世界宣言行动计划》。中国政府签署了以上公约、宣言和行动计划，意味着履行公约、宣言和行动计划中规定的保障儿童各项权利的责任。为此，中国政府成立了专门的儿童工作机构，并于 1992 年发布了《九十年代中国儿童发展规划纲要》，之后又分别于 2001 年、2011 年和 2021 年颁布了《中国儿童发展纲

---

① 伍春辉：《邓颖超儿童教育思想浅析》，《学前教育研究》2007 年第 10 期。
② 余柏青：《蔡畅儿童教育思想述评》，《学前教育研究》2010 年第 7 期。

要（2001—2010 年）》《中国儿童发展纲要（2011—2020 年）》《中国儿童
发展纲要（2021—2030 年）》，2014 年还制定通过了《国家贫困地区儿童
发展规划（2014—2020 年）》。这 4 个纲要和一个规划作为以上公约、宣言
和行动计划在中国的国家行动方案，体现了中国政府优先保障儿童权利以
及儿童优先的儿童发展理念和政策。

　　《中国儿童发展纲要（2021—2030 年）》提出，当代中国少年儿童既
是实现第一个百年奋斗目标的经历者、见证者，更是实现第二个百年奋斗
目标、建设社会主义现代化强国的生力军。促进儿童健康成长，能够为国
家可持续发展提供宝贵资源和不竭动力。贯彻儿童优先原则的力度需要进
一步加大，保障儿童权利的法治建设需要持续推进，儿童发展的城乡、区
域和群体之间的差距需要进一步缩小，基层儿童保护和服务机制需要进一
步健全。

第五章　起点公平与儿童早期发展

　　现代化社会追求的目标是通过儿童优先原则，让所有儿童都能获得从起点开始的公平发展机会，充分释放发展的潜能，实现人生成就和推动社会繁荣发展。如果无法利用起点公平的机会来获得自己的权利，那么那些处境不利的儿童便会更加落后，与其他儿童之间的差距也会越来越大。这些儿童发展的差距最终会导致经济和社会的不平等。要实现起点公平，最重要的就是要投资和促进儿童早期发展，建立完整高质量的包括营养卫生、早期养育、学前教育在内的公共服务体系。中国儿童现代化探索的一个重要方面就是建立上述公共服务体系，实现儿童早期发展从生存到发展再到高质量的转变。

一、从生存到发展：中国儿童的卫生健康

　　从晚清到民国时期，由于民族独立、国民革命、妇女解放等政治因素的影响，儿童本位的思想开始兴起，儿童卫生健康事业开始成为现代公共福利事业的重要内容。在中国近代的社会背景下，儿童卫生健康还被赋予了民族复兴的意义，并激发了国人强身健体、强国保种的热情。儿童作为国家之希望、民族之未来，其健康与否更被视作民族是否兴旺的标志。中国拥有世界上规模最大的妇女儿童群体，在新中国成立后，中国终于建立起现代的妇女儿童健康制度和服务体系，走出了一条具有中国特色的发展道路，取得了显著的成就。

（一）晚清民国时期的儿童卫生健康

晚清民国时期，中国的儿童福利事业重点服务对象是婴幼儿（0～6岁）和学龄儿童（6～12岁）。由于经济落后、战争频繁，当时的儿童福利事业及资源主要集中在少数大城市，存在严重失衡的状况。当时的妇幼保健和儿童医疗服务发展较为迟缓，服务覆盖面狭窄，大多依附在社会救济之中。除了国民政府外，基督教会、民间慈善组织和国际组织也积极参与，开展了一系列社会妇幼卫生活动[①]。

1. 妇婴卫生

民国时期，婴儿死亡率极高。有研究表明，当时的婴儿死亡率高达20%。这主要是因为当时的妇女分娩一般在家进行，或请未经训练的接生婆接生，易造成产妇产后大出血及产后感染等症状。

鉴于妇婴卫生工作的重要性，南京国民政府先后发布了《管理接生婆规则》《开办接生婆训练班办法》。要求接生婆须向当地官署申请接生执照，同时分班入所学习必要的接生知识，才可以营业服务。

1934年，由中央卫生设施实验处牵头，在陕西、甘肃、宁夏、青海、福建、云南等地协助设立助产学校，培训妇婴卫生人才。其他各地也积极开展妇婴卫生工作。北平市于1930年5月设立保婴事务所。1934年，南京市开办保婴士训练班。在卫生事务所的大力推进下，产妇产前、产后检查人数逐年增多。

在前期的努力工作下，到1937年，中央及各省市在教育部备案的助产学校有54所，10余所学校附设产院。国立助产学校3所，省、市立助产学校16所，另有县立、私立助产学校15所。这些助产学校培养了大批的新式助产人才，并赴全国各地从事帮助妇女生产工作，促进了妇婴卫生事业的发展。[②]

2. 儿童健康运动

基督教会是早期中国儿童卫生服务的主要参与者，兴办了学校、育婴

---

① 左芙蓉、刘继同：《国家与儿童：民国时期儿童福利政策与服务实践历史研究》，《青少年犯罪问题》2006年第3期。

② 郭锋：《南京国民政府初期的医疗卫生事业》，广西师范大学，2010。

堂、孤儿院和教会医院等儿童机构。自 1918 年起，基督教女青年会开始将儿童健康比赛从美国引进中国，受到晚清以来民众"强国保种"的情绪鼓动，在中国掀起了科学育儿的热潮。国民政府时期，中华慈幼协会受政府委托，将这类比赛常规化，作为全国性的儿童节庆活动，推广各类儿童健康运动[①]。

当时的儿童健康运动包含多种形式。其中，儿童健康比赛通过拍摄照片和测量婴幼儿的体格数据来评定儿童的发育和成长状况。举办保婴演讲会、开办慈幼诊所和举行儿童卫生大会，通过展览、讲座、示范、施种牛痘等渠道来推广新式育儿方法。夏令儿童健康营是最晚进入中国的一种儿童健康活动，目的是希望孩子们利用较长的假期获得训练、强身健体。

1928—1937 年，上海共举办了 15 届卫生运动大会，进行卫生宣传，张贴卫生标语，免费为儿童检查身体，并支持不同机构和企业发起的各类儿童健康比赛。1934—1937 年，上海市连续举办了 4 届夏令儿童健康营，对儿童进行健康知识的普及，鼓励他们参与团体活动。此外，由留美学生和上海服务商界人士组织的上海联青社，在 1927 年开设联青社诊所，为贫苦家庭儿童提供医疗救治服务。

这些活动让民众形成了强烈的科学育儿理念和卫生健康理念，形成了一种社会风气。[②]

3. 儿科、儿童医院和妇产医院的探索

（1）上海难童儿童医院成立

中国第一家专科儿童医院因抗战而生。1937 年，抗日战争全面爆发，到处都是落难儿童，一些专业人士为了救治这些儿童，建立了中国第一家专科儿童医院，名为上海难童儿童医院，免费收治贫病难童，吸引了大量难民儿童前来就诊。

---

① 卢淑樱：《科学、健康与母职：民国时期的儿童健康比赛（1919—1937）》，《华南师范大学学报（社会科学版）》2012 年第 5 期。

② 柳丽贺：《塑造新儿童：民国上海儿童健康运动研究（1919—1937）》，河北大学，2018。

1939 年，上海难童儿童医院与国际红十字会婴儿医院合并为私立上海儿童医院，医疗质量可与当时的教会医院媲美。医院成立 14 年间，在门诊部接诊了 337291 名病童，住院部收纳了 18462 名病童；培养了 30 多位儿科医师，在各种医学杂志上发表了 50 多篇论文。

（2）《实用儿科学》编著出版

诸福棠主编了中国第一部儿科教科书，第一次用科学的方法关注中国儿童的健康成长，给许多家庭带来了希望。诸福棠于 1927 年从北京协和医院毕业，获得纽约州立大学医学博士学位。1943 年，他和几位同道一起完成了中国第一部适合国情的儿童儿科学专著《实用儿科学》的编著。宋庆龄曾将刚出版的《实用儿科学》设法寄到解放区，之后广泛翻印，对解放区的儿童医疗保健工作起到了重要作用 [1]。

（3）创办助产学校

中国早期的妇幼卫生是与杨崇瑞紧密关联的。1917 年，杨崇瑞毕业于协和医学堂，成为我国最早的女医学博士。1928 年，她在北平办起了我国第一个接生婆讲习所。1929 年 11 月，杨崇瑞主持创办了国立第一助产学校，学校附设一所产院。这是我国历史上第一所新法接生的妇产医院。之后，杨崇瑞又创办了南京中央助产学校和武汉国立第一助产学校分校。杨崇瑞为全国各省市选派助产教育人才，并对各省市 54 所公立和私立助产学校进行工作指导，为我国各地培养了第一批妇幼卫生工作者和新法接生人员。

此外，杨崇瑞还编写了《妇幼卫生纲要》《妇婴卫生学》等妇婴卫生教材及一套妇婴卫生挂图发行到各地。[2]

4. 乡村妇幼和儿童卫生建设

晚清民国时期，中国乡村的卫生条件极差。教会大学运用自身资源，投入乡村建设，推动了当时中国乡村儿童卫生健康事业的发展。

1930 年 2 月，燕京大学派遣社会学系师生在北京开办了清河实验区，该实验区在儿童卫生及妇婴保健方面开展了多项工作。与当地小学合作，

---

[1]　侯晓菊、庞昌生：《我国儿科医疗事业奠基者之一诸福棠》，《中华魂》2012 年第 4 期。

[2]　夏俊生：《杨崇瑞开拓中国妇幼卫生事业》，《炎黄春秋》2007 年第 8 期。

开展学校卫生工作，尤其是每两年进行一次体检，春秋两季举行种痘活动，并在学校开展卫生演讲。大力宣传新式接生，在医院设置妇产科，印发孕妇须知等宣传品，破除妇女生育方面的迷信。组织产婆和妇婴保健员培训，教授科学的产前检查、接生、产后护理、种痘及妇婴卫生常识等内容。开展公共卫生运动，尤其在夏季预防流行疫病，并进行家庭拜访、散发传单、卫生演讲等①。全国其他省份的乡村实验区也采取了类似的改进措施。

（二）抗战时期陕甘宁边区的妇幼保健工作

抗战时期陕甘宁边区的妇幼保健工作作为陕甘宁边区卫生工作的重要组成部分，保障和推动了边区妇女和儿童的健康发展，初步建立了相应的制度和服务。

1. 妇幼保健状况

抗战初期，根据陕甘宁边区民政厅对陕西省延安市安塞县和志丹县的调查，婴儿的死亡率高达 67.2%。1942 年部分地区婴儿的死亡率为 29.1%，高于全国 27.5% 的水平。多方面的因素造成这种状况。首先，陕甘宁边区的经济文化极为落后，卫生预防的条件和能力不足，妇幼保健工作基础差。其次，当时孕妇生产仍旧沿袭传统的接生方法，导致新生儿感染破伤风而大量死亡。最后，早婚现象极其普遍，使妇女的不育率和儿童的死亡率大大提高。

2. 妇幼保健法规和措施

（1）颁布妇幼保健法规

健全的法规是做好妇幼保健工作的前提。1939 年 12 月，陕甘宁边区党的第二次代表大会通过了《关于开展卫生保健工作的决议》。1939 年 4 月，《陕甘宁边区婚姻条例》颁布并执行。1944 年 12 月，陕甘宁边区参议会通过了《关于保育儿童健康案》。这些关于妇幼保健法规的出台，为陕甘宁边区妇幼保健工作提供了法律保障。

---

①　张德明：《教会大学与民国乡村建设——以燕京大学清河实验区为个案的考察》，《北京社会科学》2013 年第 2 期。

（2）积极进行卫生宣传

边区政府为减少疾病和死亡，曾广泛发动各方面的力量，采用各种形式，开展普及妇幼卫生常识的宣传教育工作。1940年边区举办了第一次妇女生活展览会。1945年妇女委员会组织了一次妇幼卫生展览会，取得较好效果。此外，边区政府还利用当地农村庙会，宣传妇婴卫生和饮食卫生。

同时，《解放日报》等报纸杂志连续登载宣传降低婴儿死亡率的文章，并对妇女们提出的有关怀孕、生育的种种问题进行科普解答，起到了很好的宣传作用[1]。

（3）培训妇幼卫生人员，推行新法接生，实现预防接种

边区助产训练班于1944年10月9日开办。关中分区、陇东分区和甘泉、新宁等县也先后办起助产训练班，每班学员30余名，学期3个月。1945年11月成立边区妇女职业学校，训练妇女干部百余名，对帮助各县区训练助产士及改造接生婆起了巨大推动作用。

预防接种主要由各县保健药社和分区医院为群众上门服务。如华池保健药社在1945年3月中旬共为210名群众进行预防接种。中央卫生处门诊部也定期为儿童接种牛痘。

总之，陕甘宁边区政府通过多方努力，较好地控制了孕产妇和婴儿的死亡率。

（三）新中国成立后妇幼健康事业的发展

新中国成立后，妇幼健康事业快速发展，妇女儿童健康水平不断提高。2022年，中国婴儿死亡率、5岁以下儿童死亡率分别为4.9‰和6.8‰[2]（见图5-1）。我国已被世界卫生组织评定为全球十个妇幼健康高绩效国家之一。

---

[1] 李洪河：《新中国成立前后中国共产党领导的卫生宣传与教育研究》，《河南师范大学学报（哲学社会科学版）》2015年第2期。

[2] 《三个"降至历史最低水平"显示我国妇女儿童健康水平进一步提升》，中国政府网，2023年6月1日。

图 5-1　2012—2022 年我国孕产妇、婴儿和 5 岁以下儿童死亡率

资料来源：中国发展研究基金会农村婴幼儿早期发展内部研讨会上国家卫生健康委妇幼健康司与会代表发言 PPT。

1. 发展历程及成就

（1）1949—1978 年：系统的制度保障与服务建设

1949—1978 年，中国儿童医疗卫生福利建设从小到大、从弱到强、由点到面，逐步发展起来。

国家高度重视。1949 年 9 月通过的《中国人民政治协商会议共同纲领》规定"保护母亲、婴儿和儿童的健康"。中国妇女第一次全国代表大会、第二次全国代表大会提出健康工作的重点在于妇婴健康和推广新法接生。第一次、第二次、第三次全国妇女儿童福利工作会议均强调妇女健康工作。

推广新法接生。国家将推广新法接生确定为妇幼卫生工作的基本任务，到 1952 年底，受过训练的接生员及经过培训的接生婆已有 26 万人以上。

儿童保健所及县妇幼保健站迅速发展。1949 年全国仅有 9 所妇幼保健所，到 1957 年增加到 4599 所①。部分农村建立产院，提高了新法接生质量。

预防儿童疾病取得较大进展。截至 1951 年，全国接种牛痘儿童近 1.2 亿名。1962 年中国成功研制脊髓灰质炎减毒活疫苗，1964 年初步控制了脊髓灰质炎的流行。1965 年，中国研制成功高度麻疹减毒活疫苗，降低了婴幼儿发病率和死亡率。

---

① 王颖：《新中国 70 年中国妇女健康事业发展历史回顾》，《中国妇运》2019 年第 11 期。

发展儿童医疗机构，提供儿童医疗卫生服务。到 1958 年底，全国在较大城市建立了 27 所儿童医院，床位达 3682 张，为新中国成立前的 20余倍；全国儿科床位总数达 2 万余张，儿科医师 5100 名，为 1952 年的3.6 倍[1]。

（2）1978—2012 年：妇幼健康服务公平性、可及性不断提高

将妇幼健康核心指标和重点政策措施纳入各级政府政策目标考核。1992 年，我国发布实施了《九十年代中国儿童发展规划纲要》，之后发布实施了《中国妇女发展纲要（1995—2000 年）》。这些政策的出台将妇幼健康核心指标和重点政策措施纳入各级政府目标考核，推动各项妇幼保健工作的落实。2009 年启动深化医药卫生体制改革，对妇女儿童健康的投入力度不断加大，妇幼健康服务公平性、可及性不断提高[2]。

妇幼保健工作逐步走向法制化、规范化轨道。20 世纪 90 年代以来，国家颁布实施了《中华人民共和国母婴保健法》等法律法规，将保障妇幼健康权益上升为国家法律层面。

大力推广住院分娩，提高住院分娩率。开始探索并逐步形成高危孕产妇管理雏形，提高基层孕产妇和婴幼儿救治能力。关注农村高危孕产妇死亡地区，致力于降低孕产妇和儿童死亡率。

加大对基层妇幼保健网络的投入和建设。1991 年，全国建立妇幼保健机构 2854 个，床位 1.5 万张，比 1978 年增长 5 倍；妇幼保健卫生专业技术人员由 1978 年的不到 2 万人增长到 5.8 万余人。国家还从 20 世纪 80年代开始建立妇幼卫生年报系统和妇幼卫生监测网络[3]。

加强国际合作。学习和吸收国际先进理念和技术。针对我国农村和偏远地区的孕产妇和儿童死亡率高的状况，通过加强基层妇幼卫生的国际合作，开展大量针对基层妇幼人员的培训，大大提高了基层和农村地区的妇幼保健服务的知识水平和技能，缩小了城乡差距。

---

[1]　刘晓静、张继良：《中国儿童医疗卫生福利体系的历史性考察：1949—1978》，《河北学刊》2020 年第 6 期。

[2]　杜其云：《［70 年巡礼］妇幼健康事业的发展与进步》，《中国人口报》2019 年 9 月 26 日。

[3]　王颖：《新中国 70 年中国妇女健康事业发展回顾》，《中国妇运》2019 年第 11 期。

（3）2012年以后：妇幼健康工作由"保生存"向"促发展"转变

在《中国妇女发展纲要（2011—2020年）》《中国儿童发展纲要（2011—2020年）》《中国儿童发展纲要（2021—2030年）》的指引下，进一步加强妇女保健工作。《"健康中国2030"规划纲要》《中共中央 国务院关于打赢脱贫攻坚战的决定》将妇幼健康核心指标和重点政策措施纳入各级政府目标考核，明确了政府主体责任，提升了保障水平。

妇幼健康工作由"保生存"向"促发展"转变。以保障妇女全生命周期健康和儿童健康为重点，0~6岁儿童基本保健内容纳入基本公共卫生服务。着力推进实施母婴安全工程，构建了覆盖城乡居民的出生缺陷防治体系，加大儿童重点疾病防治力度，扩大新生儿疾病筛查，继续开展重点地区儿童营养改善等项目[1]。

妇幼保健网络不断完善。截至2022年末，我国共有妇幼保健机构3031家，儿童医院158家，妇幼保健机构人员增加到62.7万人，儿科医师数达到22.6万人，儿科床位数达到56.8万张。儿童重点疾病防控得到加强。2022年，适龄儿童纳入国家免疫规划的各种疫苗接种率均保持在90%以上。

托育服务体系加快构建。发布《关于进一步完善和落实积极生育支持措施的指导意见》，实施普惠托育服务专项行动。截至2022年末，全国共有7.57万家机构提供托育服务，托位总数达362.4万个，全国千人口托位数为2.57个。

妇幼健康投入保障力度加大。2009年起实施国家基本公共卫生服务项目，人均补助经费逐步提高，由最初的人均15元提高到2024年的人均94元。

2. 儿童营养卫生的人力资本回报

婴幼儿死亡率大幅降低，奠定了人力资本基础。数据显示，2021年我国孕产妇、婴儿、5岁以下儿童死亡率已分别下降至16.1/10万、5.0‰、7.1‰。3项核心指标降幅趋势持续向好，我国已被世界卫生组织评定为全

---

[1]　国家卫生健康委：《中国妇幼健康事业发展报告（2019）》。

球十个妇幼健康高绩效国家之一[1]。

改善贫困地区儿童营养状况，阻断贫困代际传递。2012年启动实施贫困地区儿童营养改善项目，为国家集中连片特殊困难地区6～24月龄婴幼儿每天提供1包富含蛋白质、维生素和矿物质的辅食营养补充品，并开展健康教育。项目覆盖全国832个原贫困县，惠及1365万名儿童。2022年，该地区6～24月龄婴幼儿平均贫血率为10.8%、生长迟缓率为3.5%（见图5-2），比2012年分别下降了22.1个百分点、6.6个百分点。项目受到联合国儿童基金会等国际组织的高度评价，"营养包"拼音字母缩写"YYB"已在国际上广为传播，成为专有名词。

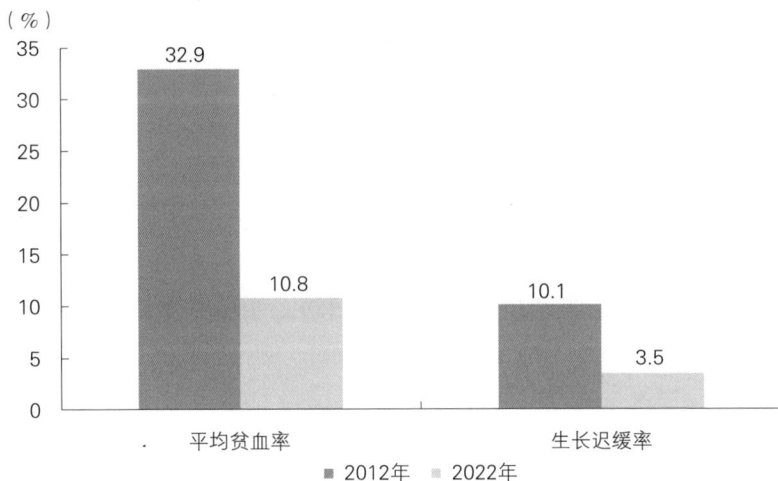

图5-2　2012年、2022年监测地区6～24月龄婴幼儿平均贫血率和生长迟缓率

资料来源：中国发展研究基金会农村婴幼儿早期发展内部研讨会上国家卫生健康委妇幼健康司与会代表发言PPT整理所得。

（四）妇幼健康事业现代化百年历程的经验

1. 妇幼健康工作由"保生存"向"促发展"再向"高质量"转变的理念现代化

新中国成立之前，当时妇幼健康需要解决的基本问题是能不能生、生

---

[1]　白剑峰：《党的十八大以来，保障工程连续实施，核心指标持续向好 妇女儿童健康水平显著提升》，《人民日报》2022年5月31日。

下来能不能活下去。新中国成立到 21 世纪初，主要是从继续降低孕产妇和儿童死亡以保障"生存"，过渡到更加关注生命质量提升以促进"发展"。"发展"包括全生命周期、全方位地守护妇幼健康。新时期，妇幼健康则要从"促发展"向"高质量"转变。这意味着不仅从医疗方面，还要从社会、文化等方面对其进行守护，让妇幼健康和社会经济一同繁荣。实现上述妇幼健康发展理念的现代化，需要坚持以妇女儿童健康为中心，强调政府、家庭、学校、社会和网络对儿童全方位全过程进行政策干预和综合保护，更多更公平地惠及广大妇女儿童。

2. 把儿童发展纳入经济社会发展全局，制订国家行动计划，持续完善妇幼健康政策体系的发展战略现代化

将妇女和儿童健康纳入党和国家重要政策和规划，在陆续发布的《中国妇女发展纲要》《中国儿童发展纲要》等重要文件中，提出明确的目标要求和政策措施，将妇幼健康核心指标和重点政策措施纳入各级政府目标考核，推动各项工作落实。同时，通过制定《"健康中国 2030"规划纲要》，建立了面向未来的妇幼战略规划。

3. 建立与现代化国家相适应的公共妇幼卫生服务体系现代化

新中国成立后，中国建立了完善的分级妇幼保健体系和信息系统，提高了妇幼健康服务的覆盖率和效率。新中国成立初期，中国不断加强城乡妇幼健康服务网络建设，建立"赤脚医生"制度和面向广大农村群众的初级卫生保健制度，加强家庭接生员培训，孕产妇和新生儿死亡率迅速下降。在人员培训、资金投入和项目安排上重点向基层倾斜。近年来，结合深化医药卫生体制改革，组织实施了基本公共卫生服务项目和妇幼重大公共卫生服务项目，加强人员培训和能力提升，不断推进妇幼健康服务均等化，有效缩小了妇幼健康水平的城乡和地区差异。此外，以脱贫攻坚和乡村振兴为抓手，进一步加强中西部和农村地区妇幼健康服务能力建设。以解决突出健康问题为导向，切实加强基层医疗卫生服务基础设施建设，巩固筑牢基层妇幼健康服务根基。

4. 妇幼健康法制建设持续加强的法治现代化

为推动妇幼健康法制建设，1994 年 10 月，全国人大常委会审议通过了《中华人民共和国母婴保健法》，标志着妇幼健康制度更加成熟。未来，随着经济社会的快速发展，可考虑陆续制定儿童营养法、婴幼儿早期照护法等，保障儿童的生存权和发展权，通过法律保障来推进各级政府部门和全社会支持，保障妇幼健康。

5. 加大妇幼健康投入力度，实现投入保障现代化

统筹考虑国家经济社会发展状况与妇女儿童健康需求，坚持妇幼健康公益性原则，逐步加大妇幼健康事业投入和保障力度，建立起较为完善的现代化投入保障政策和机制。2009 年起实施国家基本公共卫生服务项目，人均补助经费逐步提高，由最初的人均 15 元提高到 2024 年的人均 94 元，免费向全体居民提供包括 0~6 岁儿童健康管理等在内的 14 类 55 项基本公共卫生服务。这主要由国家中央财政投入，地方各级财政足额安排补助资金，是中国政府保障人民健康的重要制度安排。此外，针对不同发展阶段影响妇女儿童健康的主要问题，设立妇幼重大公共卫生项目。通过建立基本公共卫生项目和重大公共卫生项目，妇幼保健服务的公平性和可及性不断提高。

6. 政府发挥主导作用，社会多方参与形成合力，实现治理现代化

共建共享是现代化妇幼卫生与健康工作方针的重要原则。构建中国式现代化妇幼健康促进政策体系，必须发挥政府的统筹协调作用，强调各部门协同联动；突出依靠群众，调动全社会参与的积极性、主动性、创造性；构建政府主导、部门联动、社会协同、人人参与的多元共治格局，形成维护和促进妇幼健康的强大合力。

7. 开始注重儿童早期发展，实现发展趋势现代化

20 世纪 90 年代以来，国际上越来越重视儿童早期发展，强调"早期 1000 天"的发展。中国也开始重视妇幼发展并努力跟上这一发展趋势。国家卫生健康委等相关部门在营养方面陆续开展了孕期补充叶酸、提倡纯母乳喂养、贫困地区儿童营养改善项目（营养包项目）等。在 0~3 岁早期养育方面，也积极探索，发起了助力乡村振兴战略——基层儿童早期发展项目。

8. 推动妇幼的科学研究及转化应用，实现科研评估现代化

妇幼百年发展的历程中，很多重要的妇幼科学研究成果得到了大规模推广，成为推进妇幼健康发展的重要里程碑。当前妇幼健康发展领域还有诸如早期大脑发育规律等问题需要进一步探索研究。儿童早期发展需要积极推动形成适合中国国情的干预方法，进行科学的效果评估，进而转变为公共卫生政策并推广①。此外，对于一些重大的妇幼健康国家项目，需要加强科学评估，让好的政策有好的效果。

二、幼有所育：婴幼儿养育的发展

中国自古便有尊老爱幼的传统，老有所终、幼有所养是中国的古训。中国的幼儿教育由完全的家庭教育缓慢地向社会化养育转变。从清末的蒙养院到民国时期的幼稚园和托儿所，再到新中国成立后，借鉴苏联的经验，开始增设托儿所，鼓励妇女参加劳动生产。改革开放后，托幼机构曾经快速增加，但后来由于"社会办福利"的改革，又快速减少。新时期，中国政府提出幼有所育，0~3岁婴幼儿养育事业进入新的探索和发展时期。

（一）慈幼：晚清时期的育婴慈善事业

自古以来，中国对婴儿的养育主要以家庭为主，对部分孤儿、弃婴等弱势儿童则本着"慈幼"的关怀，设立慈幼局或育婴堂予以救助和养育。晚清时期育婴慈幼组织有了较大的发展。

1. 民间的育婴堂

清代中后期，尤其是鸦片战争后，贫富差距扩大，加之自然灾害频发，社会救助的需求大幅度增加。同时，清政府连年战乱，国库空虚，有加强官办社会福利事业之心却无其力。这种情况下，民办社会福利事业乘势崛起，最为突出的就是保婴和育婴事业。

清朝普遍存在着溺婴与弃婴的陋习。育婴堂的创设主要是为了收养弃

---

① 江帆：《从生存到发展：推动儿童早期发展在中国妇幼健康领域的实践》，《中华儿科杂志》2021年第3期。

婴，是清代慈善事业中数量最多、分布最广的慈善组织。当时，除东北、西北等地，全国其他大部分省份都设有育婴堂。

当时育婴堂的育婴模式分为堂养、寄养和自养。堂养即雇用乳妇住堂哺育，这是最为普遍的育婴方式。寄养则是由乳妇将婴孩接回家中哺养，这种形式更为灵活，成本也相对低廉。但无论是堂养还是寄养，育婴堂都会对乳妇的哺养情况进行定期检查，并设置相应的奖惩。还有一种自养的方式，是由婴孩的亲生父母对其进行哺养，而育婴堂会定期给予补助。

育婴堂的管理人员大多是地方绅商，主要有轮值制和董事制两种管理模式。无论是轮值还是董事，大部分都是当地绅商以义务慈善的名义参与，不仅没有薪俸，时常还会捐纳补贴。官方只是负责监督而不直接参与管理。民间的捐募是育婴堂经费的主要来源。此外，官方或民间也会通过捐赠田地或房产来收取租金从而提供稳定的经费来源。在抚养达到一定年龄后，允许被收养者的亲族将孩童领回，也鼓励符合条件者到堂领养。对于无人领养的孩童，育婴堂会安排教其手艺或留心择配。

总体上，清代的育婴堂从收养、保育到送遣，其经营管理制度较为完善。但同时，育婴堂主要针对弃婴，是一种狭义的儿童早期养育服务。由于主要由民间力量承担，因此覆盖的群体、数量、范围和投入都相对有限。①

2. 教会的育婴堂

鸦片战争以后，西方传教士在华开办各类育婴堂和孤儿院等，遍布大半个中国。根据《1901—1920 年中国基督教调查资料》，天主教在中国办有 150～200 所孤儿院，共收养 15000～20000 个孩子。这些孤儿院中规模较大、条件较好的主要集中在大城市。

教会举办的慈幼机构采取养、教、工相结合的管理模式。"教"主要是进行宗教教育，另外还有职业教育。女孩通常要学习刺绣、编织、缝纫等；男孩要学习印刷、木工、铁工等。这些慈幼机构体现西方理念，关注儿童从养育到成年自立的整个过程，特别重视儿童的教育和未来发展。但

---

① 姚建平：《国与家的博弈：中国儿童福利制度发展史》，格致出版社，2015。

是教会慈幼机构也存在很多问题。例如，教会孤儿参加劳动是无偿的，长大成人之后，由修女代为择配，不允许自由婚姻。晚清时期，中国各地教会事件迭起，有不少是因为教会育婴堂婴儿大量死亡而引起的怀疑和愤怒。为了平息事端，清政府对教会育婴堂采取了不鼓励政策，并力图将其纳入监控范围。

（二）公育：国民政府的托儿事业

南京国民政府为了解决学龄前儿童的保育问题，制定并颁布了关于托儿所的法律规章，为政府、私人团体及个人兴办托儿事业提供了法律依据。

1936年，南京国民政府公布了"工厂设置哺乳室及托儿所办法大纲"，规定雇用超过300名女工的工厂设立哺乳室和托儿所，便利女工进行托育。但由于当时工厂经济能力有限，托儿所事业并未迅速发展。

据国际劳工局中国分局的调查，1937年中国官办的托儿所共有上海儿童福利委员会所办的劳动托儿所、杭州市的第一劳动托儿所、天津市社会局设立的托儿所、广州市立育婴院筹备设立的托婴部及青岛市立劳工托儿所，它们所托育的儿童以工人的子女为主。当时农村也有少量农忙托儿所，托育农工的子女，以减轻农忙时农工的顾虑。①

总体来看，抗日战争前十年南京国民政府兴办托幼事业比以往在规模和范围上都有所扩大，体现了政府以托幼为国家主要施政理念之一。但由于托幼经费的拮据、专业人才的缺失以及托幼机构监管的不健全等，深刻地影响了官办托幼事业的成效。

（三）保育：中央苏区和陕甘宁边区政府的儿童养育

中国共产党高度重视儿童养育工作，在中央苏区和延安时期都有相关的政策出台，开展了一系列的工作。

---

① 张秀芹、岳宗福：《民国时期儿童福利立法述论》，《社会福利（理论版）》2013年第10期。

1. 中央苏区的儿童托育

1927 年的《江西省革命委员会行动纲领》中就有建立儿童养育院和幼稚园的内容。1931 年通过的《中华苏维埃共和国劳动法》规定，在工厂内设立哺乳室及托儿所，由工厂负责，请人看护。1934 年 2 月，苏区中央人民政府内务部颁布了《托儿所组织条例》，要求在比较清洁、光线充足及空气好的地方办托儿所。托儿所的用具由群众设法购置，在特殊情形下，苏维埃政府可补贴一部分。年龄在 1 月至 5 岁的工农大众的孩子均可以入托。托儿所归当地政府与妇女代表领导。卫生机关要经常派人检查托儿所卫生和儿童健康。此外，还规定了托儿所保教人员的岗位职责、保教人员编制及待遇问题[①]。《托儿所组织条例》颁布后，中央苏区托儿所数量迅速增加，对广大妇女的解放起到了积极的促进作用，也为老解放区后来的托育发展积累了经验。

2. 陕甘宁边区政府的儿童保育工作

抗战全面爆发以后，儿童保育工作成为陕甘宁边区政府的重要事业。

（1）积极推动边区儿童保育分会的成立

1938 年 6 月，战时儿童保育会在武汉成立；7 月 4 日，在延安正式成立战时儿童保育会陕甘宁边区分会；7 月 9 日，边区分会召开第一次理事会，设立秘书科、宣传科、组织科和保育科，随即开展相关工作。

（2）设立保育院收育儿童

1938 年 10 月 2 日，边区政府成立边区战时儿童保育院，分幼稚部与小学部。保育院开办之初，只能收托 3 岁以下的婴儿 20 名和 6 岁以下的幼儿 30 名。1 年以后，保育院入院儿童数量经常保持在 200 名以上，1943 年曾收育 500 多名儿童[②]。

1940 年春，边区政府成立延安中央托儿所，1942 年更名为延安洛杉矶托儿所。1945 年 6 月，边区政府又成立了延安第二保育院。抗日战争期间，延安第一保育院、第二保育院和洛杉矶托儿所共收托婴幼儿近

---

① 杨菊华：《为了生产与妇女解放：中国托育服务的百年历程》，《开放时代》2022 年第 6 期。

② 熊辉、谭彩霞：《论抗战时期党在陕甘宁边区的儿童保育工作》，《社会科学辑刊》2007 年第 6 期。

3000 名。此外，在中共中央和边区所属的机关、学校、工厂等单位，也先后成立了 30 多个托幼组织，共收育婴幼儿 2100 余名[①]。

（3）儿童保育与母亲保护相结合

将儿童保育与母亲保护相结合是边区儿童保育工作的重要特色。1941年 1 月，边区政府发布《陕甘宁边区关于保育儿童的决定》，各级政府的卫生工作应以产妇及婴儿健康为中心，应免费给产妇、儿童治疗疾病。1942 年 4 月，陕甘宁边区民政厅制定了儿童妇女待遇办法，规定对孕妇和婴幼儿给予不同的现金或粮食补贴。1944 年，陕甘宁边区参议会还通过了"关于保育儿童健康案"。

纵观整个抗日战争时期，中国共产党领导下的陕甘宁边区政府虽然财力紧张，工作难度大，但各类儿童保育机构还是收育了 5000 余名婴幼儿，初步形成了保教并重的服务体系。[②]

（四）普惠托育：新中国成立以来的婴幼儿养育事业发展

新中国成立以来，尽管经历了一些波折，但总体上我国的婴幼儿养育事业尤其是托育事业不断受到重视，投入逐渐加大，普惠的托育服务体系不断建立和完善，获得了较大的发展。

1. 计划经济时期：以单位制为依托建立公共托育体系

新中国成立后，生育高峰随之而来。国家为了增加妇女就业，解决她们照顾孩子的问题，出台了一系列政策举措，托幼服务逐渐从家庭转向单位或集体所有制下的公共服务。

20 世纪 50 年代，国家开始建立公共托育体系。中国妇女第一次全国代表大会通过的《中国妇女运动当前任务的决议》作出儿童照顾社会化的初步提议。1953 年修订的《中华人民共和国劳动保险条例》明确了女职工的产假制度和企业建立托儿所的职责。1955 年 2 月，全国工会厂矿企业托儿所工作会议确定厂矿企业托儿所工作方针。1956 年由教育部发布

[①]　宋金寿：《抗战时期的陕甘宁边区》，北京出版社，1995。

[②]　熊辉、谭彩霞：《论抗战时期党在陕甘宁边区的儿童保育工作》，《社会科学辑刊》2007 年第 6 期。

的《关于中小学、师范学校的托儿所工作的指示》指出，运用各方面的力量，举办各类不同类型的托儿所。1958 年中共中央、国务院颁布的《关于教育工作的指示》要求，学龄前儿童大多数都能入托儿所和幼儿园（见表 5-1）。[①]

表 5-1 20 世纪 50 年代出台的有关儿童托育的政策法规

颁布年份	名称	颁布机构	重要表述
1951	《中华人民共和国劳动保险条例》	政务院	各企业工会基层委员会应根据企业情况与职工需要，办理托儿所等集体劳动保险事业
1952	《儿童教育问题决议》	儿童全国委员会	广泛地建立托儿所、幼儿园与孤儿院，在没有施行幼儿教育的地方，施行幼儿教育，增设托儿所和幼儿园
1952	《幼儿园暂行规程（草案）》	教育部	减轻幼儿对母亲的负担，以便母亲有时间参加生产劳动、文化教育活动等
1956	《关于托儿所幼儿园几个问题的联合通知》	教育部、卫生部、内务部	托儿所和幼儿园应依儿童的年龄来划分，即收 3 周岁以下的儿童入托儿所，收 3~6 周岁的儿童入幼儿园
1956	《中华人民共和国女工保护条例（草案）》	劳动保障部	尚无妇幼保护设备的单位，应逐步配置妇幼保护设备，如哺乳室、托儿所、妇女卫生室等
1958	《关于教育工作的指示》	中共中央、国务院	全国应在 3~5 年的时间内基本完成使大多数学龄前儿童都能入托儿所和幼儿园的任务

资料来源：根据相关政策法规整理。

---

① 罗佳欣、左瑞勇：《70 年来我国 0~3 岁婴幼儿托育服务政策的发展历程及未来展望》，《早期教育（教育教学）》2020 年第 1 期。

随着上述政策的出台，托儿所获得了快速发展。数据显示，1949 年
10 月前，全国共有托儿所 119 所。而 1954 年的不完全统计显示，全国工
矿企业中工会系统的托儿所有 4443 所。到 1956 年底，基层托儿所共有
5775 所（见图 5–3）[1]。

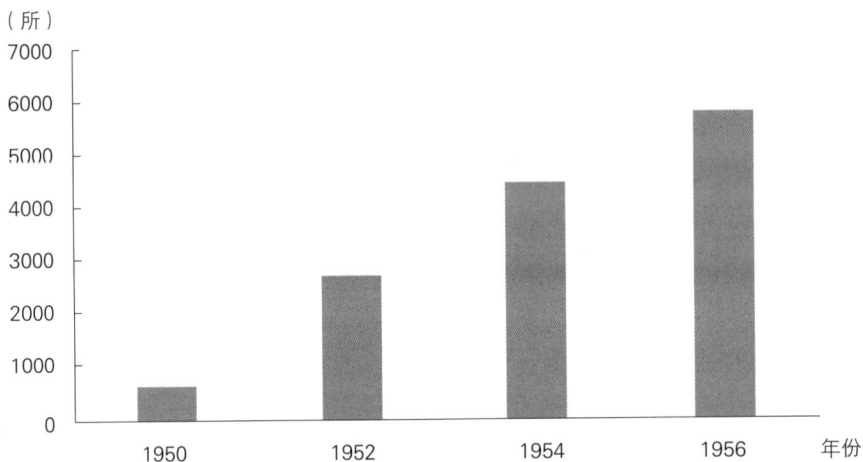

图 5–3　新中国成立初期托育机构数量

资料来源：根据《人民日报》历年数据整理。

值得注意的是农村托儿所的发展。"大跃进"时期国家号召农村举
办托儿所。1960 年，全国妇联统计显示，农村学龄前儿童的入托率高达
70%，基本实现一村一托[2]。"大跃进"结束后，大部分村办托幼组织被撤
销和停办。

计划经济时期，依托单位集体福利制的公共育儿模式，将幼儿托育由
原先的家庭个人照顾模式转移到由专人集体照顾模式，国家给予了重要的
帮助，是一种"优育"的实践。

① 胡西蒙：《多源流理论视角下我国 0 ~ 3 岁婴幼儿托育服务政策变迁研究》，华中师范大学，
2020。

② 李放、马洪旭：《中国共产党百年托幼服务供给研究：变迁历程、演进逻辑与未来展望》，
《社会保障研究》2021 年第 5 期。

2. 改革开放初期至20世纪80年代中期：从单位制转向社会服务

1984 年召开的党的十二届三中全会通过了《中共中央关于经济体制改革的决定》。在经济体制改革的社会背景下，我国 0～3 岁婴幼儿托育服务的供给主体由单一走向多元，由国家提供福利保障逐渐过渡为由其他社会组织承担。

1979 年《政府工作报告》指出，要十分重视发展托儿所、幼儿园，加强幼儿教育。1979 年国务院设立托幼工作领导小组以加强对托幼工作的领导。1980 年 11 月，卫生部颁发了《城市托儿所工作条例（试行草案）》，确定了我国托儿所制度。1981 年 6 月，卫生部妇幼卫生局颁布《三岁前小儿教养大纲（草案）》，提出了托儿所教养工作的具体任务。1985 年，卫生部颁布了《托儿所、幼儿园卫生保健制度》，希望提升托育服务的整体质量（见表 5-2）。①

表 5-2　20 世纪七八十年代出台的有关儿童托育的政策法规

颁布年份	名称	颁布机构	重要表述
1979	《中共中央、国务院转发〈全国托幼工作会议纪要〉的通知》	中共中央、国务院	在国务院设立托幼工作领导小组及其办事机构，强调托幼事业是一项社会性的事业，需要全党全社会的重视
1980	《城市托儿所工作条例（试行草案）》	卫生部	托儿所是 3 岁以下儿童的集体保教机构，必须贯彻实行以保为主、保教并重的方针
1981	《三岁前小儿教养大纲（草案）》	卫生部妇幼卫生局	托儿所教育工作的任务是促进儿童在德、智、体、美方面的发展
1987	《国务院办公厅转发国家教委等部门关于明确幼儿教育事业领导管理职责分工的请示的通知》	国务院办公厅	托儿工作对提高中国人口素质有重要意义，对此要予以重视和加强；幼儿教育既是教育事业的一个重要组成部分，又具有福利事业的性质

资料来源：根据相关政策法规整理。

---

① 罗佳欣、左瑞勇：《70 年来我国 0～3 岁婴幼儿托育服务政策的发展历程及未来展望》，《早期教育（教育教学）》2020 年第 1 期。

改革开放初期，通过一系列政策推动，到 1988 年，城市儿童入托率上升至 38.9%。这一时期，在服务主体上，开始从以单位制为主的国家托育服务供给向由社会组织提供转变，托育的公共福利色彩开始消退。

3. 20 世纪 80 年代中后期至 2010 年："国退民进"

从 20 世纪 80 年代末期开始，部分企事业单位进一步对托儿所和幼儿园进行分离，或者实行承包制，部分经营不善的托幼机构陆续关停。国家在托育服务提供方面几乎完全退出。同时，以赢利为目的的市场化托育服务开始快速发展。

1988 年，国务院办公厅转发国家教委等八部门《关于加强幼儿教育工作的意见》，提出国家的责任淡化，托育开始转向了社会和市场。2001 年，由国务院发布的《国务院关于基础教育改革与发展的决定》和《中国儿童发展纲要（2001—2010 年）》中都强调鼓励社会多渠道、多形式发展幼儿教育。由此，我国托儿所的数量缩减严重，出现了托育难的问题。2000—2005 年，集体办托幼机构减少 56668 所，降幅达 70.2%。2010 年，3 岁以下儿童的入托比例仅为 0.23%。

这一时期，国家几乎从 0~3 岁托幼体系中全部退出，让位给市场，公共托育体系逐步瓦解，家庭又逐步成为儿童照顾支出的主要承担者。

4. 2010 年至今：重建公共托育体系

2010 年以来，"幼无所托"的问题受到党和国家重视，托幼服务迎来新的转折点。

2011 年，国务院印发《中国儿童发展纲要（2011—2020 年）》，再次明确学前教育的公益性及普惠性，并要求为家长提供科学育儿的指导。在政府的牵头下，市场、社区都开始探索 0~3 岁婴幼儿托育服务。2015 年"全面二孩"政策实施，政府对 0~3 岁婴幼儿的托育服务持续保持高度关注。2019 年，国务院办公厅印发《国务院办公厅关于促进 3 岁以下婴幼儿照护服务发展的指导意见》，提出到 2025 年，多元化、多样化、覆盖城乡的婴幼儿照护服务体系基本形成。2020 年，国务院办公厅印发《国务院办公厅关于促进养老托育服务健康发展的意见》，进一步明确了促进托育服务发展的重点任务及部门分工。国家"十四五"规划将"每千人口拥有 3 岁以下婴幼儿托位数"列为经济社会发展的主要指标，把托育服务纳入了国家战略。

实践层面上，2021 年 7 月，中共中央、国务院发布《中共中央 国务院关于优化生育政策促进人口长期均衡发展的决定》，将大力发展普惠托育服务作为生育支持重点。国家发展改革委、国家卫生健康委开展了支持社会力量发展普惠托育服务专项行动。2020—2022 年，中央预算内投资达 20 亿元，带动地方政府和社会投资超过 50 亿元，累计新增约 20 万个托位[①]。

这一时期，伴随对过度市场化的矫正，也为了提振生育率，国家开始高度重视 0~3 岁婴幼儿的托育服务，政府开始发挥主导和引领的作用，促进了基于多元供给主体的普惠托育服务体系的形成。

（五）婴幼儿早期养育的人力资本回报

儿童发展投入越早，成本越低，回报越高。全球多个干预项目跟踪研究显示，儿童早期发展阶段每投入 1 美元，将获得 4.1~9.2 美元的回报；在美国，这一回报为 7~16 美元。

2015—2019 年，中国发展研究基金会组织中国人民大学、中国疾病预防控制中心、上海市妇幼保健中心和陇东学院等机构对中国发展基金会与国家卫生健康委妇幼健康司合作的甘肃省华池县试点进行了效果追踪评估。评估结果表明，入户养育指导干预显著改善了幼儿家庭环境，家庭育儿模式发生积极变化。入户养育指导使幼儿智力正常率提升 50% 以上，有效改善了看护人教养行为和家庭养育环境（见图 5-4）。

芝加哥大学经济学教授、诺贝尔经济学奖得主詹姆斯·赫克曼研究团队对甘肃华池三期评估数据进行了严格的计量经济学分析（见图 5-5、图 5-6）。分析表明，接受家访干预的儿童中有 84% 表现好于对照组儿童。经过计算，入户家访对参与儿童的技能提高将会使这些参与者的大学入学率增加 38%。

---

① 贺丹：《加大托育服务财政投入满足多层次托育服务需求》，《人口与健康》2023 年第 7 期。

51.4%↑

家访干预使儿童智力筛查（Denver II）
"正常"的概率提高51.4%

4.41分   经过22个月家访，家庭环境观察量表（HOME IT）
总得分提高4.41分

干预组		对照组
70.08	总分 / 总分	65.46
61.22	接纳 / 接纳	57.38
57.57	环境组织 / 环境组织	54.85
77.03	学习材料 / 学习材料	68.46
91.69	家长参与程度 / 家长参与程度	87.91
62.71	环境变化 / 环境变化	57.17

图 5-4 入户养育对儿童发展的影响

资料来源：中国发展研究基金会《"慧育中国"：甘肃省华池县项目终期评估报告》。

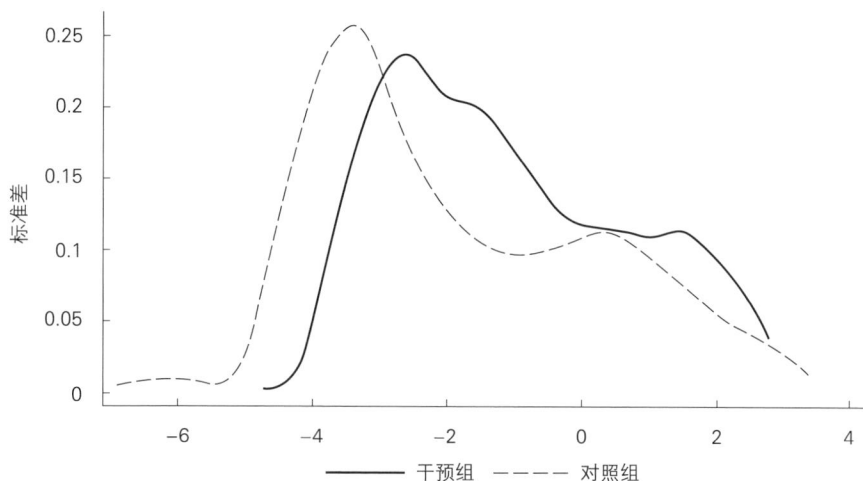

图 5-5　家访干预对儿童语言与认知技能的影响

资料来源：詹姆斯·赫克曼研究团队数据。

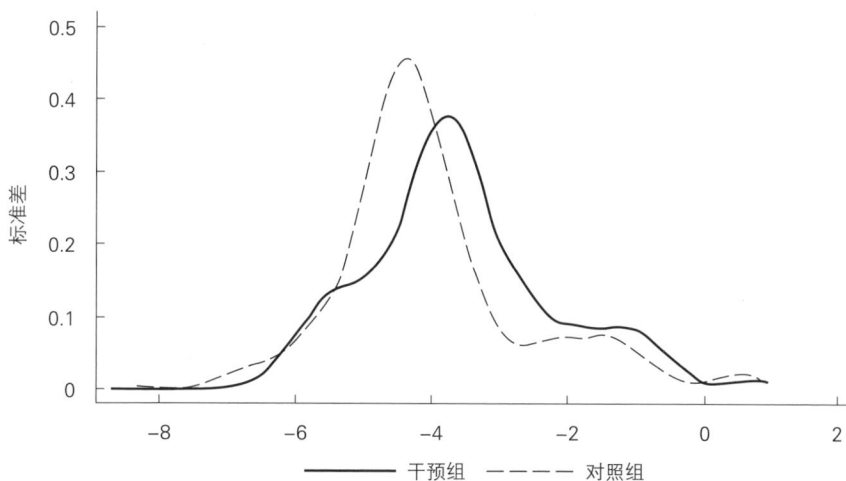

图 5-6　家访干预对儿童社交情感技能的影响

资料来源：詹姆斯·赫克曼研究团队数据。

此外，陕西师范大学的王蕾等人开展了中国农村儿童早期发展的效益—成本分析。结果表明，在中国农村地区，政府投资儿童早期发展项目的回报率非常高，其效益与成本比为 4.2∶9.3，投资回报率为 7% ~ 15%[1]。

---

[1]　王蕾、贤悦、张偲琪等：《中国农村儿童早期发展：政府投资的效益—成本分析》，《华东师范大学学报（教育科学版）》2019 年第 3 期。

（六）婴幼儿早期养育百年发展的启示

中国儿童早期养育服务发展的百年历程曲折，经历了诞生、发展、成就、消退、重建的现代化过程。

1. 从鲜有关注到重视 0～3 岁婴幼儿养育的现代化发展

从晚清到民国时期，除"工厂设置哺乳室及托儿所办法大纲"等个别文件，专门针对 0～3 岁婴幼儿保教的政策很少，婴幼儿保教事业还未得到政府和社会的充分重视。新中国成立以来，不仅颁布了《城市托儿所工作条例（试行草案）》《三岁前小儿教养大纲（草案）》，还成立了托育工作领导小组。21 世纪以来，特别是随着党的十九大提出幼有所育，0～3 岁婴幼儿保教得到空前的重视，以《国务院办公厅关于促进 3 岁以下婴幼儿照护服务发展的指导意见》为代表的政策法规体系不断完善，投入不断加大，普惠的托育服务体系正在快速建立和形成。

2. 从慈幼到促进儿童全面发展的科学认识

晚清到民国初期，当时的儿童福利秉承传统的慈幼做法，主要聚焦对困境儿童的救助。民国中后期，发展公共托育事业成为解放妇女、增加革命力量、开启儿童心智的重要路径。随着新中国的成立，养育全体儿童、培养国家未来和社会主义接班人成为儿童福利和政策的主要考虑。改革开放后，托育的政策话语逐渐转变为实现儿童的整体发展，提高受教育者的综合素质。21 世纪以来，儿童早期养育更加强调科学性、关键性和不可逆性，同时也更多地将儿童早期养育视为一种社会投资，而非单纯的福利，以人为本的价值取向逐渐得到进一步的展现与诠释。

3. 整体仍处于较缺乏状态，尚难实现幼有所育

中国有关儿童早期养育的探索，其目的就是建立一个现代的普惠的儿童早期养育服务体系，要幼有所育。然而目前我国 0～3 岁婴幼儿教保机构短缺，是整个儿童发展公共服务体系中最大的短板，入托机会严重不足。我国 3 岁以下婴幼儿入托率仅为 6% 左右。目前，我国每千人口托位数为 2.5 个，而根据"十四五"规划纲要目标，这一数字要达到 4.5 个。

显然，方便可及、质量有保障、价格可承受的普惠托育服务是发展重点[①]。更为重要的是，农村的儿童早期养育照护服务还是"空白"，服务稀缺，这导致城乡儿童发展差距进一步拉大。

4. 政府应发挥主导作用

婴幼儿的早期养育作为重要的公共服务，政府应该在其中发挥主要的作用，辅之以市场化的服务提供和科学的家庭养育。但纵观百年来儿童早期养育的发展，服务的提供却不断在政府、市场和家庭之间摇摆。

晚清时期，除了社会上出现的具有慈善色彩的育婴院外，儿童的早期养育主要在家庭中完成。到民国时期，在一些城市开始出现托儿所，儿童的养育从家庭向社会化托育转变。这一时期具有公办性质的托儿所数量非常少。新中国成立初期，伴随计划经济的实施，厂矿、机关和事业单位大量开办具有单位福利性质的婴幼儿托幼服务机构[②]。20世纪90年代到21世纪初，以单位为核心的公办托育服务体系解体，让位于市场化服务体系，公办托育机构大量减少乃至消失。近年来，随着社会经济的发展，国家为了推动人口高质量发展，逐步重视儿童托育服务建设。政府再次发挥主导作用，建立普惠的托育服务体系，开展专项行动。

5. 多元普惠的早期养育服务体系有待建立

长期以来，儿童的养育主要以家庭为主。随着儿童养育的社会化，现代的养育机构开始出现并发展，尽管这些现代的养育机构有了数量上的较大发展，但同时存在着形式单一的问题。无论是养育院，还是托儿所，本质上都是一种中心养育的方式。我国还缺乏诸如家访、家庭托育等多种形式的探索，缺乏因地制宜性。

新中国成立以前，当时的社会托育机构主要集中在大城市，数量少，广大的劳工阶层和农村人口都无法享受到托育服务。新中国成立后，托育机构的数量有了很大提升。但当时的公办托育机构主要以单位为载体，采

---

① 吕巍：《打通政策"堵点"破解供需"错配"》，《人民政协报》2022年4月16日。
② 杨菊华：《为了生产与妇女解放：中国托育服务的百年历程》，《开放时代》2022年第6期。

取托儿所的形式。20 世纪 90 年代，随着公办托育服务的萎缩，市场化的民办托育机构有了迅猛发展。但这些提供全日制托育服务的机构收费昂贵，有服务需求的家庭往往望而却步。当前，随着国家落实相关的人口政策，加强对家庭生育养育的政策支持，已出台的政策主要是支持城市机构式托育的发展，家庭式托育等的探索还不够。更重要的是，目前虽已在农村部分地区进行了家访入户、中心养育方式的探索，但还未得到大范围的推广。

6. 长期投入不足

近代以来，儿童的早期养育投入长期不足。晚清民国时期，国家财力薄弱，再加上常年战乱，当时的政府无心也无力投入儿童养育事业。当时共产党领导下的边区政府，同样由于财力有限，也只是建设了延安保育院等几所儿童养育机构。新中国成立后，政府显著增加了对儿童养育事业的投入，但与儿童托育服务的实际需求还存在较大的差距。随着单位制社会福利体系的建立，儿童托育的主要投入主体变成了企业和单位。后来，随着企业改制和社会办福利的推进，投入主体又变成了市场化机构和家庭。

新时期以来，与养老、学前教育等行业相比，政府对托育服务发展的政策和资金支持力度仍然不足。国家对托育服务的财政性投入不足 GDP 的 0.1%，而经济合作与发展组织（OECD）国家对儿童早期养育的投入平均水平是 GDP 的 0.8%。没有有力的财政支持，完全依靠社会力量和市场化方式，难以实现托育服务普惠优先的原则。婴幼儿照护不纳入国家基本公共服务范围，婴幼儿公共服务支出存在较大的困难。过于依赖地方政府投入，会由于财政水平和重视程度等的差异，导致不同地区的婴幼儿照护服务政策和服务水平存在较大差异，从而造成新的不平等①。当前，相比城市托育，农村早期养育的投入更加缺乏。

7. 农村婴幼儿养育政策不足

我国城乡之间、区域之间的发展还不平衡，城市和农村家庭能够为孩

---

① 黄敏、周琨武：《我国 3 岁以下婴幼儿照护政策分析》，《科教文汇（上旬刊）》2021 年第 25 期。

子提供的养育环境差距也很大。城市家长动辄万元的早教课程，对于农村家庭来说是无法承受的经济负担，而且，农村家长缺乏科学培育孩子的意识，也没有获取正确养育知识的渠道。更为揪心的是，大量的社会问题沉淀在偏远农村地区。儿童留守、事实单亲、家长忽视甚至家庭暴力等问题与贫困相互交织，对农村儿童的早期发展产生了极其不利的影响。要从根本上缓解社会不公平的状况，实现乡村振兴和共同富裕，加大对欠发达地区儿童早期养育的投资是重要的途径。由于农村儿童早期养育起步较晚，缺乏相应的政策支持及专业人才，照护服务的供给明显不足，在欠发达地区甚至是空白。

8. 部门协调机制需要更加明确和有效

儿童的早期养育存在部门协调机制不明确的问题。民国时期，儿童的养育主要由民政厅和内政部负责。中央苏区政府和延安边区政府负责儿童保育的部门主要是民政厅和卫生处。新中国成立后，1956 年前后采取"两条腿走路"，托儿所和幼儿园依儿童年龄划分，以 3 周岁为界，分属卫生部和教育部领导。1979 年 7—8 月，教育部等 13 个部门召开全国托幼工作会议，设立托幼工作领导小组，以加强对托幼工作的领导[①]。

2019 年，国务院办公厅印发《国务院办公厅关于促进 3 岁以下婴幼儿照护服务发展的指导意见》，明确了地方政府负主责，卫生健康部门牵头婴幼儿照护服务发展工作，负责组织制定有关政策规范，协调相关部门做好监督管理，负责婴幼儿照护服务卫生保健和婴幼儿早期发展的业务指导。教育部、人力资源社会保障部等相关部门按照各自职责及分工，加强对托育机构的指导、监督和管理。由于婴幼儿照护服务涉及多个政府部门和社会组织，要做到协调好各方关系及力量，形成向心力，促进普惠性婴幼儿照护服务机构发展，提高婴幼儿照护专业化水平，还需进一步明确并建立高效的协调机制。

9. 普及普惠与质量兼顾

中国儿童早期养育事业发展到今天，最急迫的就是为所有 0～3 岁婴

---

① 杨菊华：《为了生产与妇女解放：中国托育服务的百年历程》，《开放时代》2022 年第 6 期。

幼儿提供早期养育的机会和服务。这不仅对婴幼儿的个体健康成长很重要，而且对提升国家人力资本和社会公平具有重要的意义。实现普及普惠有助于同时实现儿童早期发展的短期效益和社会发展的长久效益。因此，迫切需要政府制定普及普惠的政策并予以相应的财政投入。同时，在政府推进普及普惠的过程中，需要保证无论是城市地区还是农村地区，无论是正规的早期养育服务还是其他形式的服务，都要有基本的质量保障，有持续的培训和评估督导。

三、普及普惠：学前教育发展历程及启示

中国学前教育的成就是历经百年发展才逐渐形成的。学前教育思想于晚清时期进入中国，湖北幼稚园等最早一批幼儿园的建立，标志着中国学前教育百年探索的开始。民国时期，幼稚园被正式列入学校系统。以陶行知、张雪门、陈鹤琴为代表的幼儿教育家们，吸收借鉴国外先进的幼儿教育理论与模式，结合当时中国的社会现实和儿童发展状况，在儿童心理研究、幼儿园教育、幼儿家庭教育、幼儿师范教育等方面进行了一系列探索，奠定了中国幼儿教育的理论与实践基础。新中国成立后，党和国家一直高度重视幼儿教育的发展，制定出台一系列政策，幼教政策制度逐步完善，逐步建立中国的幼儿教育体系，形成了富有中国特色的理论和教学方法。普及普惠的学前教育公共服务体系已初步建立，财政性经费投入持续增长，科学的教育观念逐步得到认可与传播，幼儿园保教质量持续提升。学前教育的百年发展对中国现代化的进程起到了积极的推动作用。

（一）晚清民国时期的学前教育发展

晚清时期中国面临着内忧外患的困境，虽有提升儿童教育水平的设想，但受时代局限，推进缓慢。到了民国时期，在借鉴西方学前教育经验的同时不断探索本土化体系，现代性的学前教育初具雏形，规模明显增大。

1. "癸卯学制"中的幼儿教育政策

1901 年，面对日益加剧的社会政治危机，清政府被迫在政治、经济、文化教育等领域开展一系列改革。1902 年，清政府制定了《蒙学堂章程》，但并未实际施行。1904 年，《蒙养院章程及家庭教育法章程》颁布，标志着近代学前教育体制的确立。

《蒙养院章程及家庭教育法章程》规定，以蒙养院辅助家庭教育，保育教导 3～7 岁的儿童，帮助他们强健身体、启发心智。各省府厅州县以及大市镇的育婴堂和敬节堂都要附设蒙养院[①]。这说明当时还没有真正将幼儿教育视为学校系统的组成部分，只是作为一种慈善事业加以推行。

"癸卯学制"公布后，虽然清政府规定了蒙养与家教合一的章法，但不少地方还是竭力使幼儿教育社会化，建立起公共的幼儿教育机构。中国近代第一所公立幼儿园是 1903 年秋创立于武昌的湖北省立幼儿园，从此，由传统的家庭幼儿教育过渡到公共幼儿教育。据统计，1907 年全国的蒙养院共有 428 所，在院幼儿 4893 人。山东、河南、湖北、安徽等省份发展迅速，当时山东省的蒙养院数量达到 336 所，在院幼儿有 2901 人。但也有一部分省份的幼儿教育比较落后，全省仅有一两所蒙养院，多个省份还没有设立蒙养院。这种状况延续多年，并成为清末幼儿教育事业发展的一个重要特点。

2. 民国初期的幼儿教育政策

随着各种教育理论学说被介绍到中国，民国初期的幼儿教育在继承清末《蒙养院章程及家庭教育法章程》的基础上，也有了新的发展。

（1）"壬子·癸丑学制"

1912 年 7 月，南京临时政府教育部制定了"壬子学制"。1913 年，加以补充和修改成为"壬子·癸丑学制"。蒙养院改名为蒙养园，国民学校皆须附设蒙养园。国民学校教育是当时法律规定的所有儿童都必须接受的义务教育，蒙养园附设于此，为蒙养园的普遍设立提供了法律依

---

① 屈军：《清末学前教育师资情况简析》，《成都教育学院学报》2006 年第 10 期。

据。蒙养园制度正式确立是在 1916 年教育部公布《国民学校令施行细则》之后。

（2）幼儿园制度在学制上的确立

五四运动前后，一批教育界人士试图通过学习美国的办法来改革中国教育。1920 年，全国教育会联合会讨论新学制时，有人提议将蒙养园纳入初等教育系统。1922 年，北洋政府公布"壬戌学制"。该学制规定初等教育阶段包括幼稚园、初级小学、高级小学，并将蒙养园改名为幼稚园。从此，幼稚园开始作为幼儿教育机构的法定名称确定下来。幼稚园被纳入了初等教育的范围，成为学制的重要组成部分。

（3）民国初期幼稚园的数量

民国初期，随着各项学制的完善，全国小学、幼稚园和学生的数目总体上逐年稳步增长。1912 年，小学和幼稚园总数为 86318 所、学生 2795475 人；到 1923 年，小学和幼稚园总数为 177751 所、学生 6601802 人。10 年间，小学、幼稚园数量翻了一番有余，在校学生数增长了 1.36 倍。这些数字基本反映了民国初期幼儿教育的发展趋势。

（二）南京国民政府时期的学前教育

1927 年南京国民政府成立，政府采取了一些发展和控制教育的措施，幼儿教育事业得到了一定程度的发展。从 1937 年抗日战争全面爆发到 1949 年新中国成立，政府仍持续重视教育，但幼儿教育发展有所减缓。

1. 幼儿教育的方针政策

1928 年，南京国民政府制定了"壬辰学制"。1929 年，教育部公布了《幼稚园规程》。《党治下新教育之计划——训政时期施政大纲》规定，全国实验小学或师范附小设立幼稚园。1929 年，教育部颁布《幼稚园课程暂行标准》。这些教育方针政策的颁布与实施，使得幼儿教育进入了一个活跃期。

南京国民政府后期，政府对幼儿教育方针政策进行修订与完善。1938 年《中国国民党抗战建国纲领》规定对幼儿教育要保育与教导并重。教育部还颁布了《战区儿童教养团暂行办法》。这些政策使得战时儿童也得到了一定的保育和教养。

2. 幼稚园制度的确定与实施

南京国民政府前期，既有师范院校及国民学校附设的幼稚园，也有私人开设的幼稚园，典型的有 3 所幼稚园。

第一所是 1927 年由陶行知主办、张宗麟等主持的中国第一所乡村幼稚园——燕子矶幼稚园。该园的办学宗旨是实验并研究办好乡村幼稚园，使其在农村得到普及。

第二所是由教育家陈鹤琴于 1923 年创办的南京鼓楼幼稚园，这是中国历史上第一所开展教育科学研究的幼儿园。1929 年，教育部根据鼓楼幼稚园的课程实验成果，拟订了《幼稚园课程暂行标准》向全国发行。

第三所是 1934 年由孙铭勋等人创办的上海劳工幼儿团。该团主要接收劳动工人的孩子，将幼儿园和托儿所合而为一。

3. 幼儿教育的师资培训

南京国民政府重视对幼儿教育师资的培训，各类幼稚师范学校相继成立。典型的有 1927 年成立的集美幼稚师范学校和 1930 年成立的北平幼稚师范学校，它们的办学目标是培养优秀的幼稚园教师。抗日战争全面爆发后，为了坚持和发展学前教育事业，努力培养师资，陈鹤琴于 1941 年创立了江西省立实验幼稚师范学校和国立幼稚师范专科学校。

4. 幼儿教育研究

当时成立的幼儿研究组织主要有北平幼稚教育研究会、中华儿童教育社等。南京鼓楼幼稚园、晓庄幼稚园等开展了幼儿教育的实验研究。一批学前教育研究成果陆续出版。如张雪门陆续出版了《幼稚园的研究》《幼稚园课程编制》，陶行知发表了《创造的儿童教育》，陈鹤琴发表了《活教育要怎样实施》等文章，这些研究成果对中国幼儿教育发展和理论体系形成起到了推动作用。[1]

---

[1] 陈慧、王佩雯：《浅析南京国民政府时期幼儿教育的发展》，《考试周刊》2014 年第 66 期。

（三）革命根据地和边区政府的学前教育

中华苏维埃共和国临时中央政府于 1931 年 11 月成立，学前教育有了初步发展。1932 年，湘鄂赣省苏维埃政府发布《颁布学制与实施目前最低限度的普通教育的训令》，规定普通学制包括幼稚园，3~7 岁的儿童入幼稚园。1934 年，《托儿所组织条例》颁布。之后，中央苏区各地托儿所发展迅速，很短时间内就建立了 227 所托儿所。

陕甘宁边区政府时期，1937 年 8 月，边区第一家托儿所兰家坪托儿所在延安成立。1938 年 5 月，《陕甘宁边区机关托儿所章程》颁布。1938 年 10 月，陕甘宁边区战时儿童保育院成立。1940 年春，延安成立中央托儿所。1941 年，《陕甘宁边区政府关于保育儿童的决定》公布；同年 6 月，开始举办保育培训班。1945 年 6 月，延安第二保育院正式成立。[①]

（四）新中国成立初期学前教育的发展

新中国成立后，党和政府高度重视学前教育工作。幼儿教育被正式纳入学校系统，各地逐步建立了与国情相适应的不同类型、层次及形式的幼儿教育机构。

1. 确定学前教育的性质、任务和发展方针

1951 年 10 月，政务院公布施行《关于改革学制的决定》，产生了新中国第一个学制。新学制规定实施幼儿教育的组织为幼儿园，对象为 3~7 周岁的幼儿，首先在有条件的城市建立，然后逐步推广。1952 年，教育部制定了《幼儿园暂行规程（草案）》和《幼儿园暂行教学纲要》，提升学前教育的规范性和科学性[②]。

2. 学习苏联的幼儿教育理论与经验

新中国成立初期，为了加速社会主义建设步伐，教育上也积极学习苏联的经验，进行教育改革。

---

① 朱宗顺：《建党百年与中国学前教育发展之路》，《幼儿教育》2021 年第 26 期。
② 黄晶晶：《学前教育发展中的问题研究》，山东师范大学，2013。

1950 年 9 月，教育部发出通知，要求幼教工作者学习《幼儿园教养员工作指南》。该指南是苏联教育部颁布的幼儿园教育工作的指导文件，成为我国幼儿园改革的主要依据。为了学习苏联的幼儿教育理论与实践，1950—1956 年，教育部先后聘请了戈林娜、卡尔波娃两位苏联教育专家来我国进行教学和科研工作[1]。

苏联专家的教学和科研工作，为新中国培养了首批学前教育骨干力量，对我国的学前教育事业起到了重要的作用。但是，苏联专家及其教育思想对中国学前教育的影响并不完全都是积极的。比如他们过分强调集中统一、正规化、教师的主导作用、课堂教学的作用等思想。这些都影响着当时中国的学前教育工作，如加强计划性、忽视灵活性，注意了集体、忽视了个体，整齐划一、重教轻学等。

3. 学前教育的师资建设

1952 年 7 月颁发的《师范学校暂行规程（草案）》规定，培养幼儿园师资的学校称为幼儿师范学校。正规幼儿师范学校承担培养幼儿园新教师和在职保教人员的双重任务。1952 年，教育部颁发试行《关于高等师范学校的规定（草案）》。同时，将分散于南京金陵大学、广东岭南大学、上海复旦大学的儿童福利组和托儿专修班与南京大学师范学院幼儿教育系合并为南京师范学院幼儿教育系；将燕京大学、辅仁大学的家政系与北京师范大学的学前教育专业合并为北京师范大学教育系学前教育专业。这些学前教育专业担负着为全国培养幼儿师范学校师资力量的任务。

（五）改革开放以来的学前教育

改革开放以来，我国的学前教育事业经历了快速的发展，取得了显著的成绩。

1979 年，全国托幼工作会议提出学前教育"两条腿走路"的方针，重建幼儿教育机构。此后的《城市幼儿园工作条例（试行草案）》《幼儿园教育纲要（试行草案）》等政策文件使学前教育事业得到很好的恢复。之

---

① 薛小雷：《近代以来中国学前教育向外国学习的历史与经验》，江西师范大学，2010。

后，为切实建立政府办学为主体、社会各界共同办学的体制，《关于加强幼儿教育工作的意见》《幼儿园管理条例》相继出台。

农村学前教育也取得了很大的发展。1983 年出台的《关于发展农村幼儿教育的几点意见》明确提出农村应以群众集体办园为主，可办独立建制的幼儿园，也可在有条件的小学附设幼儿班。学前班因其费用低、效益高，逐渐成为农村学前教育的主要形式。

20 世纪 90 年代初期，我国学前教育基本形成城市以教育办园为示范、以系统和集体办园为主体、以私人办园为补充，经济发展快、教育基础比较好的农村地区以乡镇办园为中心、以村办园（班）为主体的办园体制。

2003 年，入园难、入园贵问题出现。这主要是由于我国推进国企改革，推动幼儿教育走向社会化，因此企业办园、街道园、乡村园等大幅减少，但同时我国人口却在增加，到 2009 年问题加剧。

为了解决入园难问题，促进学前教育事业科学发展，2010 年国务院发布《国务院关于当前发展学前教育的若干意见》，提出坚持公益性和普惠性，坚持政府主导、社会参与、公办民办并举的办园体制，各级政府要将学前教育经费列入财政预算，并且未来 3 年要有明显提高。从 2011 年开始，以县为单位连续实施 3 期学前教育三年行动计划，着力解决入园难问题，构建以普惠性资源为主体的办园体系。在此基础上，2018 年，中共中央、国务院发布《中共中央 国务院关于学前教育深化改革规范发展的若干意见》，2021 年，教育部等九部门发布《"十四五"学前教育发展提升行动计划》，不断提升和推进公益普惠的学前教育服务体系建设。①

改革开放以来，在中央政府的主导下，多层面、大力度、体系化的政策发挥出显著的效应，促使中国的学前教育事业实现快速发展。2023 年，学前教育毛入园率为 91.1%，提前完成"十四五"规划目标。全国共有幼儿园 27.44 万所，其中，普惠性幼儿园 23.64 万所，占全国幼儿园的比例为 86.15%。全国共有学前教育在园幼儿 4092.98 万人。学前教育实现了基

① 孙雪荧：《中国共产党百年农村学前教育政策的历史逻辑》，《民族教育研究》2022 年第 2 期。

本普及[1]。

（六）学前教育的人力资本回报

国内外已有的研究和追踪调查显示，对儿童早期教育进行投资，能够给个体、家庭和社会带来可观的社会投资回报。

国内方面，2017年有学者研究发现，接受学前教育显著提高了学生在数学、阅读和科学素养上的学业成就，而且接受1年以上学前教育的学生获得的学业成就更高。这与经济合作与发展组织的大型跨国调查的研究结论相一致，表明学前教育能够影响儿童婴儿期的大脑发育和认知发展，并能预测儿童未来的学业成就，对人力资本积累起到长期性的支撑作用[2]。

此外，一些学者利用中国家庭追踪调查（CFPS）和中国教育追踪调查（CEPS）数据来探究学前教育的长期效应，均发现接受过学前教育的青少年的学业表现（如阅读、数学等方面）显著好于在童年时期未能接受学前教育的青少年。在非认知能力发展方面，研究发现，相比于未接受过学前教育的儿童，接受过学前教育的儿童表现出更高水平的思维开放性和自律性，其抑郁得分也更低，更少被校园霸凌，社会性发展更积极正向[3]。

欠发达地区的学前教育发展长期以来是我国教育事业的难点。中国发展研究基金会自2009年起在欠发达地区开展"一村一园：山村幼儿园"项目，2023年完成了对项目长期有效性的评估，结果显示，项目有着显著的社会投资回报。

首先，"一村一园"项目显著提升农村地区适龄儿童学前教育普及率。乐都区及民和县作为青海省海东市的两大县区，基本经济情况较为相似。乐都区自2009年开展了"一村一园"项目，民和县并没有开展类似的村级学前教育项目。调查结果显示，两地未接受学前教育儿童的比例均逐年

---

①　教育部基础教育司：《砥砺十年路 奋进新征程——党的十八大以来学前教育改革发展成就》。

②　陈纯槿、柳倩：《学前教育对学生15岁时学业成就的影响——基于国际学生评估项目上海调查数据的准实验研究》，《学前教育研究》2017年第1期。

③　中国发展研究基金会：《中国儿童发展报告2023：促进农村儿童高质量发展》，中国发展出版社，2023。

下降，但乐都区的相对下降速度是民和县的 4.6 倍[1]，说明"一村一园"项目显著提升了乐都区农村适龄儿童学前教育普及率。

其次，对儿童学业表现长期有显著正向影响。"一村一园"项目经历显著增加学生进入高等院校的概率。在县城公办园经历、县城民办园经历、镇民办园经历、"一村一园"项目经历、未接受学前教育 5 个类别中，"一村一园"项目经历学生进入本科及以上学校的概率仅次于县城公办园经历学生，比县城民办园经历学生、镇民办园经历学生、未接受学前教育学生分别高 5.7%、6.7%、9.6%（见表 5-3）。

表 5-3 "一村一园"项目学生与其他各类学生高考标准化总分回归结果

变量	是否进入本科及以上学校	是否为本科第一批学校
	（1）	（2）
县城公办园	0.029 （0.025）	0.038 （0.027）
县城民办园	−0.057** （0.024）	−0.061** （0.026）
镇民办园	−0.067*** （0.025）	−0.051* （0.027）
未接受学前教育	−0.096*** （0.027）	−0.099*** （0.029）
中考成绩标准分	0.459*** （0.012）	0.586*** （0.012）
控制变量	是	是
控制学校固定效应	是	是
R^2	0.363	0.480
样本量	3110	3110

注：*、**、*** 分别表示在 1%、5%、10% 的水平显著。
资料来源：中国发展研究基金会《青海乐都"一村一园"项目评估报告》。

---

[1] 乐都区高一至高三年级学生未接受学前教育占比分别为 2.88%、7.52% 和 18.51%，平均相对下降速度为 60.54%；民和县高一至高三年级学生未接受学前教育占比分别为 47.97%、53.55% 和 63.79%，平均相对下降速度为 13.23%。

"一村一园"项目经历对不同学段学生的成绩影响存在累积优势，在初中阶段影响最显著。将学生各阶段考试成绩转化为标准分来进行比较，有"一村一园"项目经历的学生在一年级期末、小学升初中、中考3个阶段的标准化成绩均高于未接受学前教育学生（见图5-7）。控制学生个体、家庭等变量之后，回归结果表明，"一村一园"项目对学生的学业表现在初中阶段的影响发挥到最大。在初中阶段，"一村一园"项目经历学生的学业表现（中考成绩）在所有类型学生中为最优[1]，与未接受学前教育学生相比，"一村一园"项目经历学生进入普通高中和市重点高中的概率分别高12%和5.4%，留级概率低8%。

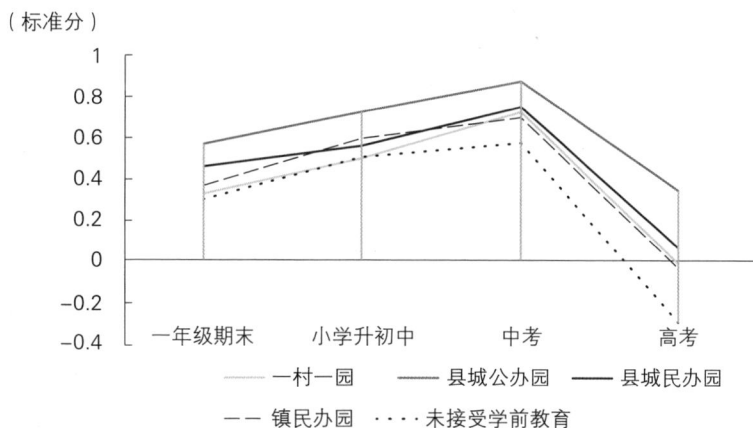

图5-7 各类学前教育经历学生学业成绩比较

资料来源：中国发展研究基金会《青海乐都"一村一园"项目评估报告》。

再次，"一村一园"项目对部分非认知能力长期有显著正向影响。"一村一园"项目经历学生部分非认知能力甚至好于当地县城公办园经历学生。在大五人格尽责性方面，"一村一园"项目经历学生得分高于县城公办园经历学生（见表5-4）。与未接受学前教育相比，"一村一园"项目经历能提升学生社交能力。在好朋友数量以及利他性方面，"一村一园"项目经历学生均显著高于

---

[1] "一村一园"项目经历学生分别显著高于县城公办园、县城民办园、镇民办园和未接受学前教育学生0.049个、0.044个、0.081个和0.189个标准差。

未接受学前教育学生 [①]。

表 5-4　各类学前经历学生大五人格情况

	"一村一园"	县城公办园	县城民办园	镇民办园	未接受学前教育	总样本
尽责性	3.429 （0.012）	3.365 （0.016）	3.400 （0.016）	3.417 （0.017）	3.457 （0.019）	3.411 （0.007）
外向性	2.960 （0.013）	3.093 （0.017）	3.053 （0.017）	3.009 （0.018）	3.013 （0.021）	3.022 （0.007）
宜人性	3.419 （0.013）	3.449 （0.016）	3.481 （0.017）	3.455 （0.017）	3.478 （0.020）	3.451 （0.007）
开放性	3.183 （0.014）	3.349 （0.018）	3.281 （0.019）	3.211 （0.019）	3.213 （0.022）	3.246 （0.008）
情绪稳定性	3.092 （0.014）	3.043 （0.018）	3.048 （0.019）	3.071 （0.020）	3.079 （0.022）	3.068 （0.008）
样本量	2464	1814	1558	1412	1066	8314
占比	0.296	0.218	0.188	0.170	0.128	1.000

资料来源：中国发展研究基金会《青海乐都"一村一园"项目评估报告》。

　　最后，"一村一园"项目有助于减轻家庭经济负担，促进当地年轻人的就业和成长。据乐都教育局测算，"一村一园"项目家长如果到镇上或在县城租房上幼儿园，一年需要支出房租 4000 元、保教费 2000 元、生活费 4000 元，即"一村一园"项目为农村家庭每年节省大约 1 万元的潜在学前教育支出，给群众带来实实在在的获得感。

　　乐都山村幼儿园目前的 175 名志愿者教师均为当地大中专毕业的年轻人。招募本地年轻人不仅为当地提供了就业岗位，也减少了教师流失问题。80 多名中职毕业的志愿者教师通过在岗学习取得大专学历；76.8% 的志愿者教师考取了幼教资格证。工作 5 年以上的志愿者占总数的 88.6%，

　　① 控制学生年龄、性别、民族、户口类型、父母受教育程度、父母职业、是否属于建档立卡户和家庭资产后，通过在 OLS 模型中设置虚拟变量检验学前教育类型对坚毅力和学生人际关系的影响发现，与未接受学前教育学生相比，"一村一园"项目可显著提高亲社会行为中的利他性得分和好朋友数量，且分别在 10% 和 5% 的水平显著。

10 多年来为当地培养了一支高稳定性的乡村幼儿骨干教师队伍。

（七）学前教育百年发展的启示

1. 学前教育是国民教育的基石，对提升国民素质有长期效益

学前教育是终生学习的开端，是国民教育体系的基石。学前教育对幼儿身心健康、习惯养成、智力开发和社会情感发育具有重要的价值。从晚清时极少数儿童接受学前教育，到当前这一代人基本都有学前教育的经历，这个百年的转变清晰地表明，投资学前教育是提高最具成本效益的方式。当前，中国正在经历老龄化和"少子化"，迫切需要提高人口质量，以确保年青一代拥有更高的生产力，实现国家的现代化和繁荣。要实现这些未来的目标，就必须重视和投资包括学前教育在内的儿童早期发展。

2. 由短缺走向普及，普惠服务体系初步形成

学前教育普及程度是衡量一个国家或地区学前教育发展水平的首要标准。纵观中国学前教育的百年发展，学前教育公共服务长期存在不够普及、普惠性程度不高、老少边穷地区普惠性学前教育资源严重不足等问题。1929 年，全国幼儿园仅有 829 所，在园幼儿 3.2 万人。新中国成立后，1950 年，全国幼儿园数量达到 1799 所，在园幼儿 14 万人，学前三年毛入园率为 0.4%。此后，国家和政府通过大力发展公办园、支持民办园发展等多种途径不断拓展学前教育资源，我国学前教育普及普惠水平不断提高。2023 年，学前教育毛入园率达 91.1%，普惠性幼儿园占比 86.16%。学前教育从贵族式、精英式迈入平民化、普及化阶段。[①]

3. 政府主导，社会积极参与

学前教育百年的发展历程表明，要实现学前教育的良好发展，必须坚

---

① 顾高燕、张姝玥：《中国共产党发展学前教育的百年历程、成就及经验》，《教育理论与实践》2021 年第 31 期。

持政府在学前教育事业中的主导地位。政府的主导责任主要体现为：均衡布局学前教育，保障全体公民平等地享有基本质量的公共服务；监督并促进幼儿园的教育条件、师资质量和业务水平的提升；不断加大学前教育投入，建立学前教育管理的专门机构，做好各部门协同管理；建立有效的政府问责制度[1]。在政府发挥主导作用的基础上，需要社会力量多元参与的办园体制。政府、市场和社会共同参与办园，有利于增加办园活力，发挥各类主体的优势，提供多样化的服务。

4. 学前教育经费保障的长效机制必须建立

教育经费是支撑学前教育事业可持续发展的基础性和战略性投资。从晚清到南京国民政府时期，由于当时国民经济体量有限，能用于教育的财政经费很少，用于学前教育的就更少了，形成了以私人供给为主、公私结合的多元供给特征。这也导致了学前教育发展缓慢。

新中国成立后，以公有制为主导、以单位供给为主的福利性成为学前教育主要特征，国家鼓励机关、部队、企事业单位资助幼儿教育，并在城镇街道和农村公社集体兴办大批幼儿园。改革开放后，学前教育开始探索政府、集体、社会和个人多方筹资的投入体制。2010年后，我国开始着力构建政府主导、社会参与的学前教育财政投入体制，先后实施了中央财政支持学前教育发展项目、中西部农村学前教育推进工程、学前教育资助制度等一系列学前教育重大项目，各级政府将学前教育经费列入财政预算，新增教育经费向学前教育倾斜，逐步提高了学前教育财政投入和支持水平[2]。2022年全国学前教育经费总投入为5137亿元，幼儿园生均教育经费达到14918元。

5. 办好学前教育的关键在教师

幼儿园教师是学前教育事业发展的首要资源。我国幼儿教师队伍不

① 虞永平、张斌：《改革开放40年我国学前教育的成就与展望》，《中国教育学刊》2018年第12期。

② 卢迈、方晋、杜智鑫等：《中国西部学前教育发展情况报告》，《华东师范大学学报（教育科学版）》2020年第1期。

断专业化、现代化。1950 年，我国幼儿教师数为 0.17 万人，到了 2023 年全国共有学前教育专任教师 307.37 万人，幼儿教师数量得到大幅度提升。同时，综合素质不断提升。从 1904 年"癸卯学制"规定的蒙养院师资到当前专业化的教师队伍，体现了百年来学前教育师资队伍整体素质的提升[①]。新中国成立以来，政府通过加大幼儿园教师培养力度、多种方式补足配齐幼儿园教师、努力保障幼儿园教师工资待遇权益、建立幼儿园园长和教师培训体系等多种途径加强幼儿园教师队伍建设。2023 年，全国 307.37 万名学前教育专任教师中，学历合格率达 99.57%，大学专科及以上学历比例达 92.74%。

6. 关注公平和质量，努力缩小城乡差距和区域差距

发展学前教育对于完善国民教育体系、促进社会公平、缩小城乡差距和区域差距具有重要意义。新中国成立前，幼儿园主要集中在城镇地区。新中国成立后，乡镇、公社纷纷兴建托儿所和幼儿园，农村幼儿园数量和在园幼儿数量迅速增长。改革开放以后，国家出台《关于发展农村幼儿教育的几点意见》等政策文件，促进了我国农村学前教育的发展。各级政府注重加大对农村学前教育的扶持力度，重点向中西部革命老区、民族地区、边疆地区、贫困地区倾斜，城乡差异呈现不断缩小的趋势[②]。2012—2020 年，学前三年毛入园率增长幅度最大的 15 个地区都在中西部，东中西部学前教育发展差距明显缩小。

7. 从借鉴他者到本土创新，建设具有中国特色的学前教育课程体系

中国百年学前教育变革既是一个不断模仿借鉴与批判创新的过程，也是一个学前课程和办园体系不断中国化的过程。从清末民初受日本影响、20 世纪二三十年代受美国影响、20 世纪五六十年代受苏联影响，再到 20 世纪 80 年代受世界多种教育思潮影响，我国学前教育课程不断在处

---

① 顾高燕、张姝玥：《中国共产党发展学前教育的百年历程、成就及经验》，《教育理论与实践》2021 年第 31 期。

② 卢迈、方晋、杜智鑫等：《中国西部学前教育发展情况报告》，《华东师范大学学报（教育科学版）》2020 年第 1 期。

理本土与外来、模仿与创造的关系中变化，在此过程中逐渐构建了本土的课程体系。民国时期，以陶行知、张雪门、陈鹤琴为代表的幼儿教育家们，吸收借鉴国外先进的幼儿教育理论与模式，结合当时中国的社会现实和儿童发展状况，在儿童心理研究、幼儿园教育、幼儿家庭教育、幼儿师范教育等方面进行了一系列探索，奠定了中国幼儿教育的理论与实践基础。中国共产党领导下的解放区学前教育将直观教学法、比较教学法和三化教学法（故事化、游戏化和歌曲化）确立为幼儿教育的基本原则。新中国成立后，教育部印发《3～6岁儿童学习与发展指南》《幼儿园教育指导纲要（试行）》等，鼓励幼儿园充分利用当地自然和文化资源，合理布局空间、完善设施，为幼儿提供有利于激发学习探索精神，安全、丰富、适宜的游戏材料和玩教具[1]。中国的幼儿教育逐渐形成了具有中国特色的理论和教学方法。

8. 学前教育立法

长期以来，学前教育一直缺乏专门的法律规范。新中国成立后，长期实行的《幼儿园管理条例》等行政法规仅涉及幼儿园管理工作，亟须对学前教育整体予以立法保障。2023年8月28日，学前教育法草案提请十四届全国人大常委会第五次会议初次审议。草案主要从明确学前教育定位、健全规划举办机制、规范学前教育实施、加强教职工队伍建设、完善投入机制、健全监管体制6个方面作出规定[2]。2024年6月25日，学前教育法草案二审稿提请全国人大常委会会议审议。通过制定学前教育专门法律，可以使我国教育法体系覆盖全部教育领域，实现教育法体系真正意义上的健全和完善。

9. 学前教育投资的社会回报显著

国内多项研究表明，接受学前教育学生的学业成就更高，显著好于在童年时期未能接受学前教育的学生。接受学前教育对儿童的自我效

---

[1]　高丙成：《砥砺十年谱华章 奋楫扬帆谋新篇》，《教育家》2021年第20期。
[2]　冯添：《学前教育迈进"有法可依"新时代》，《法治与社会》2023年第11期。

能、学习投入、减少校园霸凌、社会性发展等方面也均有积极正向影响。欠发达地区的学前教育投资回报更为显著。中国发展研究基金会 2023 年完成了对"一村一园：山村幼儿园"项目的长期有效性的评估，结果显示，项目有着显著的社会投资回报，促进了当地学前教育普及，对儿童的学业和非认知能力有长期显著影响，减轻了项目家庭经济负担，促进了当地就业。

第六章　义务教育与奠基国家人力资本

在中国，义务教育制度的探索可从清朝末年算起，距今已有百年历程。清末中国绝大多数民众为文盲，义务教育基本"空白"。新中国成立以前，尽管社会各界人士进行了不懈探索，但到新中国成立之初，我国文盲率仍高达80%，同时教育经费短缺、办学条件差。在这种条件下，又经过约60年艰苦卓绝的努力，2011年，我国全面完成九年义务教育的普及，文盲率下降到6.72%。至此，义务教育百年梦圆，中国的基础教育迎来一个全新的起点。中国义务教育的现代化在世界发展中率先实现历史性、跨越性发展，大幅提升了我国国民素质，人力资源开发水平实现重大突破。

一、探索：清末义务教育的发展

清末在求富求强目标的推动下，中国开始了教育现代化探索。在近代以前，相比精英士大夫，普通百姓普遍缺乏接受教育的机会。鸦片战争后，伴随西方现代教育理念的传入，以及官绅士大夫出洋对西方各国义务教育的考察和体验，共同促使晚清政府改变观念。此后，在张之洞等人的推动下，清政府开始普及义务教育。

1902年清政府公布了一系列《钦定学堂章程》，规定儿童自6岁起要接受7年的蒙学和小学堂教育。1904年清政府颁行《奏定学堂章程》，准备在各地普遍设蒙小学堂，推行义务教育。1906年清政府学部推行义务教育并颁行《强迫教育章程》。1911年颁布《试办义务教育章程案》，规定义务教育的年限为4年，并提出国库补助义务教育经费的办法。可是随着清王朝的覆灭，这个章程没得到落实。

清末的地方自治运动对义务教育的兴起起到了重要的推动作用。地方自治不仅承担了义务教育的宣传、发动、组织和实施工作，而且在它的影响下，义务教育经费的筹集逐渐走向了制度化。这些因素使清末义务教育规模在短短几年内获得了较快的发展。

新式教师的匮乏始终是清政府推行义务教育过程中的棘手问题。当时的义务教育教师，一部分来自新学校，一部分来自留学归国的学生，还有相当大一部分是封建传统教育的遗老遗少。此外，清末政府财政拮据，国库空虚，因而教育经费严重不足，阻碍了这一时期义务教育的普及。①

总体上，晚清政府借鉴西方现代的教育理念和制度开始了本土化的探索，正式提出了义务教育，尝试出台了相关章程。但由于当时大的环境动荡，加之清政府没处理好义务教育经费来源的问题，导致义务教育经费不足，实施困难。

二、发展：民国时期义务教育的发展

1912 年 1 月，中华民国临时政府颁布《普通教育暂行办法》，规定小学读经科一律废止。教育部先后公布《小学校令》《中学校令》等，形成了"壬子·癸丑学制"。该学制规定初等小学 4 年，为义务教育，毕业后入高等小学校或实业学校。此学制推行了 10 年，为民国时期建立起现代学制体系奠定了坚实的基础。

北洋政府也十分重视对义务教育。1914 年 12 月，教育部颁发了《整理教育方案草案》。1915 年 1 月，政府颁发了《教育宗旨令》，指明了义务教育存在的问题及解决的办法。1915 年 2 月，政府颁布《特定教育纲要》。1916 年 10 月修订公布的《国民学校令》规定国民学校施行国家根本教育。《国民学校令》的颁布使义务教育有了法令保障，更加制度化、规范化。但

①　梁雯娟：《清末新政与明治维新时期普及义务教育之比较》，《文教资料》2014 年第 17 期。

是袁世凯在推行义务教育过程中，为了应和他复辟帝制的政治需要，在义务教育的初等小学阶段开始恢复读经。据统计，1912—1915 年，初等小学的学生数量有很大增长。

1922 年，北洋政府制定了"壬戌学制"，成为民国时期义务教育的基本体制。新学制将初等小学 4 年定为义务教育，入学年龄由地方决定；将小学修业年限由 7 年改为 6 年；还规定将 6 岁以下儿童进入幼稚园学习纳入学制系统。1923 年颁布的《中华民国宪法》明确了中华民国人民依法享有受初等教育的义务，这为中国近现代义务教育的发展提供了法律保障[①]。

同时，北洋时期军阀混战，社会动荡不安，地方不受政府辖制，所以义务教育"名"大于"实"。但是一些地方省份对义务教育非常重视，其中山西省在义务教育的普及上位于前列。颇有长远眼光的阎锡山不同于只重视军事的军阀，十分重视教育，他对于山西教育的重视和投入力度排在当时全国各省的首位。根据 1917 年的统计数据，当时山西省有国民学校 19463 所，学生 72 万余人，适龄学生入学率高达 70% 以上，成为全国教育普及最全面的地区。山西接受义务教育的儿童占学龄儿童总数的72.22%，而排名第二的省份只有 20%。

阎锡山对山西的教育进行了大规模改革。首先是大力宣传教育。山西设立了六政考核处、大光明印刷厂、晋新书社等多个出版社、印刷社，大量印刷出版通俗易懂的教育读物，《人民须知》《家庭须知》等曾在山西广泛发行，几乎人手一册[②]。其次是在山西成立多个教育会，如山西省改进教育会、民众教育馆、育才馆等，这些机构将民族自救与农村复兴结合起来，从而受到了山西民众的欢迎。此外，阎锡山还邀请全国各地的名人名流，尤其是蔡元培、陶行知、胡适等教育家前往山西参观交流，提高山西的教育水平和声誉。

阎锡山集山西全省之力在各地筹建学校，短短 5 年的时间，将山西初

---

①　王献玲：《中国近代义务教育的艰难进程及历史启示》，《天津师范大学学报（基础教育版）》2008 年第 3 期。

②　何赵云：《民国山西教育"模范省"由来探析》，山西大学，2011。

级小学数量翻了近一番，从 14189 所增加到 25000 余所。此后，山西初级小学的数量一直保持在 2 万所以上，基本满足山西适龄儿童学习的需求。山西成为当时全国唯一能够实现义务教育的省份。

山西教育能普及的关键还在于阎锡山对于教育经费的全力保障。1917—1919 年，山西省政府用于教育的经费增加了 1 倍。山西省的教育经费由 3 部分组成：首先是国家经费，主要是民国政府拨付的教育经费，其不稳定且时有时无；其次是省政府经费，也是最主要的经费来源；最后则是地方经费。

阎锡山对于师资队伍的培训也十分重视，他甚至挪用北洋政府拨给山西建设混成旅的军费，建设了山西第一所师范学校——山西省立国民师范学校，之后又先后设立了省立第三师范、省立第四师范、省立第五师范等师范学校。这些师范学校的毕业生绝大多数都被分配到各地，成为各级学校的老师，也成为山西教育发展的有力推手。

三、推动：南京国民政府义务教育的发展

南京国民政府建立后，中国教育进入一个 10 年发展期。其间，建立诸多学校管理制度，幼儿教育、初等教育、中等教育和高等教育都取得进展。

（一）对义务教育的重视

第一次和第二次全国教育会议先后召开，提出在全国范围内实施义务教育，并规定完成的期限为 20 年。1935 年，《实施义务教育暂行办法大纲》颁布，计划分 3 期实现全国普及四年制义务教育。1940 年通过的《国民教育实施纲要》提出推行儿童义务教育和失学民众补习教育合一的新国民教育制度[①]。

---

① 赵艳、栗洪武：《普及义务教育：百年历程及客观态势》，《中国社会科学报》2020 年 8 月 31 日。

（二）教育方针

1929 年公布的《中华民国教育宗旨及其实施方针》提出，教育应以三民主义为方针。1937 年抗日战争全面爆发，又在学校中大力贯彻"抗战救国"和"战乱建国"的方针。

（三）六年制和四年制小学

1928 年通过的《整理中华民国学校系统案》规定，小学修业年限为 6 年，招收 6 ~ 12 岁的学龄儿童，分初级、高级两级，初级为 4 年。1932 年 6 月，教育部制定《短期义务教育实施办法》及《第一期实施义务教育大纲》，同时推行一年制和四年制义务教育学制[①]。1932 年 12 月，国民政府教育部颁布《小学法》。1933 年，颁行《小学规程》，规定小学以完全小学为主，修业年限 6 年，前 4 年为初级小学，后 2 年为高级小学。不久，又颁布了《实施义务教育暂行办法大纲》，计划分 3 期实现全国普及四年制义务教育。

当时的社会环境和国家财力根本无法支持短期内实现普及义务教育，采用缩短教育年限和实行多种教育方法是权宜之计。

（四）战时国民教育

1937 年抗日战争全面爆发，中国的教育事业整体上遭受前所未有的损失。据统计，自 1937 年 7 月至 1938 年 8 月，仅仅一年里，受到破坏的小学、幼稚园达 129700 所，占总数的 44%。1938 年 8 月，南京国民政府提出了"战时须做平时看"的教育方针。1939 年，南京国民政府在全国实施新县制，每乡镇设中心学校，每保设国民学校，使民众教育与义务教育共同发展。

1940 年颁布了《国民教育实施纲领》，推动义务教育制度向国民教育制度转变。其目标是，最迟至 1945 年 8 月，每保须设国民学校 1 所，学

---

① 刘晓敏、孙杰：《民国时期短期小学研究》，《社科纵横》2017 年第 3 期。

龄儿童入学率达到 90% 以上 ①。把义务教育更名为国民教育的目的在于把义务教育的范围扩大，将初等小学的普及与民众教育的推广结合起来，广泛动员社会组织的力量，整体上推动教育的普及。

（五）四年制中心国民学校

1944 年国民政府公布《国民学校法》代替 1932 年制定的《小学法》。《国民学校法》规定，中心学校改称中心国民学校，每保设 1 所。国民教育为 6 ~ 12 岁学龄儿童应有的基本教育。国民学校分为中心国民学校、保国民学校两种，均不收费。中心国民学校主要以 4 年初等教育为主；保国民学校是设在乡村的小学校。普及教育和民众教育结合开展，不仅提高了教育的普及率，而且减少了失学儿童人数。

（六）义务教育的经费筹集

1930 年 3 月，确定了通过财政拨款来对义务教育进行支持。1935 年，《实施义务教育暂行办法大纲》颁布，规定义务教育经费以地方负担为原则，但对于边远贫困省份及其他特殊省份，可由中央补助义务教育经费。

1929—1936 年，当时教育经费占国家总预算的比例平均每年为 3.3%。从 1935 年起，国库开始补助义务教育经费，到 1937 年中央义务教育实际补助经费达到 603 万元，占当时全国义务教育经费的 9%（见表 6-1）。而从 1937 年开始，中央义务教育实际补助经费在国家总预算的比例不断降低。

相对于清末和民国前期，南京国民政府所拨付的义务教育经费不仅有了大幅度的提高，而且有了稳定的来源。中央政府逐渐承担起义务教育的职责，直接带动了全国范围内省级财政对义务教育的投资。②

---

① 余子侠：《抗战时期国民政府初等教育政策述评》，《河北师范大学学报（教育科学版）》2005 年第 4 期。

② 于伟敏：《南京国民政府时期义务教育研究（1927—1945 年）》，东北师范大学，2008。

表 6-1 1935—1938 年中央义务教育补助情况

年份	中央义务教育补助 总额（万元）	占全国义务教育 经费比例（%）
1935	270	2.26
1936	419.5	3.74
1937	603	9
1938	155	3.6

资料来源：根据相关文献整理。

（七）陕甘宁边区政府的义务教育

陕甘宁边区在抗日战争时期实施了一系列义务教育政策，以提高边区民众的文化水平和教育普及率。

1937 年，《特区政府施政纲领》第一次提出实施普及的、义务的、免费的教育。《陕甘宁边区小学法》规定了 5 年制小学教育，前 3 年为初级小学，后 2 年为高级小学。1939 年，陕甘宁边区政府制定了《陕甘宁边区实施强迫教育暂行条例（草案）》[1]。到 1940 年春，边区小学达到 1341 所，在校学生 41458 人，分别比 1937 年春增长了 319% 和 640%。这推动了边区小学教育的迅速发展，为中等学校输送了合格学生，为社会教育培养了优良师资，也培养了一批有知识有文化的地方干部。

通过这些措施，陕甘宁边区在艰苦的战争环境下，实现了教育的快速发展和普及，为新中国的教育事业奠定了基础。但同时也要看到，边区政府义务教育的推行范围仅在陕甘宁边区 29 个市县，惠及小学生人数最多时有 43625 名。

四、新中国成立后义务教育的发展

新中国成立后，政府把义务教育的快速发展和普及作为国家战略来推

---

① 赵艳、栗洪武：《普及义务教育：百年历程及客观态势》，《中国社会科学报》2020 年 8 月 31 日。

动，不断加大投入，加强立法，建立新的学制，追求教育质量与社会公平并重的发展。经过 60 多年艰苦卓绝的努力，2011 年，我国全面完成九年义务教育的普及，义务教育百年梦圆。

（一）新中国成立初期至改革开放前的义务教育发展

1949 年，全国学龄儿童入学率仅有 20%，人口中文盲、半文盲达80% 以上。新中国成立后，教育方针和目标始终贯穿着"为人民服务"的宗旨，这在客观上蕴含了发展义务教育的理念与政策。1949 年通过的《中国人民政治协商会议共同纲领》提出，有步骤地实现普及教育。1949 年 12 月，第一次全国教育工作会议提出，逐步改革旧的教育制度。[①] 经过前期的试验，1951 年中央人民政府政务院通过了《关于改革学制的决定》，建立新学制，开展五年一贯制教学。1952 年 11 月，教育部发出《关于小学实施五年一贯制的指示》，全国各地开始普遍推行小学五年一贯制。1957 年《政府工作报告》指出，对现行的教育制度、教育内容和教学法彻底地、稳步地加以改进。这一时期，为了普及小学教育，国家很注重教师队伍的建设，吸收知识分子和青年加入教师队伍，并给予相应的待遇和生活保障。同时通过以公办为主、民办为辅，实行低学费政策等方式来提高普及率。据统计，到 1957 年，全国小学数量达到 54.43 万所，在校小学生达 6428.3 万人，全国学龄儿童入学率达到 61.7%。

1958—1960 年"大跃进"期间进行的教育革命运动，使教育改革陷入了混乱的状态。1962 年，进行学制改革试验的学校从 4000 所减至 900 所。"文革"期间，1966 年 8 月通过的《关于无产阶级文化大革命的决定》指出，学制要缩短。1971 年 8 月，《全国教育工作会议纪要》也提出要缩短学制。当时缩短中小学学制的目的之一就是希望在短时间内普及小学教育。1971 年 8 月，中共中央要求在 1971—1975 年第四个五年计划期间普及小学五年教育。[②]

尽管经历曲折发展，但到 1976 年，我国小学在校生为 15005.5 万人，

---

①② 刘桂玲:《建国至改革开放前义务教育学制改革的历史研究（1949—1976 年）》，西南大学，2011。

是新中国成立前最高年份 2368.3 万人的 6.34 倍。当年初中在校学生数为 4352.94 万人，是新中国成立前最高年份 117.80 万人的 36.95 倍。可以说，通过 20 多年的努力，我国普及小学教育及初中教育的工作取得了比较显著的成绩[①]。

（二）改革开放以来的全面普及期

我国义务教育的快速发展和全面普及是改革开放以后的事情。1977 年 8 月，科学和教育工作座谈会召开，指出我国要赶上世界先进水平，必须从科学和教育着手，这为发展和普及义务教育提供了顶层支持。

1. 全面普及

1978 年之后，我国政府成功地进行了农村经济体制改革，有效地解决了农村人口的温饱问题。伴随着收入水平的提高和对更高生活质量的追求，农民群众对普及教育的需求日益高涨。1980 年，中共中央、国务院发布《关于普及小学教育若干问题的决定》，把普及小学教育作为国家现代化建设的一项根本任务，提出全国应基本实现普及小学教育，有条件的地区还可以进而普及初中教育。随后在 1982 年的《中华人民共和国宪法》中明确规定，国家举办各种学校，普及初等义务教育。

1985 年的《中共中央关于教育体制改革的决定》明确提出，要实行九年制义务教育，分期分批普及义务教育。1986 年 4 月，《中华人民共和国义务教育法》颁布，明确了国家实行九年制义务教育。随后还颁布了《中华人民共和国义务教育法实施细则》，为在农村普及义务教育提供了法律依据和制度保障。

20 世纪 80 年代后期，广大农民在各级人民政府倡导下，努力落实人民教育人民办，依靠基层政府充分动员社区一切人力、财力和各类物质资源，开展了大规模的教育基础设施建设。据统计，1981—1991 年，通过政府财政拨款和群众捐资等多渠道筹措中小学校舍修建资金 1060 多亿元，使危房比例由原来的 17% 下降到 2% 左右，初步改善了办学条件，显著增加了儿

---

① 廖其发：《新中国 70 年义务教育的发展历程与成就——兼及普及教育》，《西南大学学报（社会科学版）》2019 年第 5 期。

童就学机会，为农村普及义务教育奠定了基础。

　　到 2000 年，我国九年义务教育普及率达到了 85%，如期实现了"基本普及"的既定目标（见表 6-2）。但是全国还有 15% 的县（410 个）未实现"两基"目标。2003 年颁布了《国务院关于进一步加强农村教育工作的决定》，要求农村地区打好"两基"工作攻坚战。2004 年，国务院办公厅转发了《国家西部地区"两基"攻坚计划（2004—2007 年）》。到 2010 年底，伴随着我国西部省份最后一批 13 个县"两基"攻坚任务的完成，"两基"人口覆盖率达到 100%，小学学龄儿童净入学率达到 99.7%，巩固率为 89.9%，全国 3069 个县彻底实现了普及九年义务教育的目标[①]。

表 6-2　普及九年义务教育的进度安排

阶段	时间	目标	地区
第一步	1994—1996 年	累计在占全国总人口 40%～45% 的地区"普及九年义务教育"	主要是城市和经济发展较快的农村
第二步	1997—1998 年	累计在占全国总人口 60%～65% 的地区"普及九年义务教育"	增加了经济发展中等地区
第三步	1999—2000 年	累计在占全国总人口 85% 的地区"普及九年义务教育"	增加了经济发展中等地区和贫困地区中条件比较好的 5% 人口
第四步	2001—2007 年	在经济相对困难的西部地区进行"普及九年义务教育"攻坚	涉及 372 个县，8300 万人

资料来源：《新中国 70 年义务教育发展轨迹、成就及愿景分析》。

---

　　① 司晓宏、樊莲花、李越：《新中国 70 年义务教育发展轨迹、成就及愿景分析》，《人文杂志》2019 年第 9 期。

2.《中华人民共和国义务教育法》

新中国教育法制建设的发展走过了从无到有的历程。从 1949 年到 1979 年，除宪法中有关教育的条款外，没有由国家权力机关通过的对全国教育起统领作用的教育法[①]。1986 年 4 月 12 日，《中华人民共和国义务教育法》经第六届全国人民代表大会第四次会议通过，并于当年 7 月 1 日实施，它标志着我国基础教育进入了一个新的历史阶段。2006 年 6 月 29 日，十届全国人大常委会第二十二次会议表决通过了新修订的《中华人民共和国义务教育法》，以农村义务教育经费投入保障机制为核心内容，强调政府应当承担的出资义务，旨在保障农村地区孩子享受九年义务教育。这是《中华人民共和国义务教育法》自 1986 年颁布以来的一次重大修改，进一步明确了义务教育的公益性、统一性和义务性。[②]

3. 义务教育的管理体制

义务教育的管理体制对义务教育目标的实现有着重要的作用。20 世纪 80 年代中期以来，中国农村义务教育实行的是在国务院领导之下，地方负责、分级管理的管理体制（见表 6-3）。这个管理体制是《关于教育体制改革的决定》提出、《中华人民共和国义务教育法》（1986 年）以法律形式确定下来的。当时义务教育发展的责任主要在地方和基层政府。

进入 20 世纪 90 年代，随着农村财政分税制的实施，这种体制的弊端逐步暴露出来。举办农村义务教育加重了农民负担，教师工资拖欠导致教师队伍不稳定，乡镇干部的管理水平与办好义务教育的要求不相适应。特别是随着农村税费改革的推行，取消了农村教育集资、教育费附加，农村用于办学的主要经济来源已不复存在。

为保证教育的健康发展，改革的重点转向义务教育经费的保障机制。2002 年，国务院办公厅印发了《国务院办公厅关于完善农村义务教育管理体制的通知》，提出实现以县为主的体制，将义务教育政府投资的统筹

---

① 谭细龙：《论我国教育法制建设中的问题及其对策》，《中国教育法制评论》2008 年第 6 辑。
② 吴又存、高虹：《新〈中华人民共和国义务教育法〉解读》，《教学与管理》2007 年第 1 期。

主体从乡镇一级提升到县一级，同时加大中央和省级财政的扶持力度。在以县为主的体制中，国家还实行农村义务教育资金转移支付制度。这种转移支付制度的实行，一定程度上缓解了税费改革给农村义务教育带来的冲击。①

表6-3　中国农村义务教育管理体制

阶段	经济改革背景	农村教育管理体制	农村教育投资机制
1985—2000 年	农村家庭联产承包责任制财政分级承包	在国务院领导下，按省、县、乡分级管理	以国家财政拨款为主，多渠道筹措教育经费；农村农民集资改善办学条件
2001 年以来	财政分税；农村税费改革	在国务院领导下，由地方政府负责，分级管理，以县为主	以县级政府财政承担为主，中央和省级财政以专项方式支持贫困地区

资料来源：《义务教育体制改革历程的回顾、反思与展望》。

4. 教育经费保障机制改革

随着教育经费保障机制改革的深入，中国进入免费的义务教育时代。2005 年，国务院出台《国务院关于深化农村义务教育经费保障机制改革的通知》。2007 年春季学期开始在全国农村地区全面推行，国家为所有农村孩子免费接受义务教育"买单"。2008 年秋季学期起在全国城市地区全面推行，实现全国城乡义务教育同步免费。全部免除义务教育阶段学杂费，实现免费上学，惠及 1.5 亿农村学生，农民的教育负担得到切实减轻，从中得到了最大的实惠。②

①② 李敏、于月芳：《义务教育体制改革历程的回顾、反思与展望》，《基础教育参考》2009 年第 4 期。

五、普及义务教育，提升国家人力资本水平，促进教育公平和社会公平

（一）中国义务教育的现代化在世界发展中人口大国中率先实现历史性、跨越性发展

1949 年中国 90% 的人口为文盲或半文盲，到 2020 年降至 2.67%，在发展中人口大国中率先基本消除了文盲。中国 15 岁及以上人口平均受教育年限从 1950 年的 1 年提高至 2020 年的 9.91 年；劳动年龄人口平均受教育年限在 2021 年达到 10.9 年。此外，中国高中及以上（含中专）文化程度人口数从 1949 年的 35.6 万人上升至 2020 年的 4.31 亿人，增长了 1200 多倍[①]。中国仅用 70 余年的时间就实现了从世界文盲人口大国迈向世界人力资源强国的目标。这主要是义务教育现代化发挥了战略性、长期性作用，促进了全体人民的现代化，即提高了所有人的人力资本水平和发展能力。

中国义务教育阶段学生在国际测试中有较好表现。以经济合作与发展组织（OECD）开展的国际学生测试（Programme for International Student Assessment，PISA）为例，该测试主要针对 15 岁左右的学生（初三或者高一），测试阅读、数学和科学 3 个方面，每年的重点有所不同。2009 年测试重点科目是阅读，2012 年是数学，2015 年是科学。2009 年和 2012 年，中国上海学生参加测试，连续两次排名第一位，阅读、数学和科学都远高于 OECD 国家学生平均水平（见表 6-4）。2015 年，中国上海、北京、江苏和广东学生参加测试，科学、数学和阅读排名分别为第 8 名、第 6 名和第 18 名。

---

① 胡鞍钢、王洪川：《中国式教育现代化与教育强国之路》，《新疆师范大学学报（哲学社会科学版）》2023 年第 1 期。

表 6-4　2009 年、2012 年和 2015 年 PISA 成绩比较

科目	中国内地	中国香港	芬兰	新加坡	韩国	加拿大	美国	巴西	俄罗斯	OECD平均
2009 年										
阅读	556 分	533 分	536 分	526 分	539 分	524 分	500 分	412 分	459 分	493 分
数学	600 分	555 分	541 分	562 分	546 分	527 分	487 分	386 分	468 分	496 分
科学	575 分	549 分	554 分	542 分	539 分	529 分	502 分	405 分	478 分	501 分
2012 年										
阅读	570 分	545 分	524 分	542 分	536 分	524 分	498 分	410 分	475 分	496 分
数学	613 分	561 分	519 分	573 分	554 分	518 分	481 分	391 分	482 分	494 分
科学	580 分	555 分	545 分	551 分	538 分	525 分	497 分	405 分	486 分	501 分
2015 年										
阅读	494 分	527 分	526 分	535 分	517 分	527 分	497 分	407 分	495 分	493 分
数学	531 分	548 分	511 分	564 分	524 分	516 分	470 分	377 分	494 分	490 分
科学	518 分	523 分	531 分	556 分	516 分	528 分	496 分	401 分	487 分	493 分

资料来源:《中国义务教育四十年：成就、经验与挑战》。

中国实现"两基"目标所取得的全民教育的突出成就，获得了国际社会的高度评价。联合国教科文组织认为，中国为世界全民教育发展作出了突出贡献，是发展中国家推进全民教育的成功范例。中国作为世界人口排名第一的发展中国家，在 1990 年小学阶段学龄儿童净入学率为 96.3%，初中阶段毛入学率为 66.7%，但是在 2011 年就已提前实现联合国千年发展目标与 2015 年普及初等教育的目标。中国的义务教育发展经验无疑可以为世界上其他发展中国家的初等教育发展提供借鉴[1]。

---

[1]　哈巍、罗蕴丰、吕利丹:《义务教育事业发展的中国经验（1978—2018）》,《南京师大学报（社会科学版）》2018 年第 6 期。

（二）"两基"目标的全面实现，逐渐缩小了城乡教育的差距，极大地促进了教育公平和社会公平

新中国成立后，教育公平重在普及，向工农开门办学，提高劳动人民受教育机会。改革开放后实施九年义务教育，政府努力促进教育机会在不同社会人群中平等分配，推进各级各类教育资源均衡配置。1994 年政府制定了普及九年义务教育的"三步走"目标，尤其提出到 1998 年，约占全国人口 1/4 的经济落后地区应采取各种形式积极进行不同程度的普及基础教育工作，国家尽力给予支援。1986 年，《中华人民共和国义务教育法》颁布。2000 年底基本普及九年义务教育。2007 年、2008 年免除城乡义务教育学杂费，2018 年义务教育巩固率达到 94.2%。农村义务教育学生营养改善计划每年惠及 3700 多万人。

党的十八大以来，党和国家继续把教育摆在优先发展的战略位置，国家财政性教育经费优先向农村地区、边疆民族地区、革命老区、边远地区教育发展倾斜，城乡义务教育一体化稳步推进，区域、城乡、校际差距逐步缩小，学生资助制度不断健全，更多孩子拥有了人生出彩的机会[1]。截至 2021 年底，我国已建档立卡辍学学生实现动态清零，全国 2895 个县全部实现义务教育基本均衡[2]。

六、百年义务教育发展的启示

（一）构建了世界上最大的基础教育体系，攻克"发展中国家办大教育"难题

在很长一段时间内，中国用不到全世界 4% 的教育经费支撑起占全世界 20% 的基础教育人口。在政府财力有所增长、对教育的认识进一步提高以后，又及时调整政策，发挥政府主导作用，加大投入力度，逐步走上

---

① 张明芳：《学有所教，让公平优质的教育惠及于民》，《中国妇女报》2022 年第 10 月 13 日。
② 李立国：《中国式现代化视野下的教育公平之路》，《终身教育研究》2023 年第 1 期。

健康发展轨道。中国构建了世界上最大的基础教育体系，充分体现了政府发展教育的坚强决心，倾注了教育工作者的心血和汗水。

（二）普及义务教育上升为国家战略

新中国成立后，义务教育成为国家的重要战略。1949年通过的《中国人民政治协商会议共同纲领》提出要有计划有步骤地实行普及教育。1985年颁布的《中共中央关于教育体制改革的决定》明确提出，实行九年制义务教育。1986年，《中华人民共和国义务教育法》正式颁布，使实施九年制义务教育获得了立法保障。1992年党的十四大明确提出，把教育摆在优先发展的战略地位。1993年印发的《中国教育改革和发展纲要》确定了到20世纪末我国教育发展的总目标是全国基本普及九年义务教育。2004年，《国家西部地区"两基"攻坚计划（2004—2007年）》出台。2006年修订的《中华人民共和国义务教育法》中，均衡发展的理念贯穿始终。

（三）追求公平而有质量的教育

教育公平一直是我国发展义务教育的基本理念和教育现代化的核心目标。《中华人民共和国宪法》中关于义务教育的规定以及1986年的《中华人民共和国义务教育法》，从法律上确保了中国所有适龄儿童和青少年都能获得接受教育的机会。同时，在促进缩小城乡、区域义务教育差距的情况下，政府注重教育资源向欠发达地区倾斜，关注主要弱势群体的受教育机会。我国实现城乡义务教育全部免除学杂费，实施农村寄宿制学校建设工程等重大工程项目，实现义务教育基本均衡发展，更多农村和中西部地区孩子享受到更好更公平的教育。农村义务教育学生营养改善计划每年惠及3700多万人。建立覆盖从学前教育到研究生教育的全学段学生资助政策体系，不让一个孩子因家庭经济困难而辍学的目标基本实现。80%以上进城务工人员随迁子女在公办学校就读[1]。

---

[1]　王桐、司晓宏：《七十年来我国义务教育政策的演变与发展》，《现代教育管理》2020年第6期。

（四）义务教育发展的法律保障

教育立法对义务教育普及发挥着重要的保障作用。1923 年的《中华民国宪法》就规定了中华民国国民依法享有受初等教育的权利。新中国成立后，《中华人民共和国宪法》中关于义务教育的规定、1986 年《中华人民共和国义务教育法》的颁布以及 2006 年《中华人民共和国义务教育法》的修订，从法律的高度保证了义务教育的重要地位，明确了各级政府和全体公民的责任。新修订的《中华人民共和国义务教育法》大大增强了可操作性，加大了执法力度。依法办事正在成为义务教育发展的基本原则。

（五）义务教育政府办

义务教育从最初的人民教育人民办逐渐走向义务教育政府办，成为政府基本公共服务。完成义务教育普及的首要责任在政府。我国义务教育实行国务院领导、省级统筹规划、县级具体实施的管理体制（见图 6–1）。国务院统领整个义务教育的发展；省级政府是地方最高行政机关，对义务教育负有首要责任，负责统筹和组织协调省域内义务教育工作；县级政府对本地区义务教育发展负有主要责任，因地制宜具体负责义务教育实施工作和经费管理等。政府需要保障适龄儿童接受义务教育，建立经费保障机制，合理配置教育资源，提高教育质量，保障教师待遇，推进教育公平，加强教育法治建设，营造良好的教育生态。政府以身作则，才可能有效地落实学校、家庭和个人实行义务教育的责任。政府为义务教育的普及作出了巨大的努力，使义务教育不断向均衡和更高标准发展。[1]

---

[1] 李敏、于月芳：《义务教育体制改革历程的回顾、反思与展望》，《基础教育参考》2009 年第 4 期。

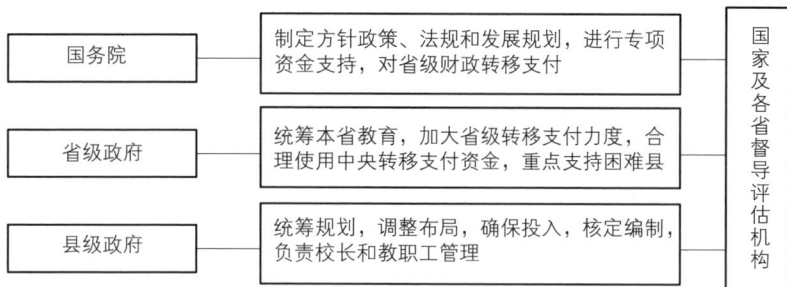

图 6-1　我国义务教育的管理体制

资料来源：《义务教育体制改革历程的回顾、反思与展望》。

（六）教育投入保障

国家倾注了巨大人力、物力、财力推动义务教育基础设施现代化。据统计，1950 年，国家财政性教育事业费用支出仅为 3.76 亿元，2022 年国家财政性教育经费投入达到 61329.14 亿元，占 GDP 比例为 4.01%。教育的财政投入机制不断完善。20 世纪 80 年代，教育投入以多元筹资为主，各级政府分级办学、分级管理，造成地区间义务教育发展极不均衡，加重了农民负担。1993 年的《中国教育改革和发展纲要》明确提出了财政性教育经费支出占国内生产总值的比例到 21 世纪末达到 4% 的目标。2005 年，国务院规定，经费由省级统筹，管理以县为主，规范了农村义务教育经费组织管理结构。2006 年修订的《中华人民共和国义务教育法》明确提出将义务教育纳入公共财政保障的范围。2015 年底，国务院提出要"建立城乡统一、重在农村的义务教育经费保障机制"。[①]

（七）重视师资的建设

晚清民国时期，教师缺乏是制约义务教育普及和质量提升的重要因素。新中国成立以来，政府坚持把教师队伍建设作为基础工作。2021 年，义务教育专任教师总数增至 1057 万人，本科以上学历教师占比提高至

---

① 哈巍、陈晓宇、刘叶等：《中国农村义务教育经费体制改革四十年回顾》，《教育学术月刊》2017 年第 12 期。

77.7%。通过"特岗计划"、公费师范生、退休支教等多种渠道为中西部农村补充大量优质师资。强化能力素质培训，"国培计划"累计培训校长教师超过 1700 万人次，大幅提升农村校长办学治校和农村教师教育教学水平①。确保义务教育教师平均工资收入水平不低于当地公务员平均工资收入水平，完善乡村教师生活补助制度。

（八）建立有效的运作机制，不断提高普及九年义务教育工作效益

各级政府定期召开九年义务教育工作会议，监控项目进展，交流成功经验。建立了较为完备的督导验收和奖惩制度，并以普及九年义务教育工作成果作为考核各级政府工作绩效水平的重要指标。借鉴国际社会的成功经验，引入科学高效的项目管理，实施儿童学习质量监控，推进男女儿童教育平等。努力发挥社会专业机构干预、成功经验总结与推广等方面的作用。

（九）义务教育尽快向学前教育阶段延伸

中国的九年义务教育已实现全面普及。当前，为实现我国人口的高质量发展和应对激烈的国际人才竞争，我国的义务教育亟待向前延伸。一方面，目前国际上义务教育阶段年限普遍出现延长的趋势，义务教育起始年龄不断提前。与国际义务教育年限相比，我国义务教育年限较短。另一方面，随着九年义务教育的普及和生育率不断下降，包括学前教育在内的儿童早期发展成为重要的"民生诉求"，百姓期盼国家能将其纳入义务教育的范畴。建议尽快分阶段将学前教育纳入义务教育，推动"人口红利"向"人才红利"转变。

---

① 崔斌斌：《从"有学上"到"上好学"》，《中国教师报》2022 年 6 月 29 日。

第七章　儿童福利体系建设与立法

儿童的生存、保护和发展是提高人口素质的基础，直接关系到国家命运和民族前途。近代以来，各时期的中国政府就儿童权利的保护与发展进行了长期不懈的探索。这些探索集中体现在儿童福利①的立法与体系建设上。总体上，中国近百年来的儿童福利范围不断从狭义向广义拓展，福利制度和体系不断完善，福利立法持续推进，儿童权利逐渐获得制度的保障。

一、晚清时期儿童福利政策法规

自 1840 年鸦片战争后，外国列强的侵略、国内政治的腐败、战祸的迭起和自然界的天灾交织在一起，使晚清时期的中国儿童没有实现自身权利的客观条件。绝大多数儿童的生存条件恶化，他们的基本权益受到封建家庭和社会的侵犯，医疗保健没有基本保障，文化教育极不普及，社会福利严重缺乏。儿童的生存权、受保护权缺乏保障，发展权更为匮乏，参与权无从谈起。从总体上看，晚清时期缺乏维护儿童各方面权益、满足儿童各方面需求的社会基础、物质基础和思想基础。为了缓和社会矛盾，维护统治，清政府被迫开始戊戌变法和实行"新政"。清政府的改革中就包括

---

① 儿童福利的含义有广义与狭义之分。广义上的儿童福利是指一切针对全体儿童的，促进儿童生理、心理及社会潜能最佳发展的各种福利服务，包括对儿童提供直接福利服务以及与促进儿童健康发展有关的家庭和社区的福利服务。狭义上的儿童福利是指面向特定儿童和家庭的服务，其对象一般为遭遇各种不幸的儿童，如孤儿、流浪儿、弃儿等，内容通常包括实物援助、现金津贴等方面。参见何芳：《新时代我国儿童福利政策的基本特征、发展逻辑与未来走向——基于〈中国儿童发展纲要（2021—2030 年）〉的分析》，《学前教育研究》2023 年第 5 期。

制定和颁布关于儿童的各项法规和措施。

（一）儿童救助与保护

1. 对儿童实行强迫感化教育

对于儿童在成长过程中出现的过失行为，晚清社会斥之为"忤逆不孝"，准备了严酷的家法、族法，严重侵犯了儿童的基本人权，对儿童造成了严重的伤害。1900年后，清政府仿照德国的法律制度，制定了《大清新刑律》，首次提出应对少年犯在规定期限内实行强迫感化教育。这个规定具有进步性，间接影响到后来中华民国关于儿童司法的有关规定。

2. 保护儿童的部分权益

晚清时期，大量贫困儿童生活无着落，无从接受教育，奴役童工、诱拐儿童的现象普遍发生，女童更是挣扎在生死线上。为实施贫困、残疾儿童的救助和教养，清政府先后制定了《外城初级教养工厂章程》《内外城公立博济工厂初级章程》《内城贫民教养院章程》《外城贫民工厂章程》，这些章程对贫困、残疾儿童的救助和教养提出了相关的措施，使这些儿童本应享有的生存权、受教育权等权益开始得到保护。

防范对儿童的不法侵害主要体现在有关的行业管理法例中。如在1908年制定的管理人力车规则，一定程度上限制了对童工的使用。为实施女童特殊保护，清政府在1906年制定的《外城教养女工厂章程》中提出，无业女孩可随母亲入厂学习工艺。此外，清政府在1907年制定并颁发了《女子小学堂章程》《女子师范学堂章程》等，承认女子有一定的受教育权，一定程度上保护了女童的权益。

（二）儿童的医疗卫生

晚清时期长期存在溺婴（主要是女婴）的现象。为此，有些地方公布了《严禁溺女谕》《请禁溺女详》，禁止溺婴。此外，1898年康有为正式上书《请禁妇女裹足折》，得到批准。这在客观上保护了女婴的生存权，有利于女童的自然健康成长。

清末伴随着天灾和战乱，各种瘟疫和传染病肆虐，儿童发病率、死亡率居高不下。为了保证京城的公共卫生，清政府制定了《管理种痘规则》。这一儿童接种法规使儿童传染病的防治有了一定的方法，可操作性较强，有利于儿童的防病保健。

（三）儿童的教育

戊戌变法在清末社会变革过程中的作用举足轻重。在戊戌变法的推动下，儿童的学前教育和学校教育都开始了前所未有的变革。1898 年戊戌变法向全国颁布提倡西学、设立三级学堂、奖励兴学、统编教材等涉及教育改革的法令。1901 年"新政"连续颁发改革教育、育才兴学、实行所谓"新教育"的有关法令。1901 年的兴学诏书提出，各省府州县都要设立相应的学堂。1902 年，清政府公布了《钦定学堂章程》（即"壬寅学制"），整个学制长 20 年，形成了从低级向高级相互衔接的教育体系。1904 年，清政府公布了《奏定学堂章程》（即"癸卯学制"）。这些着眼于全国教育改革的法规，直接或间接地影响到儿童教育，使之发生了重大变革。

二、民国时期儿童福利立法与政策

民国时期，儿童福利立法问题已引起人们的重视，政府相继制定出台了一系列儿童救济和保护法规。这些法规部分得以实施，促进了对儿童的保护和成长，但也有一些法规未能有效实施。

（一）儿童保护立法

民国时期，有学者提出，现代社会对于儿童救济应该有法律保障，并希望能尽快在宪法和相关法律中有所规定和体现。

南京国民政府建立初期，《中华民国民法》第 1077 条、第 1084 条和第 1142 条规定了对儿童的保护及教养权利[1]。1936 年，国民政府实业部公布施行《工厂设置哺乳室及托儿所办法大纲》，规定工厂雇用已婚妇女达

---

[1]　董根明：《抗战时期国民政府的儿童福利政策述评》，《抗日战争研究》2006 年第 4 期。

100 人以上者应设置哺乳室、300 人以上者要设置托儿所。

抗日战争爆发初期，国民政府颁布了大量有关难童救济教养工作的法令法规，如《难童救济实施办法大纲》《抗战建国时期难童救济教养实施方案》《难童生产教育实施办法大纲》《赈济委员会直辖儿童救济教养院所组织通则》等。

1942—1943 年，社会部陆续公布了《社会部直辖儿童保育机关收容儿童暂行办法》《奖惩育婴育幼事业暂行办法》《北碚儿童福利实验区组织规程》和《社会部免费医疗陪都贫病儿童暂行办法》。1944 年，社会部公布《普设工厂托儿所办法》，要求各省市政府在工商业发达区域普设工厂托儿所。①

综上所述，国民政府在抗战期间先后颁行了一系列有关儿童福利的规则或办法，一定程度上促进了儿童救济和福利事业的发展，但同时也缺乏系统性，权威及效力较小，仅适用于个别地区。

（二）儿童福利会议

抗战结束前后，国民政府召开两次儿童福利会议。1944 年在重庆举行了儿童福利工作人员会议，组成儿童福利协会。1946 年在上海举行了儿童福利计划会议，讨论战后如何推行儿童福利。②

三、新中国计划经济时期儿童福利政策及制度

新中国成立后的计划经济时期，儿童福利制度的建立和发展经历了 3 个阶段：新中国成立初期的大规模儿童救助；与计划经济体制相适应的儿童福利制度框架的确立；"文化大革命"时期对儿童福利制度的破坏。

---

①②　张秀芹、岳宗福：《民国时期儿童福利立法述论》，《社会福利（理论版）》2013 年第10 期。

（一）新中国成立初期的大规模儿童救助

新中国成立之初，由于长期的战争破坏，存在大量包括儿童在内的需要救济的人。当时国家并没有建立单独的儿童福利制度，对儿童的救助是和其他福利收养工作归在一起的，多属于临时性措施。

1953 年，第二次全国民政工作会议召开。会议决议指出，生产教养院应收养无依无靠、无法维持生活的孤老残幼，对收容的学龄儿童应采取半工半读的办法，施以初等文化教育和可能的技术教育，培养其自谋生路的能力。据 1956 年的统计，全国共有生产教养院 176 所，收养人员 84000 多人，其中婴幼儿 2 万多人。

在农村，新中国成立之初的 3 年中，国家下拨救济款达 10 亿多元。在农村开展的社会救济措施并不是专门针对儿童的，但是儿童作为农村社会最脆弱的群体，在这些社会救济过程中得到优先保护。

（二）与计划经济体制相适应的儿童福利制度

20 世纪 50 年代中后期，随着城市和农村社会主义改造的完成，与社会主义计划经济体制相配套的社会福利制度也逐步确立。

1. 儿童福利院制度

1953 年第二次民政会议召开后，全国各地开始开办儿童教养院。1958 年，儿童福利服务机构被调整（统称为儿童福利院），专门收容无依无靠、无家可归、无生活来源的"三无"孤儿、弃婴和残疾儿童。教养结合的办院方针从此确立。20 世纪 50 年代末期到 60 年代中期，社会上孤儿、弃婴和流浪儿童数量急剧增多，国家开始扩建和新建大批儿童福利院，到 1964 年底，全国城市地区儿童福利院猛增到 572 个，收养儿童 44788 人[①]。这一时期对儿童福利机构的整顿和扩建，提高了儿童福利机构的管理水平，使幼儿和儿童健康成长，先后有 10 万多名儿童长大成

[①] 刘芳:《家庭寄养与彝族村民生活方式变迁——基于昆明禄劝杨家村的实践》，云南大学，2021。

人，4万多名婴儿被领养，重新得到家庭的温暖。儿童福利院制度的建立有力地保障了孤残儿童的基本生存，也为新中国儿童福利机构的发展奠定了基础。

2. 农村的"五保"制度

计划经济时期的儿童福利院解决的是城市孤残儿童的救助问题，而农村地区的孤儿抚养则主要是通过农村"五保"供养制度来实现的。新中国成立初期，随着农村合作化运动兴起，1956年农村"五保"制度开始实施，享受"五保"照顾的家庭和人员被人们称为"五保户"。"五保"制度是一种集体福利服务，采取的是典型的社会救助方式。作为一种综合性福利制度安排的"五保"制度其实并非专门针对儿童，但是，农村"五保"制度是当时农村孤儿救助的基本制度性安排，为解决孤儿基本生存问题起到了提供最低生活保障的作用，保障他们的生活和教育。

3. 家庭寄养和收养

早在新中国成立初期，一些地区为了安置孤儿、弃儿，采取了家庭寄养的方式。例如，当时闻名全国的山西省大同市的"乳娘村"被称为具有黄土高坡特色的家庭寄养模式。在此后的50多年时间内，收养和寄养成为安置孤弃儿童的主要形式。

（三）"文化大革命"时期对儿童福利制度的破坏

"文化大革命"对我国儿童福利事业形成了巨大的冲击。到1978年底，全国儿童福利院只剩下49个，不少残疾儿童和无人照料的儿童重新流落街头[1]。

在农村地区，"文化大革命"也使得一些地方的"五保"工作处于无人过问和放弃的状态，造成了较大的损失。由于儿童是"五保"制度的重要受益者，因此对"五保"制度的破坏也严重影响到那些受"五保"供养的儿童的基本生活保障。

---

[1] 刘芳：《家庭寄养与彝族村民生活方式变迁——基于昆明禄劝杨家村的实践》，云南大学，2021。

总体来看，新中国计划经济时期儿童福利制度具有几个重要特点。首先是儿童福利制度的城乡分割。在城市地区，由于绝大部分人都属于不同的工作单位，儿童福利可以从父母的工作单位得到保障。真正需要进入儿童福利机构的只是那些失去家庭保护的孤儿，并且国家全额拨款的儿童福利机构一般只收养城市地区的儿童。在农村地区，每个人都被整合到集体经济中，因而能够得到集体庇护。那些失去家庭的儿童，可以受到"五保"制度的保护。同时，不管是单位集体还是村集体，最终都依靠国家作为保障。其次是儿童福利机构的完全政府行为。在计划经济时代，儿童福利机构对儿童的照顾很大程度上体现的是党和政府对孤残儿童的关爱。在这种福利意识形态下，儿童福利机构都是由政府全额拨款和派人经营管理。在这种情况下，儿童福利机构是完全的政府行为，非政府组织和宗教团体的作用受到严格限制。最后是儿童福利机构的救济性特征。新中国成立初期，由于经济和社会发展水平的制约，社会福利发展处于补缺性阶段，具有明显的救济特点。儿童福利机构是救济和收容性的，采用封闭式的办院模式。

四、改革开放以来中国儿童福利制度

20世纪80年代以后，随着市场经济改革和对外开放，儿童福利制度开始改革，立法不断推进，儿童福利制度进一步发展。

（一）儿童立法和规划纲要

我国宪法中关于儿童的规定为儿童保护提供了坚实的法律依据，为建立我国儿童立法体系奠定了基础。宪法第45条包含对残疾儿童、重病儿童获得物质帮助权利、参与权、受教育权的规定，第46条规定了儿童的受教育权，第48条明确了男女童享有平等权利，第49条明确了儿童的受保护权、抚养权，规定禁止虐待儿童。

专门性儿童保护立法。1986年制定了《中华人民共和国义务教育法》

（2018 年修订），1991 年制定了《中华人民共和国未成年人保护法》（2024年修正），1991 年制定了《中华人民共和国收养法》（2021 年废止），1999 年制定了《中华人民共和国预防未成年人犯罪法》（2020 年修订），《中华人民共和国学前教育法》将于 2025 年 6 月 1 日起施行。

非专门性儿童保护立法。如《中华人民共和国母婴保健法》《中华人民共和国残疾人保障法》《中华人民共和国教育法》《中华人民共和国民法典》等为女童身心健康与被拐儿童人身安全提供了法律保护。

（二）儿童福利机构的社会化改革

改革开放初期，儿童福利局限于儿童福利机构内的孤残儿童，并且机构照料忽略了儿童个性化的培养，使得儿童远离了主流社区。儿童福利机构的管理也存在资金投入不足、管理体制不灵活、对"以人为本"的服务理念践行不足等问题。这些都制约了儿童机构的发展。

伴随着改革开放，儿童福利事业向着社会化、专业化方向发展。2000年，《关于加快实现社会福利社会化的意见》出台，儿童福利机构开始社会化改革。社会化的实践和探索包括探索新型院内照料、推广家庭寄养和辐射社区。2001 年，民政部发布《儿童社会福利机构基本规范》（2013 年修订）。

2000 年后改革进一步推进。2006 年，民政部启动了"儿童福利机构建设蓝天计划"，民政部和国家发展改革委制定出台了《"十一五"儿童福利机构建设规划》及《儿童福利机构设施建设指导意见（试行）》。2006 年，《关于加强孤儿救助工作的意见》出台。2010 年 11 月，国务院办公厅发布《国务院办公厅关于加强孤儿保障工作的意见》，标志着我国孤儿保障工作步入了规范化、制度化轨道。2010 年 11 月，民政部、财政部发布《民政部 财政部关于发放孤儿基本生活费的通知》，使孤儿生活费从财政上有了保障。①

---

① 姚建平、刘明慧：《改革开放以来中国儿童福利制度模式研究》，《社会建设》2018 年第 6 期。

（三）流浪儿童救助保护体系的建立

20 世纪 80 年代，伴随城镇化和农民进城务工，当时全国约有 20 万名流浪儿童，探索流浪儿童救助保护制度具有紧迫性。

1992 年，我国出台《九十年代中国儿童发展规划纲要》。1995 年，《中央社会治安综合治理委员会关于加强流动人口管理工作的意见》中提出，可在流浪儿童较多的城市试办流浪儿童保护教育中心。

进入 21 世纪，我国流浪儿童政策朝着人性化、福利化方向发展。2003 年，国务院颁布了《城市生活无着的流浪乞讨人员救助管理办法》。2006 年，《关于加强流浪未成年人工作的意见》和《流浪未成年人救助保护机构基本规范》出台，形成了相对完整的流浪儿童救助保护体系。2011 年，国务院办公厅发布《国务院办公厅关于加强和改进流浪未成年人救助保护工作的意见》，明确要实行更加积极主动的救助保护。2011 年，《民政部、中央综治办、教育部、公安部、财政部、人力资源社会保障部、住房城乡建设部、卫生部关于在全国开展"接送流浪孩子回家"专项行动的通知》发布。随着流浪儿童救助规章制度的不断完善，流浪儿童的社会救助机制逐步规范化①。

（四）重病儿童和残疾儿童救助政策

改革开放以来，我国还对重病儿童和残疾儿童救助进行了探索。2009 年，民政部发布《民政部关于进一步加强受艾滋病影响儿童福利保障工作的意见》。2010 年，卫生部发布《关于开展提高农村儿童重大疾病医疗保障水平试点工作的意见》。2012 年，《民政部 财政部关于发放艾滋病病毒感染儿童基本生活费的通知》发布。

1998 年发布的《中国残联、全国妇联关于进一步做好救助贫困失学残疾女童工作的通知》，规定保障残疾女童接受义务教育的权利。其他一

---

① 姚建平、刘明慧：《改革开放以来中国儿童福利制度模式研究》，《社会建设》2018 年第 6 期。

些残疾人专项政策，诸如《关于加快推进残疾人社会保障体系和服务体系建设的指导意见》《中国提高出生人口素质、减少出生缺陷和残疾行动计划（2002—2010 年）》等，也包含了残疾儿童保护的相关条款。

（五）留守儿童的关爱政策

随着我国经济社会的快速发展，出现了数量众多的留守儿童，有关部门密集出台了政策文件。如 2016 年，国务院印发《国务院关于加强农村留守儿童关爱保护工作的意见》；2019 年，民政部、教育部等十部门出台了《关于进一步健全农村留守儿童和困境儿童关爱服务体系的意见》。这一系列政策文件体现了我国对留守儿童问题精准施策、标本兼治的科学态度。2021 年，《中共中央 国务院关于实现巩固拓展教育脱贫攻坚成果同乡村振兴有效衔接的意见》印发，提出进一步加强完善农村儿童教育关爱工作。

五、未来普惠型儿童福利制度的思考与建设

当前，随着我国经济社会快速发展、人口出生率连续下降、城镇化加速和人工智能时代的到来，儿童正在成为国家更加宝贵的财富，他们的成长和发展诉求也在变得更加多元化，儿童福利制度从适度普惠型逐渐走向普惠型是必然的趋势。

在未来普惠型儿童福利制度的构建方向上，全生命周期化和公共服务均等化将成为我国儿童福利制度发展的趋势。普惠型儿童福利制度设计需要通过增加面向全体儿童的公共性儿童福利来实现。如提供儿童免疫和医疗保险等，以帮助改善儿童的医疗卫生状况；提供婴幼儿养育补充和包括幼儿园儿童、义务阶段学生在内的营养午餐，以改善儿童的营养状况；给儿童提供公共性婴幼儿早期照护服务和学前教育，以减轻家庭负担；提高基础教育服务的水平和质量，以改善低收入家庭中的儿童教育状况；给低收入家庭提供资金补助，以改善低收入家庭儿童的生活状况；等。与此同时，困境儿童仍然是儿童福利制度的重点部分。对于已经无法回到原生家

庭的儿童（如孤儿、弃婴等），仍然需要提供替代性儿童福利。对于父母重病、重残或自身重病、重残等困境儿童，应当为其家庭提供福利服务支持、家庭现金补助等，以保障他们生存和发展的基本权利[1]。同时，要积极推进《儿童福利法》《儿童发展法》的立法工作，保障普惠型儿童福利体系的建设。

---

[1] 姚建平、刘明慧：《改革开放以来中国儿童福利制度模式研究》，《社会建设》2018年第6期。

第八章　儿童发展社会实验和创新

一、儿童发展社会实验

社会实验是中国近现代社会变革的重要方法，如1926年起晏阳初、李景汉等开展的长达10年的定县实验。20世纪70年代末，安徽小岗村农民开展的家庭联产承包责任制实验同样影响深远。

儿童社会实验是中国近代社会实验的重要组成部分。设立儿童实验区是探索儿童发展、推动儿童政策制定的一种重要方式和路径。近代中国有过两次较大规模设立儿童实验区的探索。南京国民政府时期，北碚儿童福利实验区是我国历史上首个由中央政府主办的普惠性儿童福利实验社区，在推行普惠性儿童福利服务的同时，又将科学化的保、教、研融为一体，使得中国儿童福利事业既与国际接轨，又极富本土特色。北碚儿童福利实验区直接影响和推动了当时儿童福利事业的规划和发展。

新中国政府一直积极引导公益组织等社会力量进行儿童发展探索。这些探索通过地方试点、科学评估等途径，为促进儿童早期发展积累了投入成本、干预措施、科学管理等方面的宝贵经验。例如，自2007年以来，中国发展研究基金会先后在青海、云南、贵州等10省（区）的31个县（市）开展儿童发展实验，涵盖早期养育、学前教育、营养改善、中等职业教育等多个领域。2020年，中国发展研究基金会在前期儿童发展试点经验的基础上，在贵州毕节建设农村儿童发展综合示范区，探索通过投资儿童发展提升农村人力资本水平，推进农村儿童高质量发展。这些实验不仅使偏远农村地区儿童直接受益，而且形成了多份政策建议报告，多次获得中国政府领导人批示，为脱贫攻坚和乡村振兴战略下儿童政策的制定提供了参考。

通过对上述两个时期儿童发展社会实验的比较，可以发现各个时期儿童发展的特点、挑战和对策，更重要的是可以发现儿童发展实验的一些重要特征和规律。

（一）北碚儿童福利实验区

1. 实验区的创办背景

南京国民政府时期逐渐重视儿童福利，采取理论与实验并进的方式摸索展开。1942 年 1 月起，南京国民政府系统介绍儿童福利理论，研讨并制定儿童福利法规及各种育婴、托儿所规程与标准。重要的是建立了北碚儿童福利实验区，探索普惠性儿童福利服务的社区发展路径。北碚儿童福利实验区由此成为我国历史上首个儿童福利服务实验区。

为了给实验区建立提供依据，南京国民政府社会部统计处在 1942 年 1 月至 7 月对北碚进行了实地详细调查，形成了《社会调查与统计》第 2 号报告。报告认为，北碚儿童发展的主要问题是学前教育机构缺乏、救助水平低、儿童福利服务空白。

1943 年 2 月，南京国民政府社会部成立北碚儿童福利实验区筹备处。同年 2 月 28 日通过《社会部北碚儿童福利实验区计划》，确定实验区的目标、原则、组织、业务和年度计划等，实验区筹备工作全面启动。到 1949 年 1 月，北碚管理局发布《北碚儿童福利站公告》，宣布改"区"为"站"，实验区办理结束，历时 6 年。

2. 组织架构与培训

全实验区经费、物资、人事均由南京国民政府社会部直接调配、管理，设区主任、副主任各 1 人，领导行政及业务两大部门。除行政部门外，另有设计考核委员会、儿童营养指导委员会和"研究、训练、业务、推广"二组。两个委员会分别负责实验区工作设计考核及研究，指导如何加强儿童营养等内容。二组的工作内容是：研究组，着重儿童智力、心理健康、社会行为及人格等方面的研究；训练组，举办保育人员训练及讲习班；业务组，指导并改进托儿所、儿童福利所的业务，编拟实验报告，发行儿童专刊及供给重庆广播电台《父母与子女》专栏节目的稿件；推广组，举办儿童书画展、儿童福利展，组织儿童夏令营、儿童健康比赛，开展家庭访问、社会儿童生活调查。

根据北碚儿童福利实验区的规划，实验区最初拟设托儿所 1 所、儿童辅导院 1 所、儿童教养院 1 所，在各乡镇设规模不等的儿童福利所，与当地工厂及公务机关洽办附设托儿所，并举办季节托儿站等。但最后真正付诸实施的仅托儿所 1 处、儿童福利所 1 处、儿童福利站 1 处、托儿站 2 处。

南京国民政府社会部除定期派人员视察工作外，对具体工作不多干涉，为实验区提供了自由空间。

3. 儿童福利服务与保教研合一

托儿所和儿童福利所分别提供学前教育和日常生活服务。

托儿所的收托对象为 2~6 岁儿童，其中 40% 由于家境贫寒或其他特殊情况而免费，半费和全费者各占 30%。总名额为 100 名，分全托和日托两种。托儿所依照儿童发育规律设计课程，采用单元教学法。设有儿童营养指导委员会，指导科学饮食和营养。同时还开展健康检查和疾病预防。

儿童福利所以 0~15 岁儿童为对象，分设保健股、康乐股、学艺股和服务股。保健股提供儿童健康检查、营养改进、疾病诊疗等服务；康乐股提供体育、音乐、戏剧、游戏活动等服务；学艺股提供科学启迪、艺术陶冶、升学就业指导等服务；服务股提供儿童日常公共生活管理及儿童救济等服务。到 1945 年，各项服务工作均顺利开展，最有成效的是贫病儿童诊疗。

此外，实验区还设有北泉托儿站和金刚乡托儿站，分别提供职业妇女托儿和农村托儿服务。儿童福利所和托儿所、托儿站的并存，使实验区将保与教密切结合。实验区研究组还总结编订各项实验成果，每月举行保教研究会两次，所有职员必须参加。

这些实验机构和活动使实验区儿童福利服务融保、教、研于一体，既体现了本土化儿童教育，又借鉴了国际最新儿童福利理论和方法。

4. 推广与社会交流

为扩大影响力，实验区非常重视与社会建立广泛联系和开展丰富的活动。

举办家长活动和开展调查访问，与儿童家庭建立密切联系。在朝阳镇和黄桷镇举行家庭访问和座谈会。在朝阳镇第一保至第九保开展儿童家庭状况及生活情形调查。托儿所开展定期的家庭访问。

组织儿童活动和合作交流，广泛建立友好联系。实验区成立儿童会，根据季节在区内放电影、演戏剧、举行儿童晚会等。

借助大众传媒平台普及儿童福利意识。实验区与重庆《大公报》合作，发行《儿童福利半月刊》；与重庆广播电台合作，每周举行儿童广播4次。此外，实验区特将所有规章及研究成果整理成册出版，向社会公开发行。①

（二）毕节试验区"农村儿童发展综合示范区"

中国发展研究基金会是国务院发展研究中心发起成立并领导的非营利组织。中国发展研究基金会长期关注反贫困与儿童发展问题，在中西部地区广泛开展学校供餐、婴幼儿营养改善、学前教育、早期养育等社会实验，直接推动了《国家贫困地区儿童发展规划（2014—2020年）》、农村义务教育学生营养改善计划等国家政策的制定。

1. 社会实验的理念和模式

中国发展研究基金会的项目工作始于对儿童发展问题的深入调查研究，形成对问题现状、成因，特别是根源性因素的准确判断。在此基础上，中国发展研究基金会设计社会实验（试点项目），在小规模、相对可控的环境中寻找解决社会问题的最佳模式，进而基于实践检验和科学论证，向政府提出有充分依据的政策建议，推动政策出台和实施。在相关政策实施后，中国发展研究基金会的工作转向对政策实施过程和成果进行监督和评估，持续向政府提供政策建议，帮助政策不断进行完善与提升，更好地解决社会问题，保障公众福祉，推动社会发展进步（见图8-1）。

---

① 吴嫒嫒：《抗战末期国民政府领导的大后方儿童福利实验运动——以国民政府社会部北碚儿童福利社区实验为例》，《社会工作》2016年第1期。

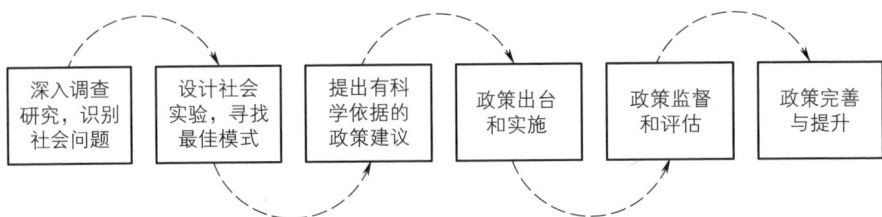

图 8-1　中国发展研究基金会儿童社会实验项目路径示意图

资料来源：作者根据中国发展研究基金会资料绘制。

2. 毕节试验区"农村儿童发展综合示范区"发展现状

贵州省毕节市曾是贵州省乃至全国最贫困的地区之一。1988 年，经国务院批准建立了全国唯一一个以"开发扶贫、生态建设"为主题的毕节试验区。毕节试验区人口基数大，但人均受教育水平较低；劳动力数量多，但职业技能水平普遍偏低。

儿童发展是毕节市人口高质量发展和实现现代化的基础。但当前，毕节市农村儿童发展不平衡不充分问题突出。2022 年 6 月，中国发展研究基金会通过随机抽样，对毕节市 8 个县（市、区）的 3396 名 0~6 岁儿童及其家庭进行了儿童早期发展综合调查，结果如下。

毕节市农村地区儿童生长发育低于全国平均水平，综合发展较为滞后。调查结果显示，毕节市农村地区 0~3 岁儿童综合发展异常率为 52.4%，远超脱贫地区 35.9% 的平均水平。

毕节市农村地区儿童成长面临多种消极家庭环境因素。调查样本儿童中，33.51% 为留守儿童，25.61% 来自建档立卡贫困户，34.15% 为少数民族，34.47% 的儿童父母经历过婚姻变化（离婚、单亲、再婚），87.04% 的看护人文化程度为初中及以下。毕节市农村地区看护人对儿童早期发展重要性认识不足。接近一半的被调查家庭和看护人认为 0~3 岁婴幼儿的早期养育服务没有必要。

毕节市农村地区孕期和婴幼儿营养健康有待改善。15.31% 的母亲在孕期没有定期产检，约 25% 的母亲在孕期没有补充过叶酸。婴幼儿营养包服用依从率有 66.7% 不达标。

上述儿童早期发展现状不仅严重影响到人口高质量发展的实现，而且有失社会公平，亟须投资改变。

党中央和国务院对毕节市的发展高度重视，要求毕节试验区着力推动绿色发展、人力资源开发、体制机制创新，努力把毕节试验区建设成为贯彻新发展理念的示范区。结合中国发展研究基金会在毕节市已开展的项目成效，中国发展研究基金会提出并设立毕节试验区"农村儿童发展综合示范区"项目。2021年9月15日，中国发展研究基金会与毕节市政府共同签署中国发展研究基金会支持毕节市建设农村儿童发展综合示范区合作协议。毕节市高度重视示范区建设，成立试点示范领导小组，积极推进项目落实。

（1）项目目标

毕节农村儿童发展综合示范区要保障儿童从出生到就业各个阶段的干预措施无缝衔接，总体目标为：80%在村的孕产妇接受营养补充和养育课堂培训，新生儿出生缺陷率降到全国平均水平以下。90%在村的0~3岁婴幼儿及其看护人接受母乳喂养及早期养育指导。0~6月龄婴儿纯母乳喂养率显著提高，0~3岁婴幼儿认知和非认知能力显著提高，早期发育筛查"异常"比例降低到8%以下。90%在村的6~36月龄婴幼儿家庭接受婴幼儿营养包补充，以及婴幼儿辅食添加和喂养指导。6~36月龄婴幼儿贫血、生长迟缓、低体重状况显著改善，各月龄段婴幼儿贫血率、生长迟缓率、低体重率均降低到全国农村地区平均水平以下。95%的3~6岁农村儿童就近接受学前教育。农村与城市的义务教育质量差距显著缩小。中等和高等职业教育质量显著提升。各个阶段儿童的营养状况显著改善。

（2）项目内容和做法

毕节农村儿童发展综合示范区是国内首个欠发达地区农村儿童发展示范区项目，提供从孕期至职业教育的全生命周期干预服务，其中0~3岁婴幼儿早期养育为工作重点。

一是孕产期营养补充，新生儿出生缺陷康复治疗补助。对妊娠期及围产期母亲提供孕产妇营养包以及养育课堂的知识技能培训。为新生儿家庭发放新生儿大礼包。

二是为 0~3 岁农村婴幼儿提供早期养育指导。采用入户家访为主、集中养育为辅的方式，在交通不便、居住分散、家长文化水平偏低的乡镇和易地扶贫搬迁点为适龄婴幼儿及其家庭提供成本合理、服务可及、有质量、可复制的儿童早期照护服务。入户家访主要由婴幼儿辅导员每周入户完成，对婴幼儿及其看护人提供一对一的早期养育服务指导。集中养育指导行动在镇及村建立养育中心，在早期养育中心为婴幼儿及其看护人提供服务和集体指导培训。

三是 3~6 岁农村儿童就近获得有质量的学前教育。普及有质量的学前三年教育，毕节农村儿童发展综合示范区学前三年入园率要达到 95% 及以上，在村儿童公平获得有质量的学前教育。注重幼儿园与小学科学衔接，做好儿童入学身心准备、生活准备、社会准备和学习准备。做好与 0~3 岁阶段项目衔接，确保 42 月龄儿童完成早期养育阶段干预后，无缝进入学前教育干预阶段。中国发展研究基金会建设信息化数据平台，做到儿童发展干预全程跟踪。

四是 6~15 岁义务教育阶段儿童营养保障和教学质量提升。对农村义务教育学生营养改善计划供餐质量进行检测，聘请专家为校餐负责人和厨师开展培训，开展以控盐为主的食育健康知识普及活动。通过双师课堂等方式提高义务教育阶段农村学校教育质量。引入外部教育资源，开展线上线下多种方式活动，提高教学及管理等信息化应用水平和师生信息化素养。

五是 15~18 岁高中阶段职业教育质量提升。开展专业、系统的心理教师培训；编写中等职业学校心理健康手册。提高职校学生文化水平。实施学生基础知识提升项目，提升学生升学成绩和综合素质。提升职校学生专业能力，培养乡村振兴领军人才。面向学校校长和学生开展"1+X"职业能力培训；推进校企合作行动计划。开展职业教育领域研究。

（3）保障机制

针对毕节农村儿童发展综合示范区的重点工作——0~3 岁儿童早期养育项目，毕节农村儿童发展综合示范区构建了管理、师资、干预、服务、监管五大体系，全方位推动项目高质量发展。

一是管理体系——两级领导小组：在市县两级均设立领导小组，在乡镇级设立指导中心，在村级设立指导站，做到市级统筹、县区主导、乡镇协调、村级落实。

二是师资体系——四级执行体系：实施县区总督导—乡镇总督导—村级督导—婴幼儿养育指导师四级执行和人员架构，完善人员选拔标准，规范岗前培训和在岗学习。

三是干预体系——家访干预为主：以每周一次、每次1小时左右的入户家访干预为主，以每周在养育中心为孕产妇、婴幼儿及养育人提供集体活动为辅，以线上咨询和宣传指导为补充。

四是服务体系——3类服务：儿童健康管理服务、儿童营养改善服务、儿童安全保护服务三管齐下。

五是监管体系——3种监管：规范资金监管，保证每一笔钱落到实处；紧抓安全监管，确保养育中心建设及运作质量；实现智慧监管，采用信息化手段监督家访频次、质量和效果。

同时，贵州省和毕节市两级政府也不断加强制度保障。2022年1月，贵州省医改领导小组印发《毕节试验区0—3岁儿童早期发展实施方案（2022—2025年）》；2022年3月，毕节市政府出台了《毕节试验区农村儿童发展综合示范区0—3岁儿童早期养育项目实施方案》；2023年12月，毕节市政府出台了《毕节农村儿童发展综合示范区0—3岁儿童早期养育项目试点工作推进方案（2023—2025年）》。毕节市各县、区和试点乡镇也制定出台了具体实施方案，确保项目推进过程中目标明确、任务清晰、措施具体、保障有力。以五大体系为阶梯，以制度保障为抓手，毕节农村儿童发展综合示范区0~3岁早期养育项目在高质量发展的道路上稳步前行。

（4）项目进展及成效

毕节农村儿童发展综合示范区成立以来，在贵州省委、省政府的大力支持下，中国发展研究基金会与毕节市政府合作，积极推动项目落实和发展，已初显成效。

一是我国首个欠发达地区儿童发展综合示范区全面启动建设。孕产期至婴儿 6 个月阶段，项目通过提供孕妇营养包及新生儿大礼包，组织妇幼工作者培训，开展母婴知识科普教育活动等方式，提高毕节地区的母婴健康水平。已为 3870 名孕妇发放孕妇营养包，为 1416 名产妇发放新生儿大礼包。

6~36 月龄阶段，在毕节市 8 个县（市、区）20 个乡镇 226 个行政村开展早期养育项目。截至 2023 年底，累计 11216 名婴幼儿及其家庭从项目中受益，建成养育中心 64 个，建立了一支 400 多人的农村早期养育服务队伍。资金方面，通过汇集多方资金，已投入约 3600 万元。

3~6 岁阶段，重点解决幼儿园学位不足、大班额问题，做好与 0~3 岁项目的衔接。截至 2023 年，中国发展研究基金会帮助提升质量的织金县、七星关区山村幼儿园在园儿童总计 18821 人，幼教志愿者总计 1122 人。

义务教育和职业教育方面也在有序推进中。义务教育阶段，乡土村小项目覆盖的七星关区 4 个乡镇 31 所村小的 7134 名学生受益。乡村儿童教育信息化项目为七星关区 10 所乡镇学校和村小打造了 6 间录播教室，配备 63 套智慧黑板，建设 4 间智慧教室，为教师开展了教育数字化培训，4909 名学生和 226 名教师受益。阳光校餐项目监测七星关区 4 个乡镇 55 所学校营养改善计划实施情况，同时推进控盐行动。中等职业教育阶段，开展"赢未来：职业教育提升计划"，面向毕节 13 所中高职院校开展校长培训、教师专业能力培训、学生活动、"幸福职校生"积极心理课程试点干预，超过 3 万名职业教育学生从中直接受益。

二是儿童发展水平显著提升，助力人口高质量发展。养育人的养育行为及观念显著改善。干预组儿童获得了更多的亲子陪伴，比对照组高约 9 个百分点。认为有必要对 3 岁以下的婴幼儿进行早期养育的干预组家长比对照组家长高约 10 个百分点。干预组儿童家庭的养育环境评分高于对照组儿童家庭。此外，干预能够显著增加家长的育儿知识，包括辅食添加及营养搭配、语言发展、社会交往、智力开发 4 个方面。

儿童发展水平明显提升。干预组儿童在认知能力、表达性沟通、社会性情绪、适应性行为等方面的指标都优于对照组儿童。相比于对照组儿童，干预组儿童的社会情感能力提升 0.40 个标准差，适应性行为总体提升 0.46 个标准差。对于留守儿童来说，这一影响更为显著。

项目干预大大降低了儿童发育迟缓的风险。相比于对照组儿童，接受干预的儿童认知迟缓风险可下降 55%。

干预时间越久，项目效果越好。2017 年率先开展项目的七星关区大银镇表现突出，在 0~3 岁儿童综合发展方面，大银镇的孩子们在毕节市所有受调查儿童中表现最好。

三是项目受到群众普遍欢迎。项目自实施以来受到项目家庭和群众的普遍欢迎，被称为最需要的和实实在在的民生工程。刷在路边和墙上的"开启 0~3 岁入户家访　引领儿童往更好方向发展""慧育中国　给孩子一个阳光起点""幼有所育　打开孩子们的智慧之门"等标语成为毕节乡村振兴建设中的亮丽风景。

四是毕节农村儿童发展综合示范区产生较好国际影响力。2023 年 8 月，诺贝尔经济学奖获得者、芝加哥大学教授詹姆斯·赫克曼到访毕节农村儿童发展综合示范区。他高度肯定示范区的工作，认为项目聚焦家访，以较低的成本提高了农村孩子的认知、非认知和其他各种技能。2023 年 12 月，6 位国际知名儿童发展专家到毕节农村儿童发展综合示范区考察。他们认为毕节农村儿童发展综合示范区的工作不仅对中国的农村儿童发展意义重大，而且对解决全球性的儿童发展挑战、助力 2030 年可持续发展目标的实现都具有重要意义。专家们对项目儿童所接受的家访干预和养育中心集体活动印象深刻，纷纷表示要把毕节农村儿童发展综合示范区的经验带回自己的国家。

（三）儿童发展实验区的启示

1. 积极开展儿童发展国家级区域实验，发挥示范推广效应，是加快儿童事业发展的有效路径

以中央或地方政府之力举办区域性儿童发展实验具有多重优势。首先，能够优化调配各种优质资源。实验区既能够集中国内优秀的人力资源，进行实验区的规划设计、执行管理和研究，也能通过各类研究机构、媒体乃至国际力量扩大社会影响力。其次，能够充分发挥示范效应。政府、专家及社会的合力支撑赋予实验事业权威性，再借助国家主管部门的政策性推动，促使实验成果能迅速被转化并普及。最后，实验区是展示儿童事业的生动窗口，能够在引起社会关注的同时普及大众儿童发展意识。

2. 儿童发展实验区需要科学设计、扎实落实和规范管理

鉴于儿童发展实验区具有重要的理论、政策和实践意义，因此更需要科学的设计。在项目筹划期间，应广泛征询国内外专家意见，并聘请一些知名专家组成专门委员会，进行论证和设计规划，以确保理念和内容的先进和富有特色。在此基础上，需要通过扎实落实和规范管理来确保实验区工作的高质量开展，确保实验区所倡导的政策和理念得到认同和采纳。为此，需要成立专门的实验区领导和工作机构，制定实验区工作的规范和实施标准。有了规范和标准，还要建立一支专业且富有奉献精神的人员队伍，才能确保实验区的工作得以执行，目标得以实现。

3. 儿童发展实验区的工作涉及儿童发展的关键议题，注重填空白、补短板

儿童的健康成长是一个全生命周期的过程，需要得到持续的关爱和干预。因而，儿童发展实验区的工作都是儿童发展和人力资本积累的关键议题，涉及早期养育、学前教育、儿童营养、义务教育与家庭教育等多方面。同时，由于一些儿童发展政策和体系还不完善，存在空白和短板，投入力度也比较有限，儿童发展实验区可通过采取精准干预和研究评估，实现填空白、补短板，为相关政策制定提供依据。

4. 中央政府和地方政府应给予大力支持，多方参与，形成合力

国家是儿童发展事业的责任主体，各级政府在政策制定、人才培养、配套设施和经费保障上给予儿童发展实验区大力支持。如北碚儿童福利实验区，国民政府除予以专项经费支持外，社会部还开设训练班培训儿童福利人才。再如毕节农村儿童发展综合示范区，除直接得到贵州省政府和毕节市政府的重视和支持之外，也得到国家卫生健康委等部委的支持和业务指导。除了政府之外，儿童发展实验区也得到社会组织和企业的积极参与和支持，引入了新理念，拓展了筹资渠道，加强了评估研究和公众监督。大家的共同努力合力推动了儿童试验的顺利发展，取得了积极成效。

5. 重视科学评估研究，及时总结实施进展成效

北碚儿童实验区实验期间，研究组及时总结编订各项实验成果，成功使实验区儿童福利服务融保、教、研于一体。

中国发展研究基金会开展毕节儿童发展实验区项目期间，邀请中国人民大学、中国疾控中心、东南大学、芝加哥大学等第三方研究团队进行项目评估。在确信项目有效果、有推广价值的基础上提交政策建议。同时，项目组织方还利用"互联网+"系统进行大数据监测分析，增强项目的实施精准度和运行透明度。

6. 实现从试点到大范围推广复制

开展儿童发展实验的目的在于通过局部的实验和探索，形成有科学依据的和可行的项目模式和政策建议，进而在更大范围内推广复制。这方面的典型经验是，2007年中国发展研究基金会与地方政府合作开展贫困地区寄宿制小学生营养改善项目，并通过对照试验，拿出数据为政策推广提供基础。此后，从广西到河北，再到宁夏、青海、云南，营养改善项目的试点一步步推广，得到媒体和公众越来越多的关注和支持。在包括中国发展研究基金会在内的各方力量的共同努力下，在多年来试点和评估的经验基础上，根据国务院决策部署，2011年10月，教育部会同财政部等15个部门启动实施了农村义务教育学生营养改善计划。此后10年间，试点范围逐步扩大。2020年，全国共有29个省份1762个县（其中，国家试点县727个，地方试点县1035个）实施了营养改善计划，受益学生达4060.82万人。

二、儿童发展社会创新

儿童发展需要技术和制度层面的社会创新。社会创新是指开发和实施新的有效解决方案以解决社会问题的过程。无论解决方案来自政府还是社会组织，它都应比以前更好地满足当前的社会需求。社会创新能产生中长期的规模影响。在中国儿童发展的过程中就出现了许多儿童发展社会创新，这些社会创新直接促进了儿童的健康发展，同时创新所引发的影响也传导到制度层面，进而引起了儿童发展的重大变化。

（一）神奇的糖丸：消灭小儿麻痹

20 世纪 50 年代，脊髓灰质炎（简称脊灰，俗称小儿麻痹症）在国内流行，在当时，儿童一旦得病就无法治愈。想要阻止这种疾病大范围传播，就必须研制出疫苗。当时卫生部派顾方舟等到苏联学习脊灰疫苗的生产工艺。他们回国后，向卫生部建议研发脊灰活疫苗。随后，脊灰活疫苗研究协作组成立，顾方舟担任组长，开展研究工作。1959 年疫苗研制成功。为确保安全性，顾方舟和同事先是在猕猴和自己身上进行试验，继而在自己孩子身上进行试验。试验顺利，疫苗开始批量生产。1960 年，全国正式打响了脊灰歼灭战，投放疫苗的 11 个城市脊灰流行态势纷纷下降。

此后，为了防止疫苗失去活性、便于保存运输，以及让儿童愿意服用，顾方舟等人又成功研制出了糖丸疫苗，并通过了科学检验。1964 年，全国农村逐步推广糖丸疫苗，脊灰发病率明显下降。1978 年，我国开始实行计划免疫，脊灰病例数继续呈波浪式下降。自 1964 年脊灰糖丸疫苗全国推广以来，脊灰的年平均发病率从 1949 年的 4.06/10 万下降到 1993 年的 0.046/10 万，使数十万儿童免于致残。2000 年，中国消灭脊灰证实报告签字仪式在卫生部举行，我国成为无脊灰国家。[1]

---

① 田雅婷：《消灭"脊灰"，他是一座丰碑》，《光明日报》2019 年 1 月 7 日。

（二）希望工程：公益助学

希望工程是由团中央、中国青少年发展基金会于 1989 年发起的以救助贫困地区失学少年儿童为目的的一项公益事业。其宗旨是建设希望小学，资助贫困地区失学儿童重返校园，改善农村办学条件。

20 世纪 80 年代末，我国每年有 100 多万名小学生因家庭贫困而失学。1989 年初春，时任中国青少年发展基金会秘书长的徐永光和同事商议决定，以民间公益的方式广泛汇集海内外财力资源，设立希望工程基金，资助贫困地区的失学儿童继续完成学业。

希望工程得到了社会各界的高度关注，汇款单如雪花般从海内外飞来。从 1988 年到 2008 年初，希望工程募集资金逾 35 亿元，资助贫困学生 290 多万名，援建希望小学 13000 多所，捐赠希望书库、希望图书室 13000 多套，培训乡村教师逾 35000 名。[1]

中国科技促进发展研究中心在对希望工程进行效益评估后得出结论：希望工程通过建设希望小学等措施，提高了贫困地区小学适龄儿童的入学率，改善了办学条件，提高了办学质量，成效显著。它开辟了一条动员社会力量协助政府办教育的新路。[2]

（三）营养包：改善婴幼儿营养不良

贫困是营养不良的基础原因，进行有效的营养干预行动，是消除贫困地区饥饿和营养不良的关键。投入营养改善不仅提高生存质量，更具有巨大的社会经济收益回报。

脱贫攻坚之前的贫困农村儿童营养状况尤其令人担忧。当时，中国存在大量"隐性饥饿"儿童，即缺乏铁、维生素 A、锌等微量营养素的儿童。贫困地区儿童生长迟缓率、低体重率、贫血率为城市的 4~5 倍、农村的 1~2 倍。为改善贫困地区儿童营养和健康状况，以营养学家陈春

---

① 　叶学丽：《希望工程：一项功在当代、利在千秋的公益事业》，《中国共青团》2016 年第 11 期。

② 　许琳：《论中国当代慈善事业参与主体》，《西北大学学报（哲学社会科学版）》2000 年第 3 期。

明教授为首的团队研制了营养包。营养包含有婴幼儿成长必需的优质蛋白、维生素和矿物质等多种营养物质。营养包作为一种科学简便、投资小收益大的干预手段，能有效缓解贫困地区婴幼儿营养元素摄入不足、种类单一的问题。营养包的首个试点于 2001—2003 年在甘肃省天祝、定西、景泰、静宁、清水 5 个县开展。研究结果显示，干预组儿童贫血患病率显著降低，年龄别身高和年龄别体重的改善和智商发育也显著好于对照组。2009 年，陈春明团队和中国发展研究基金会合作，分别在青海省乐都县和云南省寻甸县启动了贫困地区儿童发展项目，进行营养包干预研究。

经过社会各界坚持不懈的努力推动，2012 年 7 月，卫生部决定开展贫困地区儿童营养干预试点项目。中央财政拿出 1 亿元专项经费，在全国 10 个省（区、市）8 个国家集中连片特殊困难地区的 100 个县，免费为 27 万多名 6~24 月龄的婴幼儿每天提供 1 包营养包[①]。2019 年，项目实现贫困县全覆盖。

中国发展研究基金会分别于 2016 年 8 月和 2020 年 9 月对该项目进行效果评估。评估显示，营养包兜住了贫困地区儿童营养健康的底线，惠及广大贫困地区儿童，为奠基人力资本、阻断代际贫困作出了突出贡献。

（四）农村义务教育学生营养改善计划

中国儿童营养不良问题集中在农村地区，2002 年，我国学龄儿童生长迟滞检出率最高的是西南地区，5~12 岁男童和女童分别达到 38.0% 和 38.2%，13~17 岁男童和女童分别达到 40.0% 和 36.5%。随着国家加大推行寄宿制教育，农村学生营养问题显现更加集中并引起关注[②]。

2007 年，中国发展研究基金会与中国疾病预防控制中心、地方政府及企业合作，在广西都安和河北崇礼以学校供餐的方式开展了 3 年学生营养改善实验。实验结果显示，试点组学生比对照组学生平均身高增长 1.4 厘米，平均肺活量增长速度约为对照组学生的 2 倍。结果证明，学校供餐在

---

① 陈四益：《"营养包"的故事》，《瞭望》2015 年第 40 期。
② 李慧莲、赵海娟：《农村学生营养改善政策进行时》，《中国经济时报》2012 年 2 月 20 日。

改善学生营养、体质、体能、心理上效果十分明显。2010 年，中国发展研究基金会对政府针对贫困地区寄宿制小学的生活补贴政策进行评估。评估发现，补贴资金的使用效率普遍较低，被调查的学生依然普遍存在营养不良及热量摄入不足的情况，主要原因在于缺乏改善农村学生营养的制度保障。2010 年底，中国发展研究基金会的评估报告《建立学校供餐机制，改善农村学生营养》使得农村学生营养问题再度引起国家重视。此后，经过中国发展研究基金会与社会各界的共同推动，教育部颁布《农村义务教育学生营养改善计划》，并会同财政部等 15 个部门启动实施了农村义务教育学生营养改善计划。计划初期在集中连片特殊困难地区启动国家试点工作，按照每生每天 3 元的标准为 699 个国家试点县约 2600 万名农村义务教育阶段学生提供营养膳食补助，所需资金全部由中央财政承担①。此后，营养改善计划实施范围不断扩大，截至 2022 年，营养改善计划已覆盖 29 个省份1762 个县，让 4060.82 万名学生受益，每生每天的膳食补助也达到了 5 元的标准。

中国发展研究基金会对营养改善计划执行情况进行全国范围的成果评估。评估结果显示，营养改善计划取得较为显著的积极成果，儿童营养摄入、体质和学业表现均得到改善，儿童家庭及当地社区获得经济收益，国家整体在人力资源方面长期获益。

（五）儿童发展社会创新的特点

上述几项中国儿童发展创新项目的探索表明，依靠国家的发展战略和政策指引、中国科研人员的智慧，依靠地方政府强大的执行能力、农民家长的拥护和支持，这些中国式的儿童创新发展模式取得了显著成效，从中可以总结一些经验。

一是儿童发展受社会利益驱动。儿童发展社会创新是对某个儿童发展社会问题的新解决办法，比原有的解决办法更有效、更能促进社会公平、更可持续，同时它为整个社会带来利益。

---

① 李慧莲、赵海娟：《农村学生营养改善政策进行时》，《中国经济时报》2012 年 2 月 20 日。

二是以"真"问题为导向，具有创新性和社会性。儿童发展社会创新通常以解决具体的儿童发展问题为导向，通过调查研究对问题进行深入的理解和分析，引入新的理念和方法论，从而设计科学、可行的创新解决方案。它旨在通过新的想法、产品、服务或模式来解决儿童发展问题，满足社会需求，同时创造新的儿童发展和合作关系。

三是方法简便、服务可及、成本合理、质量有保障。儿童发展项目往往受项目经费、基础设施、项目人员素质和项目儿童家长接受水平的影响，因此采取的干预措施不仅要直接有效，而且要简便易操作。服务的提供一定要让最需要帮助的儿童容易获取。营养包发放要到户、到人，保证婴幼儿的营养得到有效改善。农村地区儿童数量巨大，在服务需求众多的情况下，儿童发展项目需要适应发展水平，人员和项目设施的成本要控制在合理水平。儿童发展项目必须保证较高的质量，才会对儿童发展产生积极效果，质量差的儿童项目比不提供服务对儿童产生的伤害更大。相关的项目评估显示，营养改善计划、营养包都在认知、运动及社会情感和沟通方面对儿童发展产生了积极效果。

四是不断迭代改进。儿童发展社会创新强调对社会问题和需求的洞察，各利益方在整个过程中积极参与，重视各方的声音；在探索解决方案的过程中大胆假设、小心求证，不断迭代式开发，重视目标儿童群体的体验。通过不断尝试、反馈、修正、推进，升级解决儿童社会问题的方式手段和内容，通过高质量的儿童发展解决方案最终达成儿童发展目标。

五是普惠性和大范围推广。儿童发展创新强调的是普遍效益，尤其是对弱势群体的关注，旨在通过创新满足更广泛儿童群体的需求，实现社会的包容性发展。儿童发展项目在实验取得成效的基础上，要尽快转化为相应政策，并在更大范围内推广。

六是可持续性。儿童发展创新追求的不是短期效果，注重的是长期的社会影响和可持续性，它寻求的是能够持续产生积极社会影响的儿童发展解决方案。

七是跨界和多方参与。很多儿童发展的社会问题，需要从跨部门的、系统的、可持续的角度去重新理解和寻找解决方案。同时，儿童发展不仅是国家的责任，也是社会、家庭和个人的责任。因此应通过积极的倡导和有力的鼓励措施，让企业、社会组织、家庭和媒体共同参与儿童的发展事业，与国家和政府一起形成关爱儿童、促进儿童健康成长的合力和氛围。

　　八是开展科学的研究评估。好的儿童发展社会创新一定要有好的效果，为此需要对儿童发展社会创新的效果进行科学评估，对创新的成功经验进行严谨总结。

第九章　待完成的儿童现代化

经过长期的努力探索，中国的儿童现代化已取得了显著的进步和成就，体现在儿童健康、教育、福利、投入和发展环境及保护等领域的进步，为最终实现儿童发展的现代化奠定了坚实的基础。

儿童发展战略的现代化。中国政府始终秉持"儿童优先"发展的原则，成立了专门的儿童工作机构，并于 1992 年发布了《九十年代中国儿童发展规划纲要》，之后又分别于 2001 年、2011 年和 2021 年颁布了《中国儿童发展纲要（2001—2010 年）》《中国儿童发展纲要（2011—2020年）》和《中国儿童发展纲要（2021—2030 年）》，2014 年还制定了《国家贫困地区儿童发展规划（2014—2020 年）》。这 4 个纲要和 1 个规划体现了中国政府优先保障儿童权利以及儿童优先的发展理念和政策。

儿童发展制度的现代化。经过长期努力探索，中国已初步建立起现代的儿童发展制度。儿童卫生健康方面，建立妇幼健康服务体系，加强母婴保健和婴幼儿照护服务；加强儿童医疗服务网络建设；将儿童青少年心理健康纳入健康中国行动。儿童教育方面，建立起从学前教育到义务教育，再到高中教育和中等职业教育的完整现代化教育体系。中国建立了世界上最大的教育体系。儿童福利方面，政策体系逐步完善，包括儿童公共服务、儿童医疗健康、儿童救助和儿童教育等方面。

儿童发展水平不断提升。儿童健康方面，中国儿童健康水平进一步提高，婴幼儿死亡率进一步下降。2023 年中国的婴儿死亡率、5 岁以下儿童死亡率分别为 4.5‰ 和 6.2‰。妇幼健康核心指标水平位居全球中高收入国家前列。儿童受教育权利得到全面保障，截至 2023 年，中国的学前教育毛入园率上升到 91.1%，九年义务教育巩固率上升到 95.7%，高中阶段毛入学率上升到

91.8%。

儿童发展投入现代化。中国已建立现代化的儿童发展投入机制。以教育发展为代表，2023 年全国教育经费投入逾 6.4 万亿元，国家财政性教育经费支出占 GDP 的比重自 2012 年以来已经连续 12 年逾 4%。

儿童发展不断创新。中国政府实施农村义务教育学生营养改善计划，中央财政累计安排补助资金 1968 亿元，每年惠及学生约 3800 万名。2012 年以来，持续开展欠发达地区儿童营养改善项目（即营养包项目），中央和地方财政累计投入 52 亿元，受益儿童 1365 万人。

儿童发展环境友好。国务院发布的《关于推进儿童友好城市建设的指导意见》中明确提出，要为儿童发展提供适宜的条件、环境和服务，切实保障儿童的生存权、发展权、受保护权和参与权。同时，不断推进家庭家教家风建设，构建学校、家庭、社会协同育人体系，加强家庭教育指导服务，增强家庭监护责任意识和能力。

这些成就体现了中国在儿童健康、教育、福利、社会环境和法律保护等领域的全面发展和进步。

与此同时，随着中国经济社会的快速发展，当前中国儿童发展正面临着多方面的重大挑战。中国的人口结构正在发生重要改变，儿童的绝对数量和所占人口比例都在下降，这意味着儿童正在成为宝贵的社会财富。对儿童的培养需要政府、社会、学校、家庭共同努力。同时，伴随中国当前快速的城镇化，儿童发展需求多元化，家长对孩子未来的预期普遍高涨。除了收入差距和财产差距，目前还存在不同社会阶层之间的育儿差距，并且直接影响到儿童的成长过程和代际流动。科技的快速发展尤其是 AI 技术的应用，也使得未来社会对人力资本的要求不断提高。更重要的是，目前我国的儿童发展存在显著的城乡差距，农村地区尤其是欠发达地区的儿童发展还远远落后于城市儿童。中国儿童发展和儿童现代化的难点与重点在农村地区，没有农村儿童的现代化，就不可能实现中国儿童的现代化。与儿童发展和儿童现代化的需求和期望相比，目前儿童发展尤其是农村儿童发展的投入还不足，相关政策执行不够到位，农村儿童发展的公共服务体系不够完善，儿童权益受损的事件还屡有发生，农村儿童发展水平和人力资本积累还有待提高。

从以儿童发展奠基人的现代化和中国现代化的视角出发，中国的儿童现代化还是有待完成的现代化。

一、精细化养育抑或粗放型养育

为什么当前中国的家长如此焦虑？不仅城市家长焦虑，农村家长也焦虑。关于焦虑的原因，说法有很多，有人认为"父母总希望子女比自己那一辈强"，有人说"家长害怕输在起跑线上"，还有人认为"现在的教育体制有问题，存在择校热、高考定终身"等。以上说法都有道理，但一定程度上，焦虑的根源在于父母养育观念的变化及对未来育儿差距可能进一步扩大的预期。

（一）育儿差距

在当前社会不平等程度扩大的背景下，人们往往会关注收入差距、财富差距、健康差距和社会资本差距，然而有一种重要的差距还没有得到充分重视，那就是育儿差距。

随着不平等程度的扩大，低收入人群不仅在收入和就业方面落后，还会在育儿方面落后，产生育儿差距。中高收入人群的父母们面对不平等程度的扩大和教育回报率的上升时会采用精细化养育方式，而弱势群体进行同等养育投资的能力在减弱，他们更多采取的是粗放型养育。

目前我国高收入人群约占总人口的1%，他们对儿童养育服务求优、求精，投入上"不差钱"，他们的育儿需求主要由市场上的"洋品牌"来满足。

中等收入人群约占总人口的34%。中等收入群体对儿童养育高度重视，生怕孩子"输在起跑线上"，同样舍得投入，在公办资源有限的情况下，会选择质量和收费双高的民办机构，但同时感觉"压力山大"。这个群体是目前的"夹心层"，背负孩子的"梦想"艰难前行。

城乡低收入人群占全国人口的近65%，约有9亿人[①]。他们中约1/3在

---

① 李实：《我国低收入人群有多少》，中国经济网，2020年9月3日。

城镇，由于收入水平低，他们非常渴望质优价廉的公办早教机构或公办园。这也导致目前城镇"入园难""入园贵"及早期养育公共服务缺乏问题凸显。这9亿人中另外的2/3都在农村，主要分布在中西部地区，家庭人口规模庞大，老人和小孩的人口负担重，受教育程度在小学以下的比例相当高，大部分人外出打工、家庭就业、务工或失业，或干脆退出了劳动力市场。他们对儿童教育的重要性认识还不够充分，而且他们所生活的村庄和社区往往也缺乏相应的儿童早期发展服务机构。对于他们而言，儿童早期发展首先意味着机会和服务的获取。

中国有重视教育的传统文化，因此我们不难理解，为何一种深深的焦虑会弥漫于各收入水平的父母身上。一定程度上，中国未来会成为一个精细养育方式常态化的国家。

（二）育儿观念的改变

中国家长养育子女的观念也发生了显著变化，从粗放式教育转变为精细化教育。我国的"80后""90后"家长不同于"60后""70后"及以前的家长，后者对子女的养育更加粗放、随意，前者对子女的养育更加精细化。之所以会发生这种转变，首先是与计划生育政策所带来的"少子化"有关，因子女数量少而更加珍视孩子。其次是社会经济的快速发展，无论是城市家庭还是农村家庭，生活水平都迅速提高，对于子女的养育更加舍得投入。最后是新一代的家长文化水平比上一代要高，且因社会的流动速度加快、网络信息的传播等，新一代家长了解的教育方法更多。新一代家长不仅舍得为子女投入时间、精力和金钱，如上培训班、陪读、托管等，他们对学校教育的要求也相应提高了，会积极介入学校教育管理，如参与家委会、参加学校各种活动等。

国家的广泛政策宣传也发挥了巨大的作用。1980年计划生育政策出台，政府对提高人口素质的广泛宣传直接改变了千万中国家庭的结构、育儿观念与育儿模式。伴随着素质教育的官方指导，越来越多介绍科学生育和抚养的大众出版物进入市场。在家庭层面，科学育儿观逐渐普及。要通过培养高素质的儿童来实现中国的现代化，最主要的是父母自己要有素质，能通过科学的方法来培养孩子。科学育儿的观念和氛围慢慢形成。

随着改革开放不断深化，城市父母的育儿模式从"拼量"变成"拼质"。经济条件的改善，让家长觉得孩子不仅需要精细地培养，而且还需要加强与孩子的情感联系。

近几十年来，在缺乏日托机构等社会育儿资源的情况下，城市职工父母不得不依赖祖辈来照料孙辈。然而，祖辈与父辈在养育孩子的观念上存在代际差异。随着中国城市家庭育儿精细化程度的逐步提高，这种代际差异在更多方面表现了出来。让孩子自由探索外界、发展个性的科学育儿观在祖辈的实际操作中受到挑战。祖辈常常限制幼年的孩子在公共场合爬来爬去或触碰脏东西，而对于年轻父母来说，这却是一个让孩子接触外界的好机会。

育儿观念的代际差异是时代的必然产物。以前的孩子即使培养得一般，长大后也可以独立生活。然而现在，孩子的竞争对象不再是邻居的孩子，而是全球的孩子。在以前以体力劳动工作为主的社会里，只要吃苦耐劳就有竞争力，而现在的人才竞争力包括读写能力、计算机应用等综合能力，另外还要有情商，能够与人交流并建立合作关系。家长要求孩子具备的素质、养育孩子的目标与以前相比都不一样了。之前的粗放式养育是能养活孩子，但在今天的环境下，人们越来越倾向于精细化养育。

（三）出路在哪里

当前精细化养育正在成为中国社会主流的育儿理念。然而，父母的额外付出在多大程度上能够顺利地培养出优秀的孩子？关于这个问题，学界有一个公认的"教养假设"，即如果父母能够很好地管理自己的生活，拥有良好的人际关系，用爱与尊重来对待孩子，那么孩子就能适应社会，管理好自己的生活，拥有良好的人际关系。但这一假设并不完全成立。与父母的教导相比，孩子更多是通过社会环境，特别是与同辈群体的互动来适应外界环境，成为社会的合格一份子。

这是否意味着父母其实无须对如何正确育儿有太深的执念？在过去20年间，西方教育学界在拥有较多托儿机构的欧洲国家进行的研究表明，虽然家长在孩子成长过程中发挥着最重要的作用，但非亲属照料也能够给孩子带来巨大的正面影响。日托机构等公共教育资源丰富的北欧国家就证明了家长的重要性并没有想象中那么大。研究发现，北欧国家的教育水平与国民幸福感均保持在较高水平，相应地，父母的焦虑感也没有那么重。

北欧模式的一大亮点是政府投入大量资金支持早期教育。已经有实证证明，只要早期教育的质量够高，孩子就会有相对稳定的成长环境，育儿效果甚至会比母亲在家亲自养育更好。中国政府也可以通过大力投资，鼓励建设高水平的教育机构，通过制度性保障对优秀教育人才进行遴选培养以实现社会化育儿，将父母从育儿压力中解放出来。事实上，中国具备实现社会化育儿的社会文化基础。

二、农村婴幼儿家庭照护体系尚待建立

农村地区儿童，尤其是困境儿童，往往得不到充分的营养、早期教育和关爱，在认知、语言、情绪、行为等方面发展落后，更容易陷入贫困代际传递的恶性循环。儿童早期发展是最高效的人力资本投资，也是阻断贫困代际传递的有效途径。

当前，我国城乡之间、区域之间的发展还不平衡，城市和农村家庭能够为孩子提供的养育环境也差距很大。城市家长动辄上万元的早教课程，对于农村家庭来说是无法承受的，而且农村家长缺乏科学培育孩子的意识，也没有获取正确养育知识的渠道。儿童留守、事实单亲、家长冷漠忽视甚至家庭暴力等问题交织，对农村儿童的早期发展产生了极其不利的影响。在欠发达地区，由于起步较晚，缺乏相应的规范、政策支持及专业人才，婴幼儿照护服务的供给明显不足。要从根本上缓解社会不公平的状况，实现乡村振兴和共同富裕，加大对农村及欠发达地区儿童早期养育的投资是重要的途径。

（一）农村地区婴幼儿家庭照护的现状和水平

1. 农村婴幼儿的分布状况

2000 年以来，我国 3 岁以下婴幼儿数量呈现先缓慢下降、中期略有

增长、再快速下降 3 个阶段状态（见图 9-1）。2014—2022 年，随着人口出生率增长速度放缓，我国 3 岁以下婴幼儿数量从超过 5600 万人快速下降至 3200 万人。预计未来出生人口减少速度将有所放缓，2023—2035 年 3 岁以下婴幼儿数量将从 3037 万人下降至 2366 万人，年平均值为 2645 万人[①]。

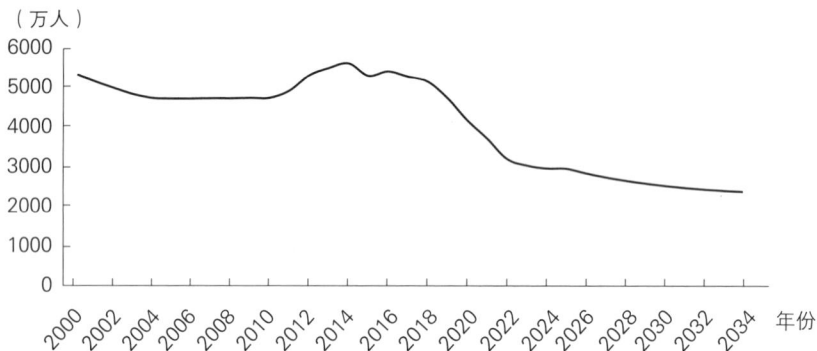

图 9-1　全国 3 岁以下婴幼儿数量情况

资料来源：作者根据各年份人口统计数据及国务院发展研究中心社会和文化发展研究部人口迭代模型预测数据绘制。

根据人口普查和抽样调查数据，2010—2020 年，我国农村 3 岁以下婴幼儿人口数量由 3540.55 万人减少至 2539.16 万人，占全国 3 岁以下婴幼儿人口比重由 79% 下降至 61%（见图 9-2）。2023—2035 年，预计农村 3 岁以下人口将从 1761 万人下降至 1088 万人（占全国 3 岁以下婴幼儿人口的 46%[②]），年平均值为 1420 万人。

2. 农村婴幼儿发展现状

2020 年 8 月至 9 月，中国发展研究基金会和中国儿童中心组成近百人的课题组，聚焦脱贫地区儿童早期发展，进行了儿童早期发展综合性调查。调研组采用了问卷调查和儿童发展测试，包括两个国内的测评工具：一是东南大学禹东川教授团队开发的贫困地区儿童发展水平筛查小程序；

[①]　2022 年以后的年出生人口预测来自国务院发展研究中心社会和文化发展研究部的人口迭代模型，并根据婴儿死亡率进行近似调整，以计算 3 岁以下人口数。

[②]　假设 2022 年以后，农村 3 岁以下婴幼儿人口占比年均下降 1%，到 2035 年农村 3 岁以下婴幼儿人口将占 3 岁以下婴幼儿人口总数的 46%。

二是首都儿科研究所和中国科学院心理研究所的《儿童神经心理行为检查量表 2016 版》。通过科学测评分析，调研组对脱贫地区儿童发展状况有以下发现。

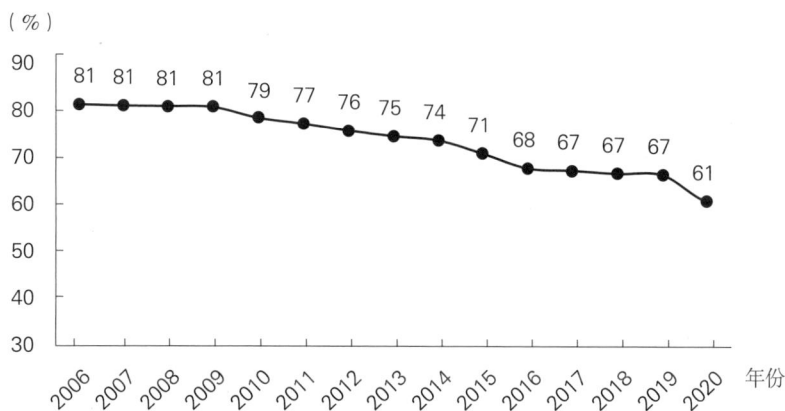

图 9-2　2006—2020 年农村 3 岁以下婴幼儿占全国的比重

资料来源：作者根据各年份婴幼儿统计数据绘制。

（1）儿童早期发展城乡差距显著

东南大学禹东川教授团队对 8 个城市和 28 个调研县的儿童发展水平数据作了对比。结果发现：

一是儿童体重和身高发育城乡差距显著。被调研脱贫地区儿童的体重低于同龄城市儿童 P10 水平[1]的平均比例为 21.0%。被调研脱贫地区儿童的身高低于同龄城市儿童 P10 水平的平均比例为 26.5%。

二是 0~3 岁儿童发展水平城乡差距显著。被调研脱贫地区 0~3 岁儿童发展的综合评价的平均异常率为 60.13%[2]，0~3 岁儿童早期发展水平的城乡差距十分明显。

（2）农村儿童生长发育水平低于全国平均水平，综合发展较为滞后

2020 年脱贫地区儿童调研还根据首都儿科研究所和中国科学院心理

---

[1]　选取城市儿童体重的 P10 水平（即 90% 同龄城市儿童的体重超过该数值）作为体重发育异常的监测门槛。

[2]　只要粗大运动、精细运动、语言、认知、社会情绪能力这五大能区中有一个能区出现异常（低于同龄城市儿童 P10 水平），就认定综合评价为异常。

研究所的《儿童神经心理行为检查量表 2016 版》，调查测评了儿童的粗大动作、精细动作、语言、认知、社会情绪能力等反映儿童综合发展水平的指标。结果显示，中部、西北、西南脱贫地区 0～3 岁儿童的综合发展滞后比例分别为 19.8%、25.4%、31.7%，分别约为全国平均水平 5% 的 4 倍、5 倍、6 倍。3～6 岁儿童的综合发展状况也不乐观，西南地区的发展滞后比例最高，达到 30.2%。

（二）农村地区婴幼儿家庭照护水平较低的原因

造成农村地区婴幼儿家庭照护水平与城市差距显著、明显低于全国平均水平的主要因素包括：困境家庭儿童众多；看护人科学养育能力差，家庭成长环境有待改善；农村基层儿童公共服务供给不足。

1. 农村困境儿童众多，在中西部地区尤为突出

根据《中国统计年鉴 2020》，我国儿童分布中，农村 0～3 岁儿童有 1930 万人，占全国 0～3 岁儿童的 41.1%。我国农村现有大量"处境不利"儿童，包括以家庭贫困为主要特征的留守儿童、流动儿童、离异家庭儿童、残疾儿童以及少数民族区域的儿童等。这些儿童难以得到足够的关爱，易错过大脑发育的关键时期。

根据推算，我国农村 3 岁以下婴幼儿 26% 居住在乡镇、29.1% 居住在农村。2019 年，中国发展研究基金会对甘肃、青海、四川、贵州等地居住在贫困县的 5740 名 3 岁以下婴幼儿家庭现状的调查显示，29.27% 由祖父母看护，37.16% 父母至少一方不住在家，14.67% 为建档立卡贫困户。

处境不利家庭会显著增加 3 岁以下婴幼儿的发育风险。2020 年脱贫地区大调研数据显示，脱贫地区单亲家庭婴幼儿的健康筛查异常率为 30.5%，单亲家庭且留守的婴幼儿发育异常率高达 42.1%。此外，单亲家庭、家长残疾、父母经常吵架甚至有家暴等情况也较为常见，这些情况往往会交织在一起，给儿童发展带来不利影响。农村教育行动计划团队（REAP）的研究也显示，在中部平原农村地区 6～30 月龄的婴幼儿中，存在认知滞后风险的比例为 48%；在西部山区 6～30 月龄的婴幼儿中，存在认知滞后风险的比例高达 54%；在一些农村安置社区的婴幼儿中，存在认知滞后风险的比例高达 51%；而在中国城市和一些富裕农村，这一比例只有 15% 左右①。

2. 看护人科学养育能力差，家庭成长环境有待改善

儿童早期照护过程中，主要看护人的养育知识和文化程度至关重要。农村地区隔代养育现象普遍，看护人文化程度往往偏低。2020 年脱贫地区调研显示，脱贫地区 3 岁以下婴幼儿中，超过四成的看护人为小学及以下文化程度。较低的受教育水平和养育意识，使得农村地区很多看护人缺乏儿童早期养育科学观念和学习能力，日常生活中给予孩子的回应性照料较少，亲子互动质量偏低，存在忽视、打骂孩子的现象。且家庭中儿童数量较多，无法保证对婴幼儿有足够的照护投入。脱贫地区儿童的家庭教育状况不容乐观，突出表现主要有：一是家长榜样作用发挥不够。很多家长有不良行为习惯，包括当着孩子的面抽烟（18.9%）、说脏话（14.1%）、酗酒（10.9%）、随地吐痰（6.6%）等。二是喂养不够科学。蛋白质摄入不足，吃质量无保障的不健康零食现象非常普遍，家长将其作为爱孩子的方式和表现，其中 25.6% 的儿童经常吃零食（如膨化食品、糖果、冰激凌、含糖饮料、油炸食品等）。三是教育方式存在不当行为。近 50% 的家长在过去一周内动手打过孩子，家长受教育程度越低，越经常出现严厉惩罚、语言恐吓等行为；81.8% 的家长感到缺乏有效的教育方法，这也导致儿童在家庭生活中过度依赖电子产品，17.3% 的儿童平均每天使用电子产品超过 3 小时，屏幕暴露问题在脱贫地区普遍存在。

禹东川教授团队对脱贫地区家庭养育环境进行分级分析发现，家庭养育环境和儿童发展（五大能区）有显著相关性。家庭养育环境良好的儿童发展状况明显优于家庭养育环境适中和较差的儿童；而家庭养育环境适中的儿童发展状况明显优于家庭养育环境较差的儿童。对于家庭养育环境较差的脱贫地区儿童，其儿童发展（五大能区）的异常率远远高于城市儿童；即使对于家庭养育环境良好的脱贫地区儿童，其儿童发展（五大能区）的异常率也明显要高于城市儿童。

---

① 李英、贾米琪、郑文廷等：《中国农村贫困地区儿童早期认知发展现状及影响因素研究》，《华东师范大学学报》2019 年第 3 期。

家庭养育环境不利，看护人与婴幼儿之间缺乏积极互动，对农村婴幼儿早期发展会造成负面影响。中国家庭追踪调查数据分析显示，2013—2020年农村地区看护人与婴幼儿开展亲子互动的频率不断提高，但整体比例仍低于城市地区。2014—2020年，农村地区看护人与0~3岁婴幼儿亲子互动频率低于一周一次的样本占比逐渐降低，但整体亲子互动频率低于一周一次的样本占比仍较高。帮孩子识数频率低于一周一次的样本占比超过50%，辨认形状和辨认色彩频率低于一周一次的样本占比均超过40%。可见，在农村地区看护人科学养育的比例较低，婴幼儿很难接受到看护人的科学的养育互动。

婴幼儿看护人拥有积极健康的心理有利于儿童的发展，拥有不健康心理的看护人将对儿童的发展产生负面的影响。对部分农村地区的研究表明，农村地区看护人抑郁的比例为23%~40%，焦虑和有压力的比例分别为28%和15%，接近40%的农村看护人有一种以上的心理健康问题，且看护人抑郁会显著增加儿童早期发展滞后的风险。

3. 农村基层儿童公共服务存在供给不足、投入不够、机制不完善等短板

农村婴幼儿家庭照护指导的公共服务缺乏，进一步造成农村养育环境的恶性循环。

首先，在多数农村地区并未形成儿童优先或儿童友好的早期发展环境，既没有在社区范围内为婴幼儿家庭提供方便，也没有配备相应的人力、物力进行针对性照护服务。广大偏远农村地区人口居住相对分散，托育服务资源稀缺，农村家庭难以主动送托、农村家庭的婴幼儿难以集中入托，更多依赖上门提供的指导服务，并且对服务的支付能力差。目前城市中早教机构林立，通常采取的是市场化、商业化的运营模式，价格昂贵，资源有限，在农村较难推行。农村常规的婴幼儿服务集中于健康体检，关注"养"而忽视"育"，通常依赖基层妇幼保健人员在婴幼儿访视的过程中开展，没有对婴幼儿认知和情感发育、亲子互动等方面实施专项措施。相较于一般的农村地区，欠发达地区的公共服务更加缺乏。2020年脱贫地区大调研显示，脱贫地区农村严重缺乏婴幼儿照护服务，86.8%的3岁以下婴幼儿没有接受过任何早期养育和照护的相关服务。

其次，在经费投入方面，脱贫地区除在儿童健康、困境儿童福利保护等方面有相应基本公共服务支出外，在早期照护、家庭教育等方面几乎没有支出。有限的经费投入也很难下沉至村，惠及农村低收入人口，65.6% 的农村在儿童发展公共服务方面（包括教育、福利、健康等）没有任何投入（包括转移支付）。约 2/3 的欠发达地区干部反映，近两年阻碍在村儿童发展最主要的困难，一是缺乏儿童发展相关的公共服务及设施，二是缺乏经费投入。

最后，农村婴幼儿照护公共服务能力不足。婴幼儿照护是一项科学而专业的事业，但目前农村地区普遍缺乏相关的专业人员，还没有建立成规模的人才队伍。同时，在农村实际的婴幼儿照护工作中，还缺乏清晰的评价标准和操作指标，以及对职业发展的系统规划。此外，存在传统的"重养轻育"观念，也就是片面侧重婴幼儿卫生健康方面的服务，忽视家庭对儿童早期发展的需求。

从全国整体范围看，农村婴幼儿家庭养育环境明显落后于城市，看护人普遍缺乏合理的指导和支持。家庭作为婴幼儿的主要养育单元，其功能尚未得到充分重视。因此，为农村地区看护人提供儿童生长发育和科学育儿等方面的指导与服务非常必要且急迫。

三、学前教育发展的新挑战

学前教育是儿童早期发展的重要组成部分，也是人力资本积累的基石。当前，经过改革开放尤其是自 2010 年以来学前教育的加速发展，学前教育发展的主要矛盾从短缺与普及转变为质量与均衡。同时，伴随城镇化人口流动的加速和自 2016 年以来的出生人口快速下降，当前学前教育总供求关系开始逆转，学前教育发展和布局也面临新的挑战。

（一）人口发展变化带来的挑战

首先是新出生人口数减少。自 2016 年人口出生高峰期以后，新出生人口数已经连续 7 年下降，从 2016 年的 1786 万人下降至 2023 年的 902

万人。新出生人口减少，意味着幼儿园生源的同步减少，且会持续减少，由此带来深远影响。

其次是新出生人口结构变化。自 2017 年以来，连续 5 年的新出生人口中，二孩及以上孩次占比超过 50%，最高达到 59.5%。在新的家庭中，二孩和多孩家庭占据主流。二孩和多孩家庭对普惠幼教的需求更大，对孩子幼儿园的选择会更加慎重和仔细，这对幼儿园的内涵和服务质量提出了新要求。

最后是城乡结构变化。根据第七次全国人口普查数据，全国人口中，居住在城镇的人口占 63.89%（2020 年我国户籍人口城镇化率为 45.4%）；居住在乡村的人口占 36.11%。与 2010 年第六次全国人口普查相比，城镇人口比重上升 14.21 个百分点。更高的城市化率，更频繁的人口流动，带来城乡教育、区域教育需求与供给的不平衡，对幼儿园适应人口流动与变化的能力提出更高要求。

（二）学前教育发展面临挑战，农村学前教育已全面进入负增长阶段

中国人口的"少子化"趋势给学前教育发展布局及规模带来严重挑战。2022 年，全国幼儿园数量首次出现下跌，幼儿园减少了 5610 所，减少了 1.90%；在园幼儿数下降了 3.7%。2023 年，学前教育的各项数据进一步减少，且减少幅度增大。2023 年，全国幼儿园总数为 27.44 万所，减少了 1.48 万所，约为上一年缩减数的 3 倍。关闭的幼儿园中，约 63% 为普惠性幼儿园，约 74% 为民办幼儿园。学前教育在园幼儿总数比上年减少了 534.57 万人，减少了 11.55%[①]。

在农村，除了"少子化"趋势的冲击，还叠加了城镇化的加速，导致农村学前教育已全面进入负增长阶段。2022 年，全国农村幼儿园有 18.67 万所，比 2021 年减少 8480 所，减幅为 4.3%。2022 年，农村在园幼儿数为 2482 万人，比 2021 年减少 205.4 万人，减幅为 7.6%；农村在园幼儿数从

---

① 邢丹荻、范俏佳：《幼儿园一年关闭 1.5 万所 少子化冲击教育布局》，财新网，2024 年 10 月 26 日。

2020 年到 2022 年仅仅两年就减少 339.3 万人（见图 9-3）。2022 年农村在园教师数为 152 万人，比 2021 年减少 1 万人[①]。

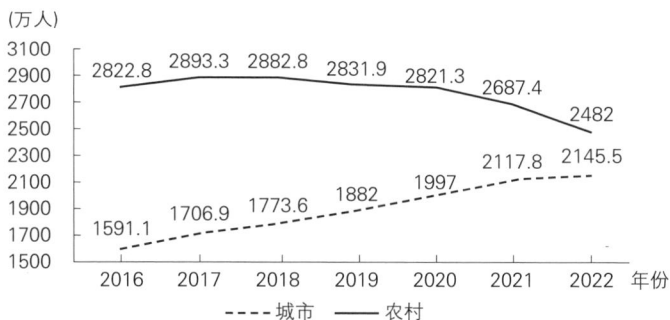

图 9-3　2016—2022 年城乡在园幼儿数变化

资料来源：《人口出生率下降对学前教育格局的影响》。

（三）高质量的普惠性学前教育资源短缺

《中共中央　国务院关于学前教育深化改革规范发展的若干意见》要求，到 2035 年全面普及学前三年教育。国家"十四五"规划明确提出，到 2025 年全国学前三年毛入园率达到 90% 以上。

最近 10 年来，随着国家三期学前教育行动计划的实施，欠发达地区的学前教育质量得到了飞速提升。但因各种条件限制，欠发达地区适龄儿童的入园机会仍难以保障，普及学前教育"最后一公里"问题仍有待解决。

首先，当前全国学前教育普及率达到 91.1%，意味着还有约 10% 的适龄儿童没有入园，主要原因在于地处偏远、交通不便、缺乏村级学前教育资源。

其次，部分偏远山区、牧区三年完整学前教育普及率仍不高。中国发展研究基金会于 2020 年开展的脱贫地区儿童早期发展调查显示，2020 年脱贫地区学前三年毛入园率为 79.6%，总体上还未达到 2019 年全国 83.4% 的平均水平。脱贫地区学前三年毛入园率还存在较大区域差异，西北地区只有 77%，西南地区最低仅为 66.1%。不同年龄儿童的入园情况也存在较大差异，西南和西北地区的 3 岁和 4 岁儿童入园率分别仅为 59.6% 和

---

① 玉丽：《人口出生率下降对学前教育格局的影响》，《北京教育学院学报》2024 年第 1 期。

64.5%。

最后，普惠性资源缺乏，"低价优质"的学前教育资源相对不足。虽然整体入园规模明显增大，入园机会有所改善，但可获得、可支付、就近便利的普惠性学前教育资源相对缺乏。

（四）3~6岁儿童能力的城乡差异显著

北京大学中国教育财政科学研究所宋映泉课题组多年来在云南、广西、贵州、重庆、新疆、华北地区等地的调查研究发现，3~6岁城乡儿童在总体发展、语言与早期读写、认知、社会情绪等领域存在显著差距，并且这一差距与年龄呈正相关关系。国内一个课题组使用《中文版人类早期能力指数》（CH-eHCI）分别在甘肃欠发达地区和珠三角地区进行调查研究，从中发现发达地区和欠发达地区儿童在早期能力指数总分及各维度上均存在显著差异，尤其体现在早期读写、数学和概念维度，而欠发达地区儿童的早期能力指数处于最低水平。另一些考察儿童入学准备的调查研究均发现，城乡儿童在语言、数学、学习品质、入学准备上均存在显著差异。

（五）师资发展面临严峻挑战

未来，随着学龄前儿童的逐年减少，幼儿园师资需求将会呈现下降趋势。2022年，我国幼儿园教师数量富余近3.8万人。2025年，按每班30人计算，预计幼儿园专任教师需求最多为193.1万人，比2022年存量减少近119.2万人。未来几年，学前教育师资将会出现供大于求的局面[1]。

同时，欠发达地区尤其是西部农村幼儿园教师队伍依旧存在师资配备数量不足的问题。"十三五"期间，城区幼儿园专任教师新增47.45万人，其中乡村仅有12万人，农村幼儿园专任教师数量增长缓慢。在生师比方面，2010—2019年，我国农村地区幼儿园生师比大幅下降，从49.27∶1下降到22.27∶1，与2019年城区13.96∶1、镇区17.57∶1的生师比相比，仍有较大差距。除教师数量分布不均衡之外，教师质量也存在严重的不

---

[1]　玉丽：《人口出生率下降对学前教育格局的影响》，《北京教育学院学报》2024年第1期。

均衡情况。根据东北师范大学报告，2020 年全国学前教育专任教师中拥有大学专科及以上学历的比例为 85.01%，其中城区为 90.34%、乡村为 73.47%，乡村比城区低 16.87 个百分点。

（六）欠发达地区学前教育投入不足，投入结构还有待完善

从经费投入来看，2020 年全国农村学前教育经费投入 1826 亿元，比 2011 年的 342 亿元增长 4 倍多，2020 年全国农村国家财政性学前教育经费为 1165 亿元，比 2011 年的 140 亿元增长 7 倍多，并且农村国家财政性学前教育经费投入占农村学前教育经费投入的比例基本呈稳步增长趋势，尤其在 2020 年上升至 63.80%。但是，与其他学段相比，仍远低于农村小学（96.31%）、农村初中（94.04%）、农村高中（82.16%）的财政性经费占比。

当前，欠发达地区的学前教育还存在投入结构不够完善的挑战。虽然学前教育财政投入在逐年增长，但与其他学段相比，欠发达地区学前教育经费中政府分担比例仍旧较低，家长分担比例较高。学前教育经费投入主要集中于园所房屋建设与环境改造，对班级中的图书资源、玩教具、游戏材料等投入不足。同时，对人力资源的投入尚不充分，表现在农村幼儿园教师配备不足、薪资低、培训机会少、专业能力差等方面。

四、儿童营养健康水平的城乡和地区差距

我国儿童健康工作投入力度持续加大，政策体系不断完善，儿童健康整体水平明显提高。同时，随着经济社会快速发展与转型，我国儿童营养面临新的问题和挑战，儿童营养健康水平的城乡和地区差距仍然较大，存在儿童营养不良、隐性饥饿与超重肥胖等突出问题。

（一）城乡和地区间 5 岁以下儿童发展差异较为明显

儿童健康的城乡和地区间不平衡的问题仍然存在。2020 年，农村婴儿死亡率和 5 岁以下儿童死亡率分别为 6.2‰和 8.9‰，高于城市 3.6‰和 4.4‰的水平。分地区来看，西部地区婴儿死亡率和 5 岁以下儿童死亡

率分别为 7.9‰ 和 10.6‰，高于中部地区 4.7‰ 和 6.6‰ 的水平、东部地区 2.7‰ 和 4.1‰ 的水平 [①]。

我国农村 5 岁以下儿童营养不足率明显降低，但仍高于城市相同月龄儿童营养不足率。2015—2017 年，我国农村 5 岁以下儿童总体营养不足率为 10.2%，显著高于全国平均 8.8% 和城市 6.7% 的水平，具体表现为生长迟缓、低体重、消瘦（见图 9-4）。我国农村 5 岁以下儿童生长迟缓率为 5.8%，高于全国平均 4.8% 和城市 3.5% 的水平。

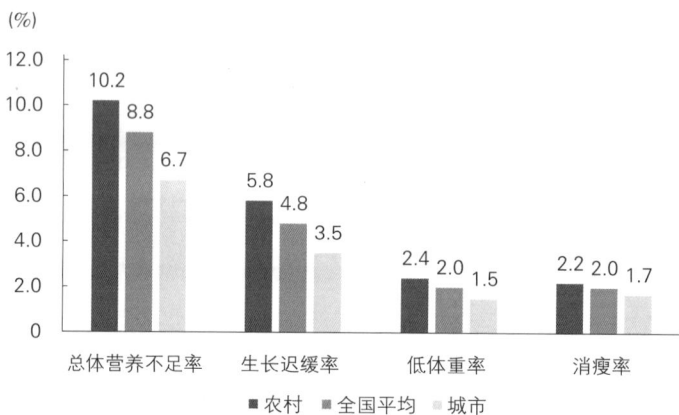

图 9-4　2015—2017 年全国 5 岁以下儿童营养不足情况占比

资料来源：《2015—2017 年中国居民营养与健康状况监测报告》。

我国农村 5 岁以下儿童贫血发生率仍然较高。2015—2017 年，我国农村 5 岁以下儿童贫血率为 25.6%，高于全国平均 21.2% 和城市 15.0% 的水平。主要是因为多种营养素，特别是微量营养素缺乏，如铁、维生素 C、维生素 B_6、维生素 B_{12}、叶酸、维生素 A 等缺乏。

（二）义务教育阶段儿童营养健康面临三个问题

当前，义务教育阶段儿童营养健康存在营养不足、隐性饥饿与超重肥胖三个问题并存的现象。

我国中小学生营养城乡差距不容忽视，地区差异巨大。2019 年全国学生

---

① 郭祥倩：《儿童健康状况持续改善 受教育水平不断提高》，《中国家庭报》2022 年 1 月 6 日。

体质与健康调研结果显示，山东的营养不良率已低于2%，而2019年营养不良高发的华南和西南地区很多省份的营养不良率仍高于10%，部分甚至高于15%。

微量元素缺乏在中国儿童中最为常见的是缺铁性贫血。最新的2019年全国学生体质与健康调研结果显示，超过1/3的省份10年间学生贫血率显著上升。

儿童超重肥胖问题日益严重。《中国居民营养与慢性病状况报告（2020年）》显示，中国6～17岁儿童青少年超重肥胖率已接近20%。当前，城市儿童及青少年的超重肥胖率较高，农村地区儿童及青少年超重肥胖率增长较快。

（三）农村留守儿童营养健康水平显著低于非留守儿童

当前我国农村留守儿童的营养健康问题突出，多项研究显示留守儿童的营养健康水平显著低于非留守儿童。

田旭等进行的研究显示，留守儿童的营养不良问题尤为突出。留守儿童的能量、脂肪的摄入量占推荐摄入量的平均百分比分别不到70%、50%，而碳水化合物的摄入量则远超推荐摄入量。留守儿童微量营养素摄入不足，维生素A、维生素B_1、维生素B_2摄入量低于推荐摄入量的60%，钙摄入量低于推荐摄入量的30%，奶消费量仅为城镇的50%。此外，留守儿童的贫血率、龋齿率、近视率、屈光不正率、过去两周患病率等均高于非留守儿童。

（四）儿童营养改善仍需加大政策投入

国家非常重视儿童尤其是农村儿童的营养状况，于2011年10月启动了农村义务教育学生营养改善计划，针对义务教育阶段学龄儿童进行营养干预。2012年起，实施贫困地区儿童营养改善项目，为6～24月龄婴幼儿免费提供营养包。上述两个项目现已实现脱贫地区全覆盖。但在3～5岁儿童营养改善方面却存在政策空白，从儿童健康成长和社会公平出发，这种状况亟须得到改变。

学前教育阶段儿童营养问题在多个文件中被提到。《国家贫困地区儿童发展规划（2014—2020 年）》指出，要根据地方条件并结合地方实际，采取多种方式做好学前教育阶段儿童营养改善工作。《中国食物与营养发展纲要（2014—2020 年）》指出，要加大财政投入，改善老少边穷地区的中小学校和幼儿园就餐环境。

幼儿园是对学前阶段儿童进行营养干预的有效平台和抓手。当前，我国的学前三年毛入园率提升为 91.1%，但仍有约 10% 的儿童（主要是欠发达地区儿童）还未入园。学前教育机会的缺失不仅严重影响儿童的语言、认知、动作和社会性等的发展，也影响儿童的营养和健康成长。更重要的是，即使在已建立村级幼儿园的欠发达地区，由于没有国家政策支持，在园儿童同样无营养餐可吃。中国发展研究基金会在对云南省寻甸县和富宁县的幼儿园的实地调研中发现，独立办园的村一级幼儿园基本没有学生食堂，幼儿每天只能回家吃午餐。有些幼儿园和家长就采用"早上晚来一些，下午早接一些"的办法，结果就是幼儿园的作息时间和保育教育质量受到严重影响。

五、义务教育的质量与挑战

近年来，中国义务教育发展取得显著成绩。2022 年全国九年义务教育巩固率达到 95.5%，义务教育有保障的目标基本实现。2021 年底，已经全面实现了县域义务教育的基本均衡。从不均衡到基本均衡，这是里程碑式的跨越。

同时，我国的义务教育质量仍存在较大的改善空间。城乡学生的教育质量差异仍然明显，各科学业水平和非认知能力等方面呈现城市学校学生、县镇学校学生、农村学校学生依次降低的分布。此外，城乡义务教育的师资、教育经费投入、办学条件等方面也存在明显的差距。更重要的是，随着人口形势的新变化，适龄学生数的快速下降对义务教育的发展提出了严峻的挑战。

（一）城乡学生学业成就差距[①]

我国现在已实现了普及义务教育，并且正在为普及高中教育而努力，但这并不能遮盖城乡和地区之间的教育质量差距。国际学生评估项目（PISA）测试只测试上海这些大城市的优质教育，如果参加PISA测试的学生也包括贵州、青海等地的学生，那么最终的排名恐怕会有变化。PISA 2015年的数据分析表明，我国城市学生数学、阅读和科学成绩分别高于农村学生61分、71分和67分[②]。

农村学生认知能力发展较慢，导致其进入高中后学习能力不足。使用中国教育追踪调查（CEPS）数据，比较城乡初中生认知能力测试得分[③]，可以看出，无论是七年级还是九年级，农村学生认知能力得分都普遍低于城市学生（见图9-5）。七年级城乡学生的认知能力差距为0.284个标准差，九年级的差距扩大到0.365个标准差。

朱斌和王元超利用CEPS的基线数据对农村本地儿童、留守儿童、流动儿童、城市儿童4类儿童的学业成就状况进行了对比研究。结果发现，城市儿童的认知能力得分显著高于其他3类儿童，而在这三者中，流动儿童的认知能力发展水平更高，农村本地儿童次之，留守儿童处于最末[④]。郑磊和祁翔对城乡儿童的非认知能力差距进行了检验，发现农村学生在自我效能感、自信心、自律、社会性、积极情绪、自我教育期望6个方面的非认知能力均与城市学生存在显著差距[⑤]。

①② 滕媛、张建：《学生学业成就的城乡差距及其影响因素——基于PISA 2015数据的分析》，《教育与经济》2021年第2期。

③ CEPS为七年级和九年级的学生分别设计了一套认知能力测试题，该测试题从语言、图形、计算与逻辑3个方面来测量认知能力，并且具备标准性和国际可比性。

④ 朱斌、王元超：《流动的红利：儿童流动状况与学业成就研究》，《人口与发展》2019年第6期。

⑤ 郑磊、祁翔：《学前教育经历与城乡学生的多维非认知能力差距》，《学前教育研究》2020年第11期。

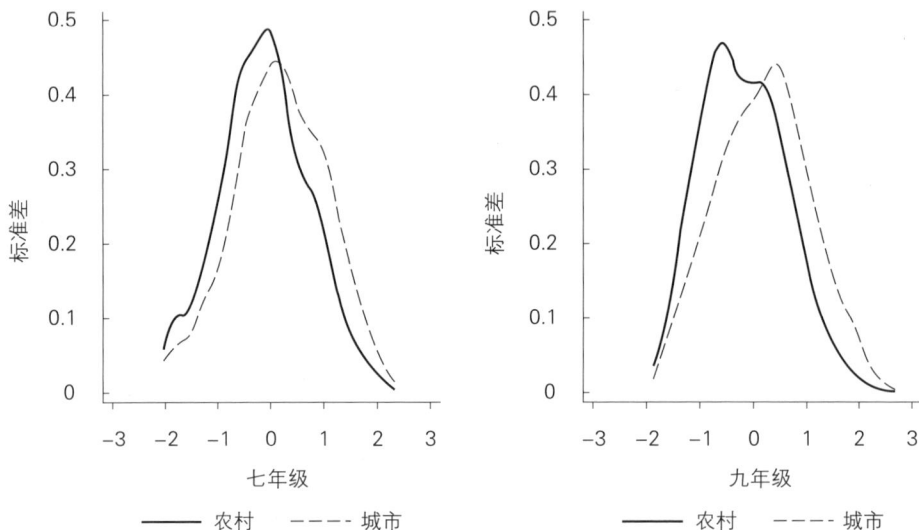

图 9-5　城乡学生认知能力比较

资料来源：中国教育追踪调查（CEPS）2013—2014 学年基线调查数据①。

（二）城乡教师差距依然存在

2020 年，全国有义务教育阶段专任教师 1029.5 万人。全国小学平均班师比是 1.5∶1，其中，城区为 2.01∶1，乡村为 1.78∶1，乡村小学专任教师配置明显不足；全国初中平均班师比是 3.60∶1，其中，城区为 3.52∶1，乡村为 3.74∶1，乡村初中存在相对缺员情况②。

2020 年，对全国 31 个省份 21278 名教师的调查显示，乡村教师老龄化问题依然严峻。55 岁以上教师的生师比，乡村为 0.088，城区为 0.033，乡村比城区高 0.055③。

2020 年的调查显示，义务教育阶段，连续工作 10 年的教师获得一级

①　中国人民大学调查数据中心实施的中国教育追踪调查以人口平均受教育水平和流动人口比例两个分层变量为标准，从全国随机抽样了 28 个县、区、市级单位，随后在入选的县、区、市级单位中随机选取了 112 所学校的 438 个班级发放调查问卷。

②　丁学森、祁型雨、朱卉辰：《乡村教育振兴的本质探寻、问题研判与推进理路》，《沈阳师范大学学报（教育科学版）》2023 年第 4 期。

③　王培莲：《未来农村教育依然面临不可忽视的挑战》，《中国青年报》2023 年 1 月 9 日。

教师职称的机会，城区为 53%，镇区为 4.0%，乡村为 3.5%，城区显著高于乡村。城乡教师连续工作 20 年获得一级教师职称的机会基本持平，大致为 19.8%。但是，城乡教师连续工作 30 年后获得一级教师职称的机会开始出现分化，城区为 79.4%，镇区为 75.9%，乡村只有 65.7%，城乡相差 13.7 个百分点。

2020 年调查显示，小学教师人均月实发工资收入，乡村为 3817.24 元，镇区为 3752.88 元，城区为 3634.80 元。其中，小学教师人均月补贴，乡村为 325.19 元，镇区为 295.41 元，城区为 71.49 元。总体上看，乡村小学教师工资收入高于城镇，但由于有些乡村学校处于偏远地区，目前的工资收入差距尚不足以形成乡村教师职业的吸引力，还需继续加大乡村教师工资收入的提升力度。

（三）农村教育经费投入持续增长，但增幅低于全国平均水平

2020 年，全国义务教育经费总投入为 24295 亿元。2020 年全国普通小学生均一般公共预算教育事业费支出达 11654.53 元，其中，农村为 11178.71 元，落后于全国平均水平。2020 年全国普通初中生均一般公共预算教育事业费支出达 16633.35 元，其中，农村为 15112.10 元，同样低于全国平均水平[1]。

（四）城镇学校扩容增位，但"城镇挤"尚未完全缓解

随着城镇化进程的加快，大量学龄儿童进入城镇学校就读，出现了义务教育学校"城镇挤"问题。《2020 年全国教育事业发展统计公报》显示，2020 年，城镇小学和初中的生师比分别为 17.81：1 和 12.94：1，仍然高于全国平均水平。在一些人口集聚的大城市，义务教育阶段学位紧缺现象尤为突出（见表 9-1）。《中华人民共和国国民经济和社会发展第十四个五年规划和 2035 年远景目标纲要》重点提到要加快城镇学校的扩容增位，说

---

[1]　东北师范大学中国农村教育发展研究院：《中国农村教育发展报告 2020—2022》。

明"城镇挤"的问题尚未完全解决 [①]。

表 9-1　部分超大城市学校数、学生数和常住人口数变化情况

城市	年份	小学数（所）	小学在校生数（万人）	常住人口数（万人）
北京	2010	1104	65.3	1961.9
	2020	934	99.5	2153.6
上海	2010	766	70.2	2302.7
	2020	684	86.1	2428.1
广州	2010	1004	82.5	1270.2
	2020	992	112.5	1874.0
深圳	2010	340	61.8	1037.2
	2020	347	109	1763.4

资料来源：作者根据相关年份资料整理。

（五）城乡义务教育一体化进展落后于城镇化发展

城镇化进程带来了规模巨大的受人口流动影响的儿童。2020 年全国受人口流动影响的儿童合计 1.38 亿人，占儿童总数的 46.4% [②]。在城镇化进程等因素的影响下，大量乡村学生进入城镇学校。城乡学校的教育资源配置面临尴尬处境。一方面国家不断向乡村学校投入资源、进行政策倾斜，努力弥合城乡学校之间的基础差距；另一方面乡村学生不断进城，乡村学校尤其是农村学校快速衰败，由此造成了"城挤乡空"和教育资源错配的困境，产生了教育维度上的新城乡二元结构。现有教育政策和顶层设计对这种二元结构关注不够，地方政府对相关政策并未有效落实，导致城乡义务教育一体化落后于城镇化发展。

（六）人口变化新形势对义务教育的挑战

未来，我国义务教育阶段学龄人口整体将呈现下降趋势，其中城镇义

---

①② 郑磊、李虔、张绘：《中国城乡义务教育一体化的发展现状、动力机制及政策路径》，《教育学报》2023 年第 3 期。

务教育阶段学龄人口呈现先增后减的趋势，农村义务教育阶段学龄人口将持续减少，且减速显著高于城镇地区。

这一变化将对未来义务教育服务的空间布局及配套资源产生深刻的影响。在空间布局方面，义务教育阶段学龄人口变化在短期内仍会带来教育服务结构失衡的风险。从短期来看，大城市尚处于人口持续扩张阶段，提高义务教育服务可得性的重点在于解决随迁子女入学问题，大城市义务教育供给仍然需要积极增加。农村学龄人口流失较多，可通过数字教育资源共建共享机制集中收缩义务教育供给，但也要保留必要的教学点，以充分保障农村偏远地区学龄儿童教育服务的可得性。在配套资源方面，未来义务教育服务将面临学龄人口规模持续减少带来的教育资源总量相对过剩的困境。一方面，对于具有灵活性的配套资源，可以根据小学阶段学龄人口的变化，提前将初中阶段教育资源数量和规模等合理地配置调整。另一方面，结合社会需要盘活闲置教育资源，如将中小学校舍转换为成人教育、老年教育场所等，减少教育资源的浪费。

六、农村儿童心理健康问题

近年来，农村儿童的心理发展缺乏关怀和引导，所显现的心理问题非常严重[①]。较差的心理健康状况对农村儿童尤其是留守等困境儿童有长期不利的影响，并可能持续一生。缺乏心理和情感支持的农村儿童，社会情感功能发育迟缓，辍学的比例更高，读高中、大学的人数更少，成年后的心理健康水平低，融入社会困难，容易形成社会问题，不利于整个社会的长远和谐发展。

（一）农村地区儿童的心理健康现状

近年来，我国农村儿童面临着突出的心理健康问题。2014年5月，中国青少年研究中心组织了全国农村留守儿童状况调查，发现留守儿童经常烦躁、

---

① 傅小兰、张侃、陈雪峰等：《中国国民心理健康发展报告（2019—2020）》，社会科学文献出版社，2021。

感到孤独、闷闷不乐、无缘无故发脾气的比例高于非留守儿童[①]。

2015 年，公益组织"上学路上"儿童心灵关爱中心发布了《中国留守儿童心灵状况白皮书》，在迷茫指数和烦乱指数两个消极情绪变量上，留守儿童的得分均高于非留守儿童；在愉悦指数和平和指数两个积极情绪变量上，留守儿童的得分均略低于非留守儿童（见图 9-6）。

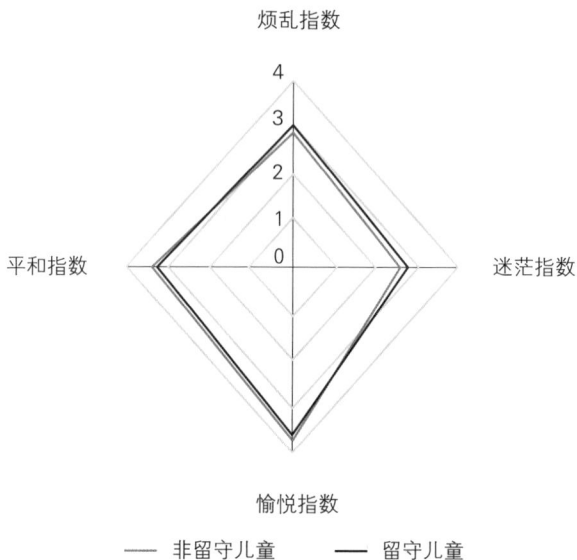

图 9-6　农村儿童的心理状况

资料来源：《中国留守儿童心灵状况白皮书》。

为全面了解各年龄段农村儿童的心理健康状况，中国科学院心理研究所刘正奎、周月月、王佳舟基于 2016 年中国人口与发展研究中心开展的贫困地区农村留守儿童健康服务需求评估数据，考察了农村儿童情绪行为问题的总体状况以及影响因素。调查结果表明，在各年龄段儿童中，初中一年级儿童的情绪行为问题最多，有 11.3% 的儿童有显著的情绪行为问题。就留守状态而言，非留守儿童情绪行为的整体状态好于双亲留守儿童，单亲留守对儿童情绪行为没有显著的影响。家庭人均年收入是儿童情

---

① 张旭东、赵霞、孙宏艳：《农村留守儿童存在的突出问题及对策建议》，《云南教育（视界综合版）》2015 年第 3 期。

绪行为问题的保护性因素；留守状态能够显著预测情绪行为问题，其中，双亲留守是高风险因素[①]。

根据北京大学儿童青少年卫生研究所对 2019 年全国学生体质与健康调研的分析，乡村儿童青少年中，富裕乡村、中上水平乡村、中下水平乡村和西部欠发达地区的高心理困扰报告率分别为 27.3%、33.0%、36.6% 和 38.7%（见图 9-7）。相较于西部欠发达地区，富裕乡村儿童青少年高心理困扰报告率低了 11.4 个百分点。城市和乡村均呈现随着社会经济水平的提高，高心理困扰报告率逐渐降低的趋势，且这种趋势在乡村更明显。

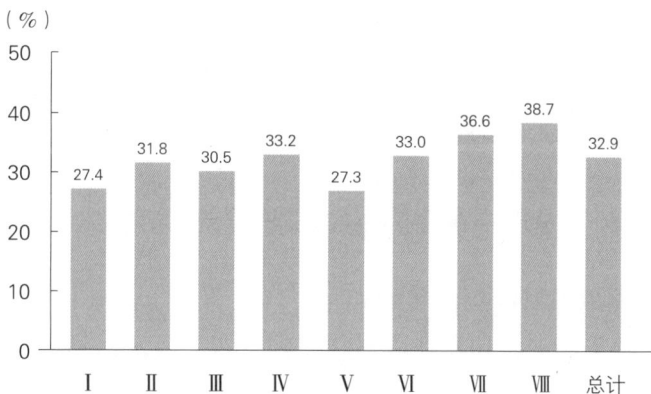

图 9-7 2019 年全国 10~18 岁儿童青少年高心理困扰报告率

注：Ⅰ为沿海大城市，Ⅱ为其他省会市，Ⅲ为中等城市，Ⅳ为小城市，Ⅴ为富裕乡村，Ⅵ为中上水平乡村，Ⅶ为中下水平乡村，Ⅷ为西部欠发达地区。
资料来源：北京大学儿童青少年卫生研究所。

2021 年香江社会救助基金会委托中国科学院心理研究所团队撰写了全国首份《乡村儿童心理健康调查报告》，乡村儿童的总体抑郁检出率为 25.2%，其中小学男生 25% 有抑郁倾向，女生 25.3% 有抑郁倾向。中度及以上焦虑，即"过度焦虑"的乡村儿童占 25.7%。留守儿童中度及以上焦虑检出率为 27.7%，抑郁检出率为 28.5%，均高于非留守儿童（见图 9-8）。

---

① 傅小兰、张侃、陈雪峰等：《中国国民心理健康发展报告（2019—2020）》，社会科学文献出版社，2021。

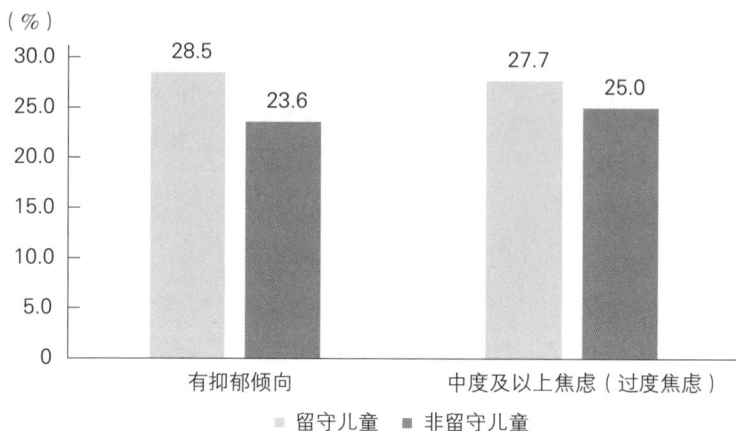

图 9-8　乡村留守儿童与非留守儿童抑郁与焦虑检出率对比

资料来源：《乡村儿童心理健康调查报告》。

（二）农村儿童心理健康的影响因素

1. 儿童早期发展经历的影响

许多农村儿童，尤其是处境不利家庭儿童，显示出早期不良家庭环境所带来的心理伤害。研究表明，0～3 岁婴幼儿的早期发展对儿童的智力、社交和情感发展具有重要影响，有益的成长环境和良好的家长养育行为可以帮助婴幼儿建立积极的认知、情感和行为习惯；不良的早期成长环境以及负面的家长行为则会导致婴幼儿在智力、心理等各方面的发育迟缓。而早期发展阶段不良家庭环境的伤害，却往往需要用一生去治愈。

2. 家庭教育、监护和环境的影响

农村儿童的抑郁、焦虑以及问题行为得分与父母教育投入呈显著负相关，即父母投入越多，抑郁、焦虑及问题行为越少。

（1）家长或监护人受教育水平低，育人观念不科学

根据北京大学儿童青少年卫生研究所对 2019 年全国学生体质与健康调研的分析，城市父母受教育程度普遍高于乡村，且随着经济水平提高，父母受教育水平也呈上升趋势。沿海大城市父母受教育水平为初中和初中以下的分别占 11.4% 和 13.3%，而西部欠发达地区父母受教育水平为

初中和初中以下的分别占81.3%和81.6%。父母受教育水平的提高对儿童青少年心理健康具有积极作用。随着父母受教育水平的提高，青少年高心理困扰的报告率呈下降趋势，高水平主观幸福感的报告率呈上升趋势。父亲受教育程度为初中和初中以下、高中和中专、大学和大学以上的群体高心理困扰率分别为36.9%、31.7%、26.0%，高水平主观幸福感的报告率分别为17.1%、21.6%、29.6%。母亲受教育程度为初中和初中以下、高中和中专、大学和大学以上的群体高心理困扰率分别为36.1%、31.6%、25.6%，高水平主观幸福感的报告率分别为17.1%、22.4%、30.3%（见图9-9）。

在农村环境中，儿童家长的教育观念较为落后。突出表现为：首先，非常重视智商的提高而轻视情商的培养，认为只要孩子学习成绩好，就代表各个方面都好，家长们很少与孩子进行主动沟通和交流，孩子的心理到底有什么问题，家长从不过问。其次，非常重视物质的给予而轻视精神的培养，认为只要给孩子提供充足的物质基础，让孩子吃饱穿暖就是满足孩子的一切需求。

（2）父母关爱的缺失导致留守儿童心理产生"变异"

在儿童人格发育的过程中，孩子早期所接触的家庭环境和接受的家庭教育被视为一种非常重要的影响因素。父母关爱的缺失会导致农村留守儿童的心理产生严重的"变异"情况（见图9-10）。在这种环境下长大的儿童，对社会也会产生异常的冷淡感，同时缺乏安全感，如果留守儿童在成长期间受到他人欺负或歧视，会致使留守儿童产生攻击行为或畏惧退缩心理。

（3）隔代抚养的溺爱

农村留守儿童的祖辈对孩子的日常行为或要求往往会采取百依百顺的态度，对孩子的诸多要求往往一味满足。祖辈的溺爱心理不仅会影响儿童的个性发展，而且会对儿童的心理健康发展造成不利的影响，容易使儿童形成任性或霸道的个性。在这种环境下成长起来的孩子，不仅不会感受到源于他人的关爱，而且也学不会体会他人的关爱与关怀，最终致使农村留守儿童产生严重的心理健康问题。

（%）

高心理困扰率

40
36.9
31.7
30
26.0
20
10
0

初中和初中以下　高中和中专　大学和大学以上

（A）

（%）

高水平主观幸福感率

40
30
29.6
21.6
20
17.1
10
0

初中和初中以下　高中和中专　大学和大学以上

（B）

（%）

高心理困扰率

40
36.1
31.6
30
25.6
20
10
0

初中和初中以下　高中和中专　大学和大学以上

（C）

（%）

高水平主观幸福感率

40
30.3
30
22.4
20
17.1
10
0

初中和初中以下　高中和中专　大学和大学以上

（D）

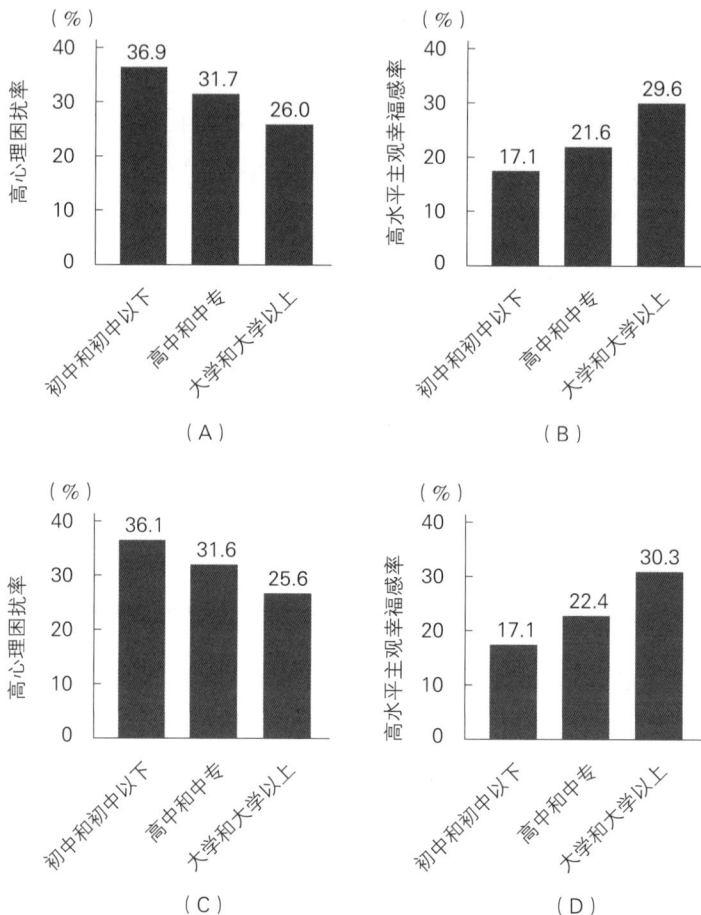

图 9-9　父母受教育水平对儿童青少年心理健康的影响

注：（A）父亲受教育水平对儿童青少年心理困扰的影响；（B）父亲受教育水平对儿童青少年主观幸福感的影响；（C）母亲受教育水平对儿童青少年心理困扰的影响；（D）母亲受教育水平对儿童青少年主观幸福感的影响。

资料来源：《社会经济水平与中国儿童青少年心理健康分析报告》。

3. 学校缺乏对儿童心理问题的重视和专业辅导

（1）学校教师缺乏对留守儿童心理引导的正确认知

多数农村地区的学校在教学和管理中重成绩、轻心理，缺乏对学生心理问题的专业辅导。多数学校有心理辅导教师，但大多由其他任课老师兼任，教师所承担的教学任务繁重，很难投入更多精力在心理辅导上。部分农村留守儿童在出现心理问题时，将责任转移给家长，缺乏科学引导和干预。

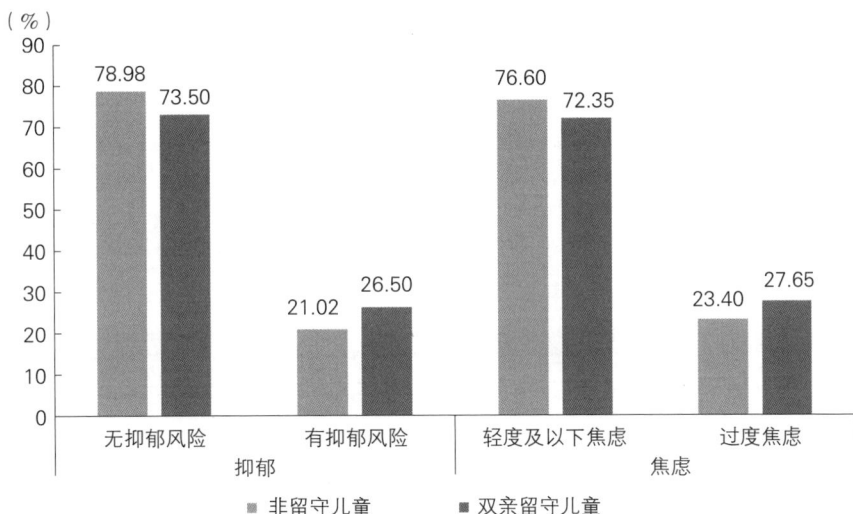

图 9-10　农村非留守儿童与双亲留守儿童心理健康问题检出率的对比

资料来源：中国科学院心理研究所国民心理健康数据库。

（2）寄宿制学校学生心理健康问题严重

2001 年开始，"撤点并校"政策推行，教育资源被集中，一些偏远和人数较少地区的小学生和初中生不得不选择走读或者寄宿。寄宿制学校中学生的心理健康问题凸显。2015 年，公益组织歌路营发布《中国农村住校生调查报告》，47.3% 的农村寄宿制学生常受负面情绪困扰，63.8% 的学生有孤独感，8.4% 的青少年曾想过自杀。2016 年，北京大学中国教育财政科学研究所的研究发现，农村寄宿制学校学生遭受欺凌的检出率为16.03%，较非寄宿制学校更为严重。

4. 同伴关系的影响

同伴关系也是一个与心理健康密切关联的指标。一方面，当孩子缺少朋友、被排斥的时候，往往更容易产生抑郁和焦虑的情绪；另一方面，孩子的心理健康水平会影响到他在学校的同伴关系。对孩子进行更多的情绪关怀和疏导，可能是促进孩子减少问题行为和形成更好的同伴关系的一个入手点。调查显示，同伴关系得分越高、与同伴相处越好的儿童，抑郁、焦虑及问题行为越少。非留守儿童同伴关系得分显著高于留守儿童[1]。

① 香江社会救助基金会：《乡村儿童心理健康调查报告》，广东高等教育出版社，2021。

5. 网络成瘾

近几年，关于农村地区儿童青少年过度使用手机的报告明显增多。尤其是假期，孩子们抱着手机刷视频或者打游戏，几乎"管不住""刹不住车"。家长们集中反馈，孩子"网络成瘾"，出现"成绩下滑""经常发脾气，和家里人产生激烈冲突""长期昼夜颠倒"等现象。临床医生也发现，被报告有"网瘾"的年轻患者们，3/4 存在共病，如焦虑、抑郁、强迫症、双相情感障碍等。一部分孩子沉溺网络的原因是，在"唯成绩论"的单一评价体系的乡镇，孩子们缺乏主动展现自我的土壤，在现实中，他们的真实交往出现问题，如缺少和家长、老师或者同辈的情感沟通，他们会将这一部分需求投射在互联网上。

七、城乡儿童的数字化鸿沟

教育数字化成为当前的热点，2022 年 3 月，联合国教科文组织发布了关于教育数字化行动领域的战略举措，希望借助技术力量创建一个更加包容、公平、正义的社会。党的二十大报告进一步提出了推进教育数字化，建设全民终身学习的学习型社会、学习型大国的要求。与城市地区相比，农村地区正面临教育质量与数字化的双重差距。从追求社会公平的意义上，人们需要为教育数字化附加社会政策的"平衡器"，只有这样才可能在这个信息智能化的大时代下，不落下一个孩子。

（一）城乡儿童数字鸿沟现状

与城市孩子相比，农村地区孩子除了存在教育质量的差距外，还存在巨大的数字差距。在人们拥抱数字化和人机协同的社会时，对信息技术的敏感和掌握已成为未来工作和生活的基本技能要求，农村地区的孩子却从一开始就输在了数字化的起跑线上。这种差距无疑将导致这些孩子长大后进入一个信息智能化社会后，在职业道路上面临比同龄城市孩子更大的挑战，更易被替代。这种数字化差距巨大且易被人们忽视。

1. 城乡未成年人之间数字鸿沟的构成

城乡未成年人之间的数字鸿沟主要体现为数字"接入沟""使用沟""知识沟"[①]。

"接入沟"方面,《中国互联网络发展状况统计报告》显示,截至2022年6月,我国城镇地区互联网普及率为82.9%,远高于农村地区的58.8%。在首次触网年龄分布上,有35.4%的乡村地区未成年人是10岁以后才开始上网的,比城市未成年人上网年龄高12.6%。乡村未成年人上网设备更加单一,乡村未成年人使用手机上网的比例为94.9%,高于城市89.1%的水平。

城乡未成年人之间互联网"使用沟"更为显著。城市未成年人选择利用网络看新闻、上课的占比均高于乡村;城市未成年人利用网络搜索解决现实问题的占比高于乡村。在使用技能方面,有45.2%的城市未成年人表示自己会使用音频、视频工具等进行创作或发布,高于乡村未成年人36.7%的水平。

城乡未成年人之间数字"知识沟"的差异也较为明显。经常利用网络搜索解决现实问题的城市未成年人占比为30.2%,高于乡村未成年人23.7%的水平。[②]

2. 西部民族地区教育信息化差距

与城镇及发达农村地区相比,西部民族地区的教育信息化水平还有较大的差距。

（1）西部民族地区教育信息化水平与中东部地区差距较大

在西部12省（区、市）中,除了贵州、四川、重庆、广西外,其余地区的教育信息化设备与资产水平明显低于全国平均水平。西部地区网络教室建设与东部地区相比仍有较大差距。

（2）信息技术教学应用效果不明显

教师所在区域、性别、年龄、学科、学历等影响教师进行信息化教

[①] 方勇、季为民、沈杰等:《青少年蓝皮书:中国未成年人互联网运用报告（2022）》,社会科学文献出版社,2022。

[②] 孟庆伟:《季为民:营造清朗网络生态空间 确保未成年人健康安全用网》,《中国经营报》2022年12月5日。

学。西部民族地区网络教室应用频率低，信息化资源闲置的情况较为普遍，信息化教学的效果也与中东部地区存在较大差距[①]。

3. "三区三州"的信息化差距

"三区三州"的教育信息化实践层面出现了明显的"新数字鸿沟"。调查结果显示，"三区三州"中小学教育信息化总体满意度为 60.7 分（满分为 100 分）。教育信息化遇到了"新数字鸿沟"，即投入的信息化技术和资源出现了"沉不下去""用不起来""发挥不了效益"等问题。

"三区三州"的教师信息技术使用频率以及应用层次均较低，大部分教师（41.2%）每周使用 1~2 次。90.0% 的教师的信息技术应用主要局限于播放 PPT、视频等简单用途。[②]

（二）缩小城乡儿童数字鸿沟的困难

城乡儿童的数字化差距需要缩小，但这种改变却殊为不易。国家层面上，我国已经进行了几轮大的信息化教学改革和大量投资。社会层面上，一些社会组织和企业也都在尝试，力图通过信息化手段缩小城乡之间的教育差距。在肯定这些努力和成绩的同时，需要解决的问题还很多。

第一，欠发达地区最需要但最容易被忽视。从政府层面，当前教育数字化投入的重点在城镇学校和中东部地区，西部农村地区获得的投入要远低于前者。从供给侧的企业层面，它们的市场、技术创新和解决方案也主要集中在城市，缺乏针对农村及欠发达地区的模式和资源。

第二，易陷入硬件不断升级迭代的"硬陷阱"。在农村及欠发达地区学校最常见的就是原本有限的经费被用来进行不断的数字化硬件升级，并且升级的周期正变得越来越短。

第三，高网费，低网速。农村及欠发达地区学校资金匮乏，最需要网络接入，但往往要支付远高于大城市的网费，才能得到有限的带宽。在青

---

① 石玉昌：《西部民族地区基础教育信息化 70 年：经验总结与路径新探》，《民族教育研究》2019 年第 4 期。

② 张杰夫：《"新数字鸿沟"：阻挡贫困地区教育发展的新隐忧——基于"三区三州"教育信息化满意度调查的思考》，《中小学管理》2020 年第 12 期。

海乐都，为 1 所信息化教学输出资源校（以下简称资源校）和 2 所信息化教学输入接受校（以下简称接受校）提供 20 兆的专线，一年的费用需要 20 多万元，对于农村地区而言价格过高。

第四，专业教师和人才缺乏。与硬件不断升级形成鲜明对比的是数字化教师和人才的缺乏。许多农村地区的信息教育中心只有 1~2 人，规模小一点的学校通常甚至没有信息化专业教师。

第五，单向传输，缺乏互动。无论是传统的卫星传输、录像，还是现在的电教馆资源、部分双师教学，这些都是单向传输的模式，缺乏资源校和接受校师生之间的互动，影响教学效果。

第六，农村学生数字技术能力不足，造成信息滥用。一方面，不少农村教学点学生因为家庭贫穷、居住环境闭塞，没有数字设备和能力进行学习和交流；另一方面，部分农村教学点学生由于父母长期在外打工，加之经济能力许可，过度迷恋网络游戏、网络聊天和视频对话等，身心健康受到严重影响[1]。

第七，缺乏相应的科学研究和评估方法。信息化教育是未来的方向，但目前还缺乏系统科学的研究。一方面，信息化教育对于农村地区儿童的好处没有得到实证科学的验证；另一方面，信息化教育可能产生的消极影响，如长期使用是否对孩子的视力、心理有影响，也几乎没有系统研究。此外，与国家的重视和大量投入不相适应的是，目前还缺乏信息化教育效果的科学评估工具，也缺乏独立第三方的全国性评估。

如果没有政府公共政策的干预，伴随数字化发展，城市孩子在数字时代只会越跑越快，城乡差距将变得越来越大。

八、城镇化的孩子：流动儿童和留守儿童

中国的城镇化是影响 21 世纪人类社会发展进程的大事。流动儿童和

---

[1] 付卫东、王继新、左明章：《信息化助推农村教学点发展的成效、问题及对策》，《华中师范大学学报（人文社会科学版）》2016 年第 5 期。

留守儿童都是城镇化的产物。留守儿童和流动儿童在所居住的村庄、城乡接合部、城中村社区里大多面临着健康、教育、贫困和社会边缘化等诸多问题，这直接影响着他们的安全、学习、心理和职业技能的发展。在当前城镇化加速的背景下，数量庞大的留守儿童和流动儿童面临着不同的命运抉择。这种抉择，既取决于他们自身的努力奋斗，也取决于宏观的制度与政策的实施。政府和社会重视对留守儿童和流动儿童的关爱并进行积极的政策干预，有助于这些儿童自身的健康成长，推动城镇化的持续健康发展，积累人力资本，提升国家和城市竞争力，促进社会公平[①]。

（一）中国流动人口和子女规模

《2020 年中国儿童人口状况：事实与数据》显示，2020 年，全国共有流动儿童 7109 万人、留守儿童 6693 万人，受人口流动影响的儿童合计 1.38 亿人，占中国儿童总数的 46%（见图 9-11）。

从规模上看，2020 年受人口流动影响的儿童总数比 2010 年大幅增加，流动儿童人数是 2010 年的约 2 倍，城镇留守儿童规模增长了 65.4%，农村留守儿童增幅只有 5.2%。值得注意的是，相比 2010 年，2020 年流动

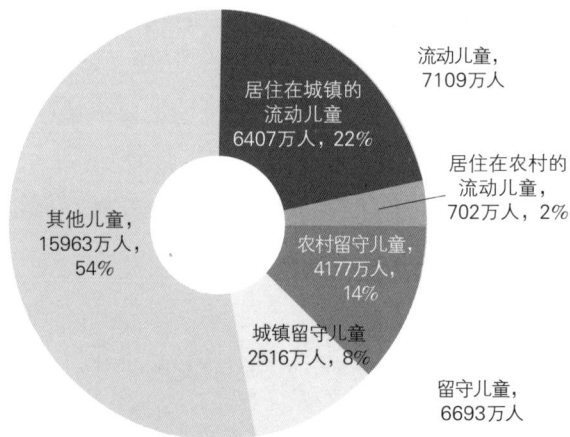

图 9-11　2020 年中国儿童人口状况

资料来源：《2020 年中国儿童人口状况：事实与数据》。

[①]　杜智鑫：《积极推进流动儿童的社会融合》，《社会治理》2017 年第 10 期。

儿童占受人口流动影响的儿童的比例已略高于留守儿童，更多孩子跟随父母一起流动或者独自外出求学务工（见图9-12）。这一转变有其背后的政策支撑，包括新型城镇化建设、户籍制度改革、随迁子女就地入学等一系列政策。

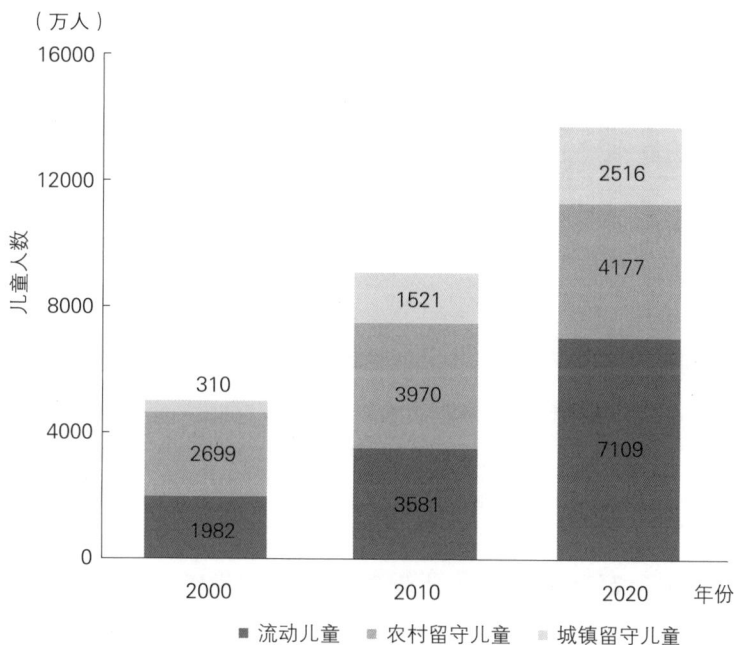

图 9-12　2000 年、2010 年和 2020 年受人口流动影响的儿童规模

资料来源：《2020 年中国儿童人口状况：事实与数据》。

流动儿童主要集中在城镇地区，2020 年城镇流动儿童规模达到 6407 万人，每 3 名城镇儿童中就有 1 名是流动儿童。留守儿童主要集中在农村地区，2020 年农村留守儿童规模达到了 4177 万人，每 10 名农村儿童中有近 4 名是留守儿童[1]。

2020 年，留守儿童继续表现出低龄化特征（见图9-13），平均年龄为 7.7 岁；流动儿童平均年龄相对较大，为 9.5 岁。也就是说，低龄儿童留守的可能性更大，大龄儿童流动的可能性更大。

---

[1]　国家统计局、联合国儿童基金会、联合国人口基金：《2020 年中国儿童人口状况：事实与数据》，2023。

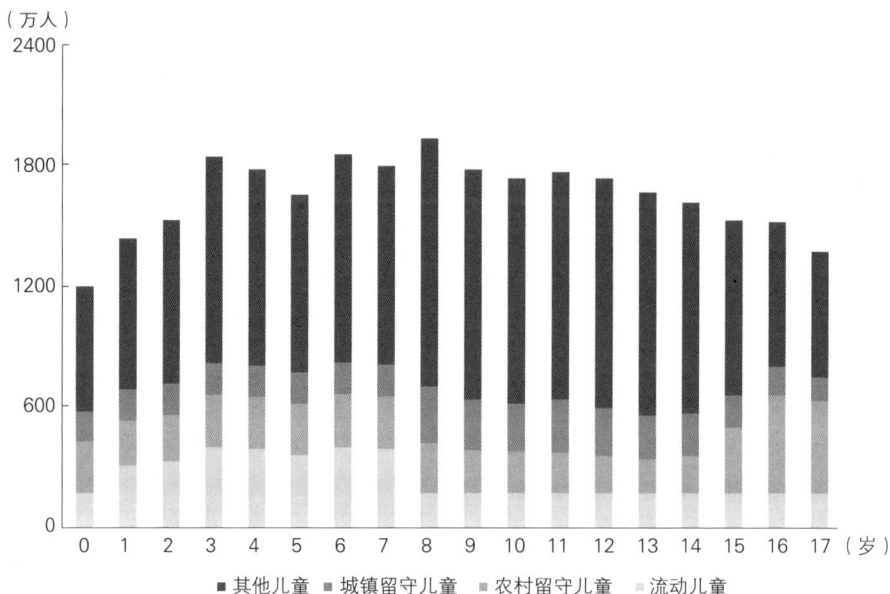

图 9-13　2020 年不同年龄流动儿童及留守儿童人数

资料来源：《2020 年中国儿童人口状况：事实与数据》。

流动儿童与农村留守儿童在某些省份更为集中，有些省既是流动大省，也是留守大省。2020 年，全国共有 9 个省份的流动儿童规模在 300 万人以上，9 省份合计流动儿童 3969 万人，占全国的 55.8%。农村留守儿童超过 200 万人的省份有 8 个，8 省份合计农村留守儿童 2570 万人，占全国的 61.5%。河南省的农村留守儿童规模最大，超过 600 万人。在某些地区，农村留守儿童的比例很高，超过当地农村儿童的一半或接近一半，如重庆、广西、河南和贵州。

2020 年，中国脱贫地区儿童共有 6517 万人，占全国儿童总数的 21.9%，其中，农村留守儿童超过 1500 万人，占脱贫地区农村儿童的 40.6%，高于全国农村儿童中留守儿童的比例（37.9%）。他们的生存和发展尤其需要关注。

（二）人的发展视角下的留守儿童和流动儿童

流动儿童和留守儿童是在中国城镇化过程中产生的群体。到目前为止，政府部门、学者和社会公众都更多将其视为一种经济社会问题和发展转型问题，没有将留守儿童和流动儿童权益放到优先位置上。这是今后经济社会发展中亟待解决的问题。生存权、受保护权、发展权和参与权是儿童的基本权利，不能因为城乡差异及户籍制度、父辈身份和地位的差异而被忽视和剥夺。留守儿童和流动儿童权益的保障和实现是社会公平的内在要求，也应是中国未来新型城镇化战略的起点和重要内容。保障儿童权利有助于保证留守儿童和流动儿童的机会公平和健康成长要求①。

人类发展的一层含义是人们在自身发展过程中的自由选择。扩展自由既是发展的首要目标，也是发展的主要手段。就一个人的成长和发展而言，财富的获得和向上的社会流动首先来自体力（是否健康）与智力（是否拥有知识和技术）因素，除此之外，还有家庭背景和社会关系等。更进一步，一个社会的有效运行取决于社会成员的能力水平。社会成员能力强，可促进社会流动，提高生产力，减少不平等；社会成员能力弱，则会引起辍学、犯罪、健康状况差等一系列社会问题。而儿童是能力形成的关键时期，早期家庭生活和经历对成年后的能力具有决定性影响。如果及早对儿童采取连贯一致的干预措施，将促进弱势儿童的认知和社会情感能力发展，并增进儿童健康和幸福。这些社会干预措施的积极效果将通过各种渠道渗透于人的生命周期全过程，并在代际传递。比如，高质量的早期干预项目将减少不平等，提高学校教育效果，减少犯罪，并促进儿童身体健康和良好行为形成。这些干预措施同时也可提高劳动生产率，具有较高的成本效益和投资回报率。

在城镇化加速发展和留守儿童、流动儿童数量不断增加的情况下，实现权利和能力获得的儿童发展是大势所趋。而实现这种儿童发展和社会融合需要政府、社会、企业和公众的多方参与，需要加大对留守儿童和流动儿童包括健康和教育在内的人力资本投资，进行全生命周期政策干预。

流动儿童和留守儿童是联系紧密、可以相互转化的群体。很多父母外出务工的儿童在出生至幼儿园阶段留在家乡成长，属于留守儿童，后来随

---

①　杜智鑫：《积极推进流动儿童的社会融合》，《社会治理》2017 年第 10 期。

父母在所流入的城市就学，就成为流动儿童，之后往往由于无法异地参加中高考，不得不返回老家求学，又重新变回留守儿童[①]。正是因为流动儿童和留守儿童的这种紧密关联和相互转化，所以相关政策的制定应该是整体的和联动的。流动儿童问题解决得顺利，会助推留守儿童问题的解决；流动儿童问题迟迟不能解决，会阻碍解决甚至加重留守儿童问题。

（三）流动儿童和留守儿童发展的主要挑战

1. 流动儿童发展的主要挑战

（1）流动儿童早期养育水平低

营养状况不佳，贫血率高。2013 年的调查表明[②]，北京肖家河社区（城中村）和昆明市船房村（城中村）13.9% 的流动儿童出生时体重低于 2000克（低体重儿童），有 31.9% 的流动儿童体重低于 3000 克（中国新出生儿童的平均体重），有 64.2% 的流动儿童在出生后没有接受过产后回访。肖家河社区 0~24 月龄流动儿童贫血率为 30.8%，远高于北京当地儿童贫血率4.92% 的水平。以上两个社区 0~3 岁流动儿童在过去两周患过病的比例高达 38%[③]。

早期养育水平低。以上两个社区 27.36% 的家庭年收入低于 3 万元，42.3% 的家庭年支出低于 3 万元。62% 的流动家庭在孩子早教方面的花费为500 元以下。0~3 岁的流动儿童中只有 6.3% 的人去过亲子班或早教中心，多数儿童只能待在家里接受传统的家庭养育。流动儿童家长受教育水平普遍偏低，62.6% 的母亲为初中及以下文化水平。81% 的家庭中孩子拥有图书数量在 20 册以下。显然，这是一种不科学和低质量的早期养育。两个社区流动婴幼儿在语言、动作、认知和记忆方面均落后于同龄的城市婴幼儿。

（2）流动儿童入读公办幼儿园困难

2020 年，中国学前教育阶段（3~5 岁）流动人口子女规模为 2441万人（参考《第七次全国人口普查数据公报》估算），比 2015 年增加了

---

① 杜智鑫：《积极推进流动儿童的社会融合》，《社会治理》2017 年第 10 期。

② 后续无该调查的追踪数据。

③ 李伟：《反贫困与中国儿童发展Ⅱ》，中国发展出版社，2018。

504 万人，占学前教育阶段儿童的 47.27%。其中学前教育阶段流动儿童规模为 1147 万人，比 2015 年增加了 557 万人，占学前教育阶段儿童的 22.21%。学前教育阶段农村留守儿童规模约为 484 万人，比 2015 年减少了 308 万人，占学前教育阶段儿童的 9.37%；学前教育阶段城镇留守儿童规模约为 810 万人，比 2015 年增加了 255 万人，占学前教育阶段儿童的 15.69%。

国家统计局每年发布的《农民工监测调查报告》显示，2016—2020 年，农民工随迁子女进入公办园就读的比例略高于 25%，超过 70% 的农民工随迁子女在民办幼儿园就读。2022 年，仍有约 30% 的流动儿童还未接受完整的三年学前教育（见表 9-2）。同时，相对于义务教育阶段而言，学前教育尚未被纳入基本公共服务范畴。流动儿童进入公办幼儿园就读仍存在困难。

表 9-2　2018—2022 年流动儿童接受完整的三年学前教育情况　　单位：%

年份	在公办幼儿园或普惠性民办幼儿园就读	
	公办幼儿园	普惠性民办幼儿园
2018	26.0	35.2
2019	25.2	35.7
2020	28.9	37.2
2021	61.6	
2022	69.7	

资料来源：段成荣教授在中国发展研究基金会第五期"阳光起点"专家讲座的 PPT。

（3）义务教育难以保障同等质量

接受义务教育既是个人的义务，也是个人的权利。当前，流动儿童在公办学校和农民工子弟学校就读的比例大约为 7:3。一方面，流动儿童进入公办学校依然困难重重；另一方面，民办的农民工子弟学校目前不但面临政策壁垒、办学条件门槛高等问题，而且也不能保证高质量教学。不理想的学校环境和教学质量，不仅导致农民工子弟学校学生的学习成绩低于公办学校学生，而且造成了他们对自我身份认同的混乱以及对未来城市生活和发展的低预期。2020 年，我国 6～14 岁流动儿童中尚有 1.92% 未按规定接受义务教育（见表 9-3）。

表 9-3　2000 年、2010 年、2015 年、2020 年我国 6～14 岁流动儿童
未按规定接受义务教育的比例　　　　　　　单位：%

年份	未上过学	辍学	小学毕业或肄业就终止学业	未按规定接受义务教育
2000	3.26	0.82	1.84	5.92
2010	1.50	0.14	0.75	2.39
2015	2.44	0.07	0.87	3.38
2020	—	—	—	1.92

资料来源：段成荣教授在中国发展研究基金会第五期"阳光起点"专家讲座的 PPT。

（4）随迁子女中高考问题仍未得到有效解决

2020 年，进城务工人员随迁子女小学毕业生人数达到 149.3 万人，同期初中招生人数为 133.7 万人，约有 15.6 万人不得不返乡，变成农村留守儿童。由于初中学位供给和未来中考、高考的限制，平均每 10 名进城务工人员随迁子女小学毕业生中就有 1 名要离开他们居住、生活的城市，返乡变成留守儿童。

高考方面，2013 年只有 0.44 万随迁子女在居住地报名参加高考，2020 年已经增加到 25.6 万名。目前随迁子女在居住地报名参加高考的人数还远远不能满足需求。

2. 留守儿童发展面临的新挑战

脱贫攻坚惠及广大农村儿童和家庭，儿童发展事业取得可喜成绩。但受到经济社会发展水平的制约，儿童发展中不平衡不充分的问题仍然突出，地区差异、城乡差异、不同年龄段儿童发展的差异仍然存在，突出体现在留守儿童的发展上，尤其是身心健康、学前教育、家庭环境、社会支持等方面的短板弱项，令人忧心，亟待关注。

脱贫地区儿童生长发育低于全国平均水平，综合发展较为滞后。2020 年，中国发展研究基金会和中国儿童中心联合开展了脱贫地区儿童发展调

查。调查发现，脱贫地区 5 岁以下儿童的生长迟缓率为 8.40%，是 2019年全国平均水平 1.12% 的 7.5 倍；低体重率为 4.80%，也高于全国 1.37%的平均水平。调查测评了儿童的粗大动作、精细动作、语言、社会行为、适应能力等反映儿童综合发展水平的指标，结果显示，中部、西北、西南脱贫地区 0～3 岁儿童的综合发展滞后比例分别为 19.8%、25.4%、31.7%，分别是全国平均水平 5% 的 3.96 倍、5.08 倍、6.34 倍。3～6 岁儿童的综合发展状况也不乐观，西南地区的发展滞后比例最高，达到 30.2%。

学前教育入园率区域差异较大，年龄段覆盖不完整。调查显示，脱贫地区学前三年毛入园率还存在较大区域差异。中部地区毛入园率已接近95%，西北地区只有 77%，西南地区最低仅为 66.1%。不同年龄儿童的入园情况也存在较大差异，尤其是西南和西北地区，3～6 岁儿童缺乏完整充分的三年学前教育，主要问题出现在低年龄段，3 岁和 4 岁儿童入园率分别仅为 59.6% 和 64.5%。

家庭成长环境有待改善，家庭教育指导服务亟须完善。脱贫地区 0～6岁儿童中，29.3% 为留守儿童，19.7% 来自建档立卡贫困户，59.1% 的看护人文化程度为小学及以下，单亲、家长残疾、经常吵架甚至有家暴等情况也较为常见。这些情况往往会交织在一起，给儿童发展带来不利影响。

农村基层儿童公共服务存在供给不足、投入不够、机制不完善等短板。在公共服务供给方面，脱贫地区农村 0～6 岁儿童的早期养育和学前教育还不能满足当地家庭和儿童的需求。86.4% 的家庭从未接受过儿童早期养育和照顾相关支持服务，76.1% 的家庭对服务供给状况不满意。脱贫地区未入园儿童中，46.3% 来自低收入家庭，45.4% 由于村里没有幼儿园而没入园，超过 65% 的低收入家庭希望在村里接受学前教育服务。农村义务教育阶段学生营养改善计划尚未覆盖到幼儿园，很多附设幼儿园的农村小学存在"哥哥姐姐吃，弟弟妹妹看"的情况。

在经费投入方面，脱贫地区除在学前教育、儿童健康、困境儿童福利保护等方面有相应基本公共服务支出外，在早期照护、家庭教育等方面几乎没有支出。有限的经费投入也很难下沉至村，惠及农村低收入人口。65.6% 的村在儿童发展公共服务方面（包括教育、福利、健康等）没有任何投入（包括转移支付）。约 2/3 的村干部反映，缺乏儿童发展相关的公共服务及设施（67.9%）和缺乏经费投入（65.5%），是近两年阻碍在村儿童发展最主要的困难。

心理问题突出。2014 年 5 月，中国青少年研究中心组织实施的涵盖 6 省市 12 县的全国农村留守儿童状况调查发现，留守儿童获得的社会支持较少，情感支持欠缺，经常感到烦躁、孤独、闷闷不乐、无缘无故发脾气的比例高于非留守儿童。根据《中国留守儿童心灵状况白皮书》，在迷茫指数和烦乱指数两个消极情绪变量上，留守儿童的得分均高于非留守儿童且差异显著；在愉悦指数和平和指数两个积极情绪变量上，留守儿童的得分均略低于非留守儿童但差异不显著。根据这一结果，农村留守儿童的迷茫度和烦乱度明显高于非留守儿童。

儿童福利和保护体系不健全，悲剧性事件时有发生。当前，基层儿童保护的工作机制还比较薄弱。强制报告制度的工作机制更待明确细化落实。社会力量的有效介入也缺乏政策引导和资源支持。需要政府、社会组织、学校、社区、家庭等层面协同创新，才能构建新常态下的留守儿童立体化社会支持体系，从而可持续地提升留守儿童的生命质量[1]。

（四）流动儿童和留守儿童的两种命运

流动儿童和留守儿童未来面临着两种可能的命运。一种命运是成为现代化的新劳动力和新市民。各级政府和社会组织本着保障儿童权利和以人为本的关怀，加大对流动儿童和留守儿童的关爱，改善他们的健康和教育，提升早期养育和学前教育质量，提高义务教育公平及质量，允许异地中考、高考和上职高，使他们有一技之长，能够稳定就业，家庭幸福，提高下一代素质。通过促进流动儿童和留守儿童成为新市民和新人力资本，实现向上流动，消除社会两极化，促进共同富裕和实现社会公平。

与之相反的则是一种完全不同的命运，成为"被忽视的一代"。现有的留守儿童，有的因长期缺乏健康的家庭关爱和支持，缺乏科学的儿童早期养

---

[1]　中国发展研究基金会、中国儿童中心：《脱贫地区儿童早期发展调查研究报告》。

育，无法获得公平和有质量的学前教育和义务教育，心理问题无法得到健康纾解，向上流动频繁受挫。或者像城中村社区或城乡接合部流动儿童一样，生活在脏、乱、差的环境，游戏于"山寨幼儿园"，受教于农民工子弟学校，被拒弃于异地中考、高考的门外。如此一来，留守儿童和流动儿童虽然都有梦想、有期望，却无奈地变成"被忽视的一代"。

由此导致的结果就是，人力资本积累差、就业难、收入低，极易陷入贫困，并进而产生贫困的代际传递。同时，基本的权利无法得到保护，不能实现向上流动，产生社会不公平，社会呈现两极化趋势，在城乡之间以及城市内部形成二元结构。此外，由于无法获得良好的教育和就业机会，缺乏向上流动的渠道，他们就会产生对制度、政府和社会的不满情绪，并在社会突发事件中放大地宣泄出来。法国、英国的移民青少年骚乱事件就是这方面的典型事例[①]。

九、普职分流

中考普职分流一直是近年舆论关注的儿童发展焦点。每年两会前后，很多人大代表和政协委员都会对中考普职分流带来的教育焦虑提出建议。其中部分提案认为目前分流制度有诸多不合理，应全面普及普通高等教育。

（一）普职分流的现状

从政策层面看，1985 年国家就提出了"普职分流"。从此，中等职业教育开始在政策层面被不断推行和发展。2019 年出台的《国家职业教育改革实施方案》提出了优化教育结构，发展中等职业教育，且普职比大体相当的方案。此后，方案全面实施。

2000 年时，只有 29% 的儿童能顺利升入普通高中，21% 的儿童读职业学校，剩下的部分儿童属于其他去向，其中相当一部分儿童可能外出打工或者辍学。到了 2010 年，有 48% 的儿童能够升入普通高中，有 43% 的

① 杜智鑫：《积极推进流动儿童的社会融合》，《社会治理》2017 年第 10 期。

儿童能够接受职业教育。2020 年，已经有 57% 的儿童可以读高中，39% 的儿童进入职业学校。2023 年，我国高中阶段教育招生的普职比例为 6.8∶3.2。福建、浙江、江苏等以往普职分流较为严格的地区，均大幅放宽了普职比。

（二）普职分流的问题

当前，我国的普职分流政策受到越来越严峻的挑战。第一，普职分流导致了受教育机会的差异化。对初中毕业后儿童的流向与其家庭阶层分布分析后发现，中高收入群体家庭的子女初中毕业后多进入高中，尤其是优质高中，继而获得社会地位更高的职业，而来自普通家庭的学生进入相对较差的职业学校的比例更高[1]。

第二，普职分流政策加剧了考试压力，已成为家长教育焦虑的重要原因。当前，由于社会普遍认为普通高中教育优于职业教育，导致许多家长对普职分流感到忧虑，担心孩子被分流到职业学校后，未来的发展受限。由此，普职分流政策导致义务教育阶段更具压力，成为增加学生学业压力、引起家长教育焦虑的重要原因。

第三，欠发达地区中等职业教育的认可程度低。欠发达地区人们对中等职业教育存在刻板印象。家长将孩子送进中职院校，更主要是因为初中毕业后孩子年龄尚小，不愿让其提早进入社会，而不是为了让孩子学习技术成为一名优秀的产业工人。许多中职院校的青少年自身也持有"混三年"的态度。

第四，中等职业教育已从以就业教育为主转向以升学教育为主。《中国职业教育发展大型问卷调查报告》显示，不少中职院校都以升学为导向。中职院校毕业生直接就业的是极少数，有的中职院校 100% 追求升学，偏离了以就业为导向的职业教育定位。

---

[1]　曹妍、唐珊珊：《普职分流与阶层间的高等教育入学机会公平——各地区分阶层入学机会指标的再构建及其实证研究》，《北京大学教育评论》2021 年第 4 期。

（三）未来如何选择

普职分流政策在促进教育多样化和满足社会技能型人才需求方面发挥了积极作用。当前，政府已经在畅通中高职升学渠道，加快发展本科层次职业教育。大幅度扩大职教本科在国家本科教育中的招生比例，在本科高等教育特别是应用型本科院校中应大幅度增加对中职学生的招生指标。这也是促进我国产业升级、培养高素质技能人才的需要。

未来，可以在有条件的地区开展高中后"普职分流"教育试点。随着我国经济社会不断发展和人口结构的变化，"普职分流"将更加具备从"初中后"转向"高中后"的条件，应普及高中教育，逐步将普职分流的重心上移，将高等教育阶段的职业教育作为技术技能人才的供给主体。

十、代际流动

代际流动指的是同一家庭中两代人之间社会地位的变动。它不仅能够揭示社会结构的开放性和社会机会的公平性，还能够影响人们的社会态度和行为选择。

（一）代际流动的总体状况

总体上，现有研究普遍认为当前我国代际社会流动趋缓。李路路等基于中国综合社会调查（CGSS）数据分析认为，在经历了早期的上升与之后近20年的持续下降后，代际社会流动率曲线整体呈"N"形变化。周翔与谢宇也发现，在向市场经济转型的过程中，我国代际社会流动性趋于降低。

此外，一些相关研究得出了代际教育不平等传递的结论。李春玲、杨建华和张秀梅认为随着社会制度不断完善，社会流动性会逐渐减弱，会形成新的等级社会结构，市场机制将加剧产生社会不平等。陈琳、王美今和李仲达、边燕杰、芦强的研究认为我国代际传递较为明显，代际流动性较低，代际较高同一性的阶层再生产正在形成。更有学者对我国东西部、分省份、城乡、不同收入阶层等进行了研究，认为我国存在着明显的贫困代际传递和区域差别。胡志安的研究发现，我国的教育代际流动性在改革开放之后出现了下降。

（二）代际流动与教育公平

2003年开始，香港科技大学教授李中清团队和北京大学合作开展了专项研究。北京大学将1952—1999年64500多位北京大学学生的学籍卡数据转化为数据库，李中清团队对其进行分析。同时，自2007年开始，李中清团队开始将苏州大学1933—2003年86393份学籍信息录入数据库，与北京大学的分析同时进行。

2008年，研究初步完成，2012年研究成果正式在《中国社会科学》发表。他们的研究表明，20世纪50年代至90年代末，中国有35%～40%的教育精英来自工农家庭，社会上层子女垄断教育的状况被打破。即便是改革开放后，精英大学中工农家庭学生的比例依然相当稳定，能够保持在1/3左右。而在美国，半数以上的精英大学学生来自5%最富有的家庭。因此，中国的高考给予社会中下层子弟以教育晋升机会，实现了精英教育生源多样化。这一现象被李中清团队称为"无声的革命"。

与李中清团队研究结果相反，北京大学教育学院刘云杉教授的研究却支持"寒门越来越难出贵子"。据统计，1978—1998年，北京大学中来自农村的学子约占1/3，这一比例自20世纪90年代中期开始下滑，2000年以后，农村户籍新生的比例为10%～15%[①]。她认为，接受优质高等教育的农村生源在减少，外显的表征是高考中能考出高分的农村考生减少了，这看起来是高等教育的录取问题，实际上是高中阶段教育和义务教育阶段的问题。

当超级中学与自主招生等多元化的选拔方式结合起来，农村考生进入精英大学的机会再次减少。据媒体报道，2010年，北京大学、清华大学分别在陕西自主招生名额的98.9%、保送名额的97.3%被西安的"五大名校"（即西北工业大学附属中学、高新第一中学、西安市铁一中学、西安交通大学附属中学、陕西师范大学附属中学）占有，其中仅西北工业大

---

① 刘云杉、王志明、杨晓芳：《精英的选拔：身份、地域与资本的视角——跨入北京大学的农家子弟（1978—2005）》，《清华大学教育研究》2009年第5期。

学附属中学一所学校的保送和自招名额就占到全省的一半左右。国家教育科学"十五"规划课题"我国高等教育公平问题的研究"课题组的调查显示，国家重点大学20世纪90年代以来招收的新生中，农村学生的比例呈下降趋势。清华大学1990年农村新生的比例是21.7%，2000年，这一比例下降至17.6%。北京大学类似，1985年农村新生比例高达38.9%，2005年跌至17.7%，2013年为14.2%[①]。

这之后，国家为了促进教育公平，实施专项计划以及清华大学的"自强计划"、北京大学的"筑梦计划"等政策倾斜机制。2021年，清华大学录取的新生中，农村及专项计划录取人数占比达到了21%；北京大学录取的新生中，农村户籍学生442人，占比15.1%。更重要的是，2020年的全国调查数据显示，一流大学的农村生源整体比例在30%，其他70%的学生来自城镇。而职校情况与此相反，生源中70%是农村子弟，30%来自城镇，两者形成鲜明对比。

（三）影响因素

1. 以经济条件为根本的资源差距

在我国经济持续增长的同时，城乡居民收入差距也在扩大。2024年，国家统计局发布的数据显示，城市居民的平均收入已经是农村居民的近3倍。经济条件和生活条件上的差异一定程度上影响了社会成员的社会流动。大城市落户需要积分，好工作限户籍，读书限学区，对于出身经济条件薄弱家庭的学子来说，要想获取更好的资源和机会，比富裕家庭难得多。

2. 以早期养育和教育资源不均为根源的素质差距

早期养育差距。2020年由中国发展研究基金会和中国儿童中心开展的脱贫地区儿童调查发现，脱贫地区5岁以下儿童的生长迟缓率为8.40%，是2019年全国平均水平1.12%的7.5倍。调查测评了儿童的粗大动作、精细动作、语言、社会行为、适应能力等反映儿童综合发展水平的指标，结果显示，中部、西北、西南脱贫地区0~3岁儿童的综合发展滞后比例分别为

---

① 俞杨：《清华农村生源重新超两成，寒门出贵子更容易了吗？》，《中国新闻周刊》2020年9月17日。

19.8%、25.4%、31.7%，是全国平均水平5%的3.96倍、5.08倍、6.34倍。3~6岁儿童的综合发展状况也不乐观，西南地区的发展滞后比例最高，达到30.2%。造成婴幼儿家庭照护水平城乡差距显著，农村地区明显低于全国平均水平的主要因素是：困境家庭儿童众多、家庭环境差，看护人科学养育能力差，家庭成长环境有待改善，农村基层儿童公共服务存在供给不足。

学前教育城乡差距明显。目前，全国学前教育普及率总体上达到91.1%，但仍有约10%的适龄儿童没有入园。这些没有入园的儿童主要分布在欠发达的农村地区。全国近90%的学前教育毛入园率中，主要为4~5岁儿童，已达90%~95%。3岁幼儿的入园率相对低一些。也就是说，很多地区实现的还只是学前1~2年的教育服务，未来需要进一步拓展完善，实现完整的三年学前教育服务体系[1]。

义务教育资源城乡配置不均。2020年，农村小学本科及以上学历的教师占比仅为58.79%，比城区（78.95%）低20.16个百分点；农村初中本科及以上学历的教师占比为85.40%，与城区（93.75%）也有一定差距。城乡教育经费投入存在差距。近年来，农村小学和初中教育阶段的生均教育经费支出与全国平均水平的差距逐渐增大。从投入占比来看，生均教育经费和生均预算内教育经费占比逐年减小，城乡义务教育经费投入差距较为明显[2]。

3. 以家庭境况为直接原因的机会差距

家庭的经济水平、父母的社会地位以及受教育程度直接影响子女可利用的资源。富裕的家庭背景连接的是丰厚的社会资源以及强大的家庭社会关系网络。经济条件优越的家庭会在子女的教育方面投入更大，他们会购买昂贵的学区房让其子女进入更好的小学、中学，甚至幼儿园。此外，课外辅导班、课余各类竞赛也都需要大量的财力支撑。即便是高等教育阶段，经济条件薄弱家庭学子在专业选择、社会实践、实习经历上也明显弱于富裕家庭的学子，而这些对学子的未来发展和收入有重要的作用[3]。

---

① 中国发展研究基金会、中国儿童中心：《脱贫地区儿童早期发展调查研究报告》。

② 中国发展研究基金会：《中国儿童发展报告2023：促进农村儿童高质量发展》，中国发展出版社，2023。

③ 应中元：《"寒门难出贵子"的时代困境与逆袭之路》，《中国青年研究》2020年第8期。

新中国成立以来，我国逐步推行了基础教育普及、高中扩招、大学扩招、职校扩招，现在已经基本实现了全民教育和教育公平。但这并不是终点，随着近年来不同社会阶层间差距不断扩大，资源逐渐向城市集中和向中上阶层聚集，未来有出现教育极化和人才向上流动固化的趋势，这是需要引起重视并及早通过制定政策来解决的儿童发展重要问题。

十一、突破农村儿童早期发展投入瓶颈

投资儿童早期发展就是投资未来，投资越早，受益越早，回报越高。正因如此，普及公平而有质量的儿童早期发展服务日益成为各国政府国力竞争和人力资本发展的战略目标。为有效实现这一目标，不少国家都通过强化政府实施儿童早期发展服务和项目的责任，大力促进儿童早期发展的普及和公平发展。特别是，这些国家都极为重视处境不利儿童的早期发展，通过直接干预为这些儿童提供项目机会，促进社会公平。如美国的开端计划、英国的确保开端计划、古巴的教育你的孩子计划和巴西的幸福儿童计划等，这些行动计划提高了处境不利儿童的早期发展水平，缩小了城乡和区域间发展的差距。

当前，我国儿童发展取得显著成就，福祉大幅提升，公平状况日益改善。同时，当前中国人口出生率的快速下降使得儿童成为更加宝贵的社会财富。儿童的城乡发展差距、区域发展差距还很大，儿童发展尤其是早期发展政策还存在短板和空白。与很多发展中国家的情况相似，我国在普及高质量的儿童早期发展方面的重要挑战是早期发展投入（尤其是农村地区）不足。要实现现代化，重要的是实现人的现代化，基础是实现儿童发展的现代化，为此需要大力投资儿童发展尤其是早期发展。

（一）我国农村儿童早期发展投入现状

2012 年以后，我国的公共教育支出占国内生产总值的 4%。学前教育经费的财政占比从 2011 年的 2.2% 提高到 2020 年的 5.9%，但是同经济合作与发展组织成员国平均 8.09% 的投入相比，仍然偏低。家庭的支出是公

办和私立早期保育与教育服务主要的资金来源[①]。

从 2011 年起，我国政府向中西部农村发展落后地区的学前教育投入明显增加，并且开始提供针对农村人口的学前教育资助。但总体而言，我国农村儿童发展经费总投入还不足，低于同期全国的平均水平，也远低于城市儿童发展经费投入水平。更重要的是，当前农村婴幼儿照护方面还没有国家财政的专项投入，以社会组织的试点和经费投入为主。

2020 年，在我国农村儿童教育投入中，由政府承担的国家财政性教育经费为 16176.6 亿元，占农村儿童教育总投入的 90.53%，政府是农村儿童教育最主要的投入主体；由家庭承担的学费为 1316.7 亿元，占农村儿童教育总投入的 7.37%，家庭是第二大投入主体。

从政府投入的财政性教育经费来看，投向农村儿童的国家财政性教育经费从 2011 年的 6393 亿元提高到 2020 年的 16177 亿元，10 年间增长了1.53 倍；而投向全体儿童的国家财政性教育经费也从 2011 年的 13137 亿元上升到 2020 年的 31881 亿元，增长了 1.43 倍。从增长率来看，仅 2014年、2015 年投向农村儿童的国家财政性教育经费增长率高于全体儿童的增长率，其余年份农村儿童教育中的国家财政性教育经费投入增长率均低于全体儿童的增长率（见表 9-4）。

表 9-4 2011—2020 年我国儿童财政性教育经费投入情况

年份	儿童财政性教育经费（亿元）	农村儿童财政性教育经费（亿元）	儿童财政性教育经费年增长率（%）	农村儿童财政性教育经费年增长率（%）
2011	13137	6393	27.20	25.08
2012	16266	7876	23.82	23.20
2013	17604	8344	8.23	5.94
2014	18650	10584	5.94	26.85

---

① 池瑾、Eduardo Velez：《儿童早期发展的投资与干预：国际的实证依据》，《基础教育》2017年第 5 期。

续表

年份	儿童财政性教育经费（亿元）	农村儿童财政性教育经费（亿元）	儿童财政性教育经费年增长率（%）	农村儿童财政性教育经费年增长率（%）
2015	20949	11919	12.33	12.61
2016	22933	12838	9.47	7.71
2017	25143	13690	9.64	6.64
2018	27111	14372	7.83	4.98
2019	29452	15278	8.63	6.30
2020	31881	16177	8.25	5.88

资料来源：《中国儿童发展报告 2023：促进农村儿童高质量发展》。

从 2020 年生均教育经费的角度看，农村生均教育经费在所有教育阶段都低于全国生均教育经费。可见，在投入力度上，农村儿童的教育投入力度相对较小。按教育阶段划分，农村幼儿园的生均教育经费最低，为6860 元；农村小学的生均教育经费为 11541 元；农村初中的生均教育经费最高，为 15731 元；农村高中和职业高中的生均教育经费也相对较高，分别为 14583 元和 14864 元。根据人力资本投资理论，在人的全生命周期，投入越早，成本越低，投资回报率越高。而我国农村儿童乃至全体儿童，在幼儿园和小学阶段的教育投入相对较少，有待进一步增加投入。

当前，农村儿童发展投资的主要问题是儿童早期发展投入严重不足，特别是在 0～3 岁儿童发展关键 1000 天，还缺乏全国性的投入体制和政策，主要的投入都是通过小规模的试点项目。在资金投入方面，我国农村0～3 岁婴幼儿试点项目的资金来源多元化，以社会公益资金为主，此外，还有部分中央转移支付资金和试点所在县财政资金。中国发展研究基金会开展的"慧育中国"项目主要由社会捐赠资金支持，企业社会捐赠承担着绝大部分项目成本，项目所在地的县级财政则负担小部分成本。湖畔魔豆公益基金会开展的"养育未来"项目由试点县政府和企业基金会联合提供资金，其中企业基金会为浙江省湖畔魔豆公益基金会，政府出资则主要来自中央财政转移支付资金。在项目平均成本上，"慧育中国"项目每名婴幼儿每年约为 3000 元，"养育未来"项目每名婴幼儿每年为 3787 元。

首先，由于缺乏国家大规模的财政投入，从而导致农村儿童早期养育和保护方面出现诸多问题，影响儿童身体、智力、心理等方面的健康发展。其次，儿童发展投资方面依然存在明显的城乡差距，投入总量和生均投入方面农村远远低于城市，从而导致农村教育和健康服务质量远低于城市，离城乡基本公共服务均等化还有相当大的差距。最后，儿童发展投资区域差距大，发达地区的投入水平比欠发达地区高数倍，从而影响区域均衡发展目标的实现。

（二）加大农村婴幼儿照护服务投入可行性

人力资本是决定国家未来经济社会发展的关键因素，从人力资本投资角度看，投入越早，成本越低，回报越高。未来政策取向应该进一步加大农村儿童早期发展的专项投入，不断缩小儿童发展城乡差距。

为探索农村 0～3 岁婴幼儿照护服务的有效方案，国内一些研究机构、社会组织和地方政府合作开展相关试点。已具规模的典型项目有中国发展研究基金会开展的"慧育中国"项目、陈江和基金会发起的"慧育希望"项目、湖畔魔豆公益基金会开展的"养育未来"项目，以及联合国儿童基金会与国家卫生健康委合作开展的贫困地区儿童早期综合发展项目。这些项目通过入户家访、养育中心或二者结合的方式提供科学的家庭照护指导和亲子活动，提升了养育人的科学养育观念和技巧，改善了家庭养育环境，促进了婴幼儿健康成长。项目招募并培训当地妇女担任育婴辅导员，也推动了农村女性灵活就业和增加收入。

这些试点项目的平均成本约为每童每年 3000 元，低于托育服务支出。家访式或中心式项目的成本包括人员工资（基本工资＋绩效工资＋计件补贴＋社会保险）、物资采购、人员培训、办公管理、交通及通信补贴等。其中，人员工资投入最大，占总成本的 50%～75%，其次是玩教具购买和培训。中心式项目还涉及一次性的场地建设费用。总体来看，国内各项目成本为每童每年 2500～4000 元，平均每童每年 3000 元左右，约占我国人均 GDP 的 3.5%，与其他发展中国家类似项目成本水平持平或略低，远低于现行托育机构的收费水平。

普及农村 0～3 岁婴幼儿照护服务具有财政可行性。按每童每年 3000 元的服务成本计算，要实现全国农村地区婴幼儿照护服务全覆盖，年均投入成本需 400 亿～500 亿元[①]，相当于 2022 年 GDP 的 0.02%～0.03%、中央一般公共预算支出的 0.2%～0.3%、财政性教育经费的 0.8%～1%。要实现 832 个脱贫县的重点覆盖，年均投入需 140 亿～150 亿元。相比之下，我国学前教育毛入园率已经达到 90%，年生均教育经费投入超过 1.1 万元，为每个农村 0～3 岁婴幼儿提供每年 3000 元的养育照护指导服务不仅可行，而且公平。

此外，婴幼儿照护属于人力资本密集型服务业。按照现有试点经验，每位育婴辅导员可以在保证质量的情况下服务 12～14 个孩子。如果实现婴幼儿照护服务在农村地区的全覆盖，约需要 100 万名相关工作人员。这本身也会创造大量就业，带动农村妇女增收，助力乡村振兴。

因此，建议国家加大投入力度，开展国家农村婴幼儿照护行动计划。将婴幼儿照护纳入欠发达地区基本公共服务，按照每人每年至少 3000 元的标准，由中央政府承担支出责任，中央财政给予专项资金支持。鼓励有条件的地方财政进行配套，积极整合乡村振兴中的各项资金，尽早实现欠发达地区婴幼儿照护服务全覆盖，其他农村地区可以分批次分步骤实现这一目标。

[①] 根据人口普查和抽样调查数据，利用国务院发展研究中心社会和文化发展研究部的人口迭代模型对 2022 年以后的年出生人口进行预测，并根据婴儿死亡率进行近似调整，以计算 3 岁以下人口数。预计 2023—2035 年，全国农村 0～3 岁婴幼儿数量年均 1420 万人，832 个脱贫县 0~3 岁婴幼儿数量年均 483 万人。

第十章　家庭、政府与市场的责任

中国儿童的绝对数量和占比都在下降，儿童正在成为宝贵的社会财富。同时，伴随中国经济社会的快速发展，家长对孩子未来的预期普遍高涨，希望实现子代对父代的赶超。实现中国式现代化和共同富裕的目标正在促使中国的儿童发展事业和治理发生变革。在儿童发展多元化、公共服务城乡不均衡、家庭结构小型化的今天，重新划定家庭与国家、市场在抚育儿童中的角色和责任变得日益迫切。从儿童优先、确保公平的原则出发，政府应在保障儿童的基本权利和社会福利过程中扮演主要角色，发挥主导作用。在此基础上，实现一种家庭、政府与市场合作互动的关系。

一、儿童福利和服务提供的理论

（一）儿童服务属性

在传统社会，儿童养育属于家庭的事情，政府并不介入儿童的养育。工业革命以后，女性开始进入劳动力市场，她们不得不将婴幼儿交给市场化的托幼机构照料。私营托幼机构照料服务是纯粹的市场行为，必须由家庭承担服务供给的经济成本。进入现代社会，儿童日益被视为社会未来的公民、劳动者和纳税人，会给社会带来经济贡献，国家开始承担责任并参与儿童投资，来分担家庭托幼成本[①]。

实际上，现代儿童福利的最大特征是国家介入儿童从出生到成年的每

---

① 姚建平：《私人物品还是公共物品？——中国托幼服务供给的历史逻辑和未来发展》，《社会保障评论》2023 年第 3 期。

一个成长阶段，为他们提供生活、教育、医疗、居住等各个方面的支持。由于不同国家和地区在经济发展水平、思想意识、政治环境、社会文化和历史发展等方面存在差异，政府对儿童福利介入的深度和广度也有明显的差异。总体来看，儿童福利的发展过程可以看作政府不断加大儿童福利责任承担力度的过程。特别是在西方福利国家，由于政府不断介入儿童养育过程，并逐步替代家庭对儿童的养育责任，使得儿童在一定程度上被视为"公共产品"或者"准公共产品"。在这一背景下，儿童福利也逐渐从家庭福利转向了公共福利。

（二）福利国家理论

福利国家理论是福利供给的重要基础。福利国家中社会民主模式的典型代表是瑞典。瑞典政府在儿童照顾和家庭支持上扮演主要角色，措施包括育婴假、托育服务、家庭协助服务、家庭津贴、儿童收容和安置服务等。德国作为欧洲大陆传统模式的福利国家，以社会保险作为社会保障制度的核心，强调家庭养育儿童的主体地位，认为父母应该承担养育儿童的责任和义务，政府只是起辅助性作用。美国是盎格鲁－撒克逊模式的典型代表。美国在儿童福利立法、福利服务和福利项目方面都有一套完整的制度。但同时，美国的儿童贫困问题十分突出。在美国，由于儿童福利责任更多要由家庭承担，加上美国社会贫富两极分化非常严重，因此儿童也面临更多的困难[1]。

（三）儿童福利理论

尽管政府越来越多地代替家庭提供儿童福利已经成为人类社会发展趋势，但是各国对于家庭育儿的理念、干预与服务模式有较大差异。根据国家介入儿童抚育的方式，在理论层面可分为 4 种不同的儿童社会福利类型，即自由放任主义模型、国家家长主义模型、父母权利中心模型与儿童权利中心主义模型。自由放任主义模型主张限制国家介入，只对边缘儿童

---

[1]　姚建平：《国与家的博弈：中国儿童福利制度发展史》，格致出版社，2015。

提供必要援助；国家家长主义模型主张国家应该系统关注和保护所有儿童，并提高他们的福利；父母权利中心模型强调国家合理而非强行地介入儿童抚育事务；儿童权利中心主义模型强调儿童的参与权利，主张儿童参与到所有与儿童有关的决策和事务中。

在现代社会，儿童已经不是父母的"私有财产"，他们更趋属于社会的"公共产品"。当家庭无法确保儿童的健康成长时，国家需要提供及时有效的援助，充分保障儿童的各项正当福利权益和发展。[①]

二、当前儿童发展的支持主体

(一) 家庭

家庭是传统上儿童养育的主体。然而当前，经济社会发展和城镇化进程加快导致家庭规模缩小和功能重组，出现大量的"残缺型"家庭和功能受损的"空巢"家庭，影响城镇化进程中儿童的养育和健康成长。

1. 城市家庭和托育需求

2019 年一项基于 13 个城市的家庭调查发现，有近七成（66.4%）的年轻父母有托育服务需求。当前，年轻父母育儿愁苦得分为 3.01，亲子互动失调得分为 2.37，说明大多数年轻父母在育儿方面的压力比较突出，更多的是为人父母面临的养育压力，而在亲子互动失调方面压力突出的养育者相对较少。

然而，当前我国婴幼儿托育服务资源比较匮乏，有 59.4% 的年轻父母表示送孩子入托面临困难。在择托难的原因中，超过半数父母（54.8%）表示由于"优质托育机构资源少"而不愿意让孩子入托；有 18.9% 的年轻父母表示不选择托育服务是因为费用太高；另外，位置远也是影响部分年轻父母（17.6%）择托的重要因素[②]。

---

① 程福财：《家庭、国家与儿童福利供给》，《青年研究》2012 年第 1 期。
② 洪秀敏、朱文婷、赵思婕：《青年父母婴幼儿照护支持与养育压力研究——基于全国 13 个城市的调研数据》，《中国青年社会科学》2020 年第 2 期。

2. 留守家庭和隔代抚养

2019 年中国发展研究基金会对甘肃、青海、四川、贵州等地居住在贫困县的 5740 名 3 岁以下婴幼儿家庭现状调查显示，29.27% 由祖父母看护，37.16% 的父母至少一方不住在家，14.67% 为建档立卡贫困户。2020年，中国发展研究基金会和中国儿童中心对 20 个脱贫县 64 个村 5353 名 0~6 岁儿童及其家庭调查显示，29.3% 为留守儿童，19.7% 来自建档立卡贫困户。

处境不利家庭会显著增加 3 岁以下婴幼儿的发育风险。2020 年脱贫地区大调研数据显示，脱贫地区单亲婴幼儿的健康筛查异常率为 30.5%，单亲且留守的婴幼儿发育异常率高达 42.1%。此外，家长残疾、经常吵架甚至家暴等情况也较为常见，这些情况往往会交织在一起，给儿童发展带来不利影响。

看护人科学养育能力差，家庭成长环境有待改善。儿童早期照护过程中，主要看护人的养育知识和文化程度至关重要。农村地区隔代养育现象普遍，看护人文化程度偏低。2020 年脱贫地区大调研显示，脱贫地区 3 岁以下婴幼儿中，超过四成的看护人为小学及以下文化程度。较低的文化程度和养育意识使得农村地区很多看护人缺乏儿童早期养育科学观念和学习能力，日常生活中给予孩子的回应性照料较少，亲子互动质量偏低，存在忽视、冷漠、打骂孩子的现象，且家庭中儿童数量较多，无法保证对婴幼儿足够的照护投入。脱贫地区儿童的家庭教育状况不容乐观，突出表现主要有：一是家长榜样作用发挥不够。很多家长有不良行为习惯，包括当着孩子的面抽烟、说脏话、酗酒、随地吐痰等。二是喂养不够科学。蛋白质摄入不足，吃质量无保障的不健康零食现象非常普遍，家长将其作为爱孩子的表现，其中 25.6% 的儿童经常吃零食。三是教育方式存在不当行为。近一半的家长在过去一周内动手打过孩子，家长受教育程度越低，越经常出现严厉惩罚、语言恐吓等行为。许多家长感到缺乏有效的教育方法，这也导致儿童在家庭生活中过度依赖电子产品，约 20% 的儿童平均每天使用电子产品超过 3 小时，屏幕暴露问题在脱贫地区普遍存在。

3. "残缺型"和"空巢型"流动家庭

（1）"残缺型"流动家庭

"残缺型"家庭是指相对于完整的核心家庭，存在家庭成员缺失或分离的家庭类型。"残缺型"流动家庭可以分为 3 类。

第一类是父母一方单独携带子女流动的家庭。一方面父母想让子女到城市里接受更好的教育，另一方面因家里有老人需要赡养，只好由父母一方携带子女到城里。父母一方的缺失，对子女教育和成长的影响是显而易见的。

第二类是父母携带部分子女流动的家庭。这类家庭携带进城的子女通常以男孩为主。这种家庭结构对所携带的子女的教育和生活更为有利，但实际上由于家庭分离所造成的心理和情感变化却对孩子的成长有长期的影响。

第三类是由于离婚或事实上的家庭破裂所产生的单亲家庭。这类家庭通常都是单亲母亲带着孩子生活。单亲极易导致儿童产生营养不良、缺乏照护、心理自卑和抑郁等一系列问题。

"残缺型"家庭对儿童的健康成长有许多消极影响。有研究表明，"残缺型"家庭的孩子中途退学的比例是平常儿童的 2 倍以上，学业成绩也明显比完整家庭的孩子差。单亲家庭的女孩易未婚先孕和离婚，男孩易出现暴力行为。

（2）"空巢型"流动家庭

无论是暂时的还是长时间的流动儿童家庭，相对于留守儿童家庭，表面上似乎更完整，更具有充分发挥家庭功能的条件，但调查发现，许多流动儿童家庭本质上仍是一个"空巢型"家庭，家庭教育功能依然薄弱。对儿童教育的影响具体表现为 4 个方面。

一是家庭教育资源匮乏。流动儿童家长的受教育程度偏低，用于孩子教育和照顾的时间少。中国发展研究基金会在昆明市城中村船房社区的调查发现，86% 的父母受教育程度在初中及初中以下。有 20% 的家长因为工作太忙，没有时间有意识地与孩子在一起，有 24% 的家长一天中与孩子有意识地在一起的时间只有 1 ~ 4 小时。而且，家庭学习环境不尽如人意，流动家庭成员一般都住在出租屋里，没有专门的写字桌供儿童写作业。许多租住房屋大都阴暗潮湿，这样的生活和学习环境对儿童的视力和身体的发育会造成不良的影响。

二是教育的过高期望和过低期望。由于多数流动儿童的家长工作艰辛且社会地位低，他们将改变命运的希望寄托在孩子身上，希望自己的孩子能好好学习，将来可以体面生活，由此对孩子的学习和生活造成巨大的压力[①]。也有部分流动儿童的家长对子女的教育期望值较低，认为孩子不受很好的教育也行，通过其他的途径（如做生意）也能生活，由此对孩子教育放任和不重视。

三是教育能力不足。流动人口的文化程度多为初中及初中以下，许多家长只顾在孩子的学习上下功夫，缺乏全面发展的教育观念，尤其是不注意培养孩子良好的行为习惯和创新能力。在教育方法上，有的家长管教孩子以打骂为主、说教为辅，有的家长看别人怎么做自己就怎么做，甚至还有的家长错误地认为教育孩子是学校的事，与自己无关。

四是家庭文化学习环境差。有相当一部分的流动人口家庭的孩子只有教科书，没有课外书籍。家庭中也没有丰富的娱乐生活，孩子只能玩手机或外出闲逛。

（二）城市、村庄和社区

1. 需进一步推动儿童友好城市建设

我国40多年来的城镇化进程中，城市基本围绕成人的需求而建设，城市儿童的权益长期被忽视，他们的生活和环境面临巨大变化和挑战。为更好地尊重儿童权益、满足儿童需要、增进儿童福祉，"建设儿童友好城市"已经成为我国当今城市高质量发展的战略共识和时代使命。2021年起，我国陆续发布《中华人民共和国国民经济和社会发展第十四个五年规划和2035年远景目标纲要》《中国儿童发展纲要（2021—2030年）》及《关于推进儿童友好城市建设的指导意见》《〈城市儿童友好空间建设导则

---

① 杜智鑫：《被忽视的一代：船房社区流动儿童社会融合调查研究》，中国发展出版社，2016。

（试行）》实施手册》等国家层面的文件纲要，各地也相继推出了建设儿童友好城市的相关实施方案、儿童友好社区建设规范等配套文件，明确提出建设国家儿童友好城市的目标和措施。2022 年，有 14 座城市入选全国第一批建设国家儿童友好城市名单、有 40 座城市入选全国第二批建设国家儿童友好城市名单。尽管有了显著的进展，但与当前儿童发展的需求相比，儿童友好城市建设还需进一步推动和投入。

2. 农村基层儿童公共服务存在供给不足、投入不够、机制不完善等短板

在多数农村地区，并未形成儿童优先或儿童友好的早期发展环境，既没有在社区范围内为儿童发展提供方便，也没有配备相应的人力、物力进行针对性服务。相较于一般的农村地区，欠发达地区农村的公共服务更加缺乏。2020 年脱贫地区大调研显示，脱贫地区农村严重缺乏婴幼儿照护服务，86.8% 的 3 岁以下婴幼儿没有接受过任何早期养育和照护的相关服务。在经费投入方面，脱贫地区除在儿童健康、困境儿童福利保护等方面有相应的基本公共服务支出外，在早期照护、家庭教育等方面几乎没有支出。有限的经费投入也很难下沉至村，惠及农村低收入人口，65.6% 的村在儿童发展公共服务方面（包括教育、福利、健康等）没有任何投入（包括转移支付）。约 2/3 的村干部反映，近两年阻碍在村儿童发展最主要的困难，一是缺乏儿童发展相关的公共服务及设施（67.9%），二是缺乏经费投入（65.5%）。需要特别指出的是，基层儿童保护的工作机制还比较薄弱。调查发现，脱贫地区留守儿童和困境儿童较多，强制报告制度的框架及实施流程有待完善。

3. 城中村公共服务机制不完善，重管理轻服务，重本地人轻外来人

城中村是流动儿童居住的典型城市社区。包括流动儿童在内的流动人口作为社区的居民理应获得社区的公共服务和关爱，但现实是，在典型的城中村，社区的治理更多呈现的是社区利益本位，基层组织科层化，公共服务机制不完善，重管理轻服务，重本地人轻外来人。城中村社区对包括流动儿童在内的流动人口的治理主要存在以下问题。

一是对流动人口的社会融合认识不足。尽管街道、社区居委会和派出所近年来开展了一些针对社区外来流动人口的活动，但总体来看仍然是管理多于服务，主要为了维持社区的治安和卫生环境，而非着眼于流动人口的融合和发展。

二是城中村治理组织架构的落后。流动人口居住的许多城中村的人口实际有几万人甚至十万人以上。这么多的人口仅靠居委会的十几个人和派出所来治理，其难度和成效可想而知。

三是多头管理。尽管居委会和派出所是流动人口集中居住社区的主要治理主体，但实际上，城中村出租屋和流动人口管理涉及公安、工商、城管等多个政府职能部门。由于各部门之间因自身职权的限制，加上信息不能共享，容易出现虽有多个部门管理但谁都不管到底的局面。

四是公共服务提供机制不完善。在对公共服务的认识上存在重经济、轻公共服务的误区。社区居民与流动人口之间的公共服务水平差距过大，缺乏统筹和协调。社区的公共服务提供市场化比重过高，在公共服务提供上重投资轻规划，在规划制定过程中缺乏人均公共服务设施的标准和人均财政支付能力的标准，尤其缺乏针对流动儿童的公共服务设施建设。

五是财政投入不够。由于流动人口大量集中居住的城中村是村民自治式的管理模式，因此区政府和街道在城中村的社会事业工作中投入的资金较少。

（三）政府

近年来，政府在儿童发展方面已担负了很大责任，如学前教育、义务教育和高中教育，但尚不完善，同时部分领域存在空白，如儿童早期养育。同时，从政策对象上，目前的留守儿童和流动儿童仍然是需要重点关注的群体。政府作为中国式现代化的主导者和动力源，还需加强履行职责，加强对儿童的关爱和政策干预。推进儿童发展基本公共服务均等化已经成为我国现代化发展的紧迫任务。

政府提供儿童基本公共服务的目的在于实现公共服务的高效和公平，然而事实上却存在"供给不均"的问题。首先，儿童服务制度供给不均，这主要表现为公共服务制度的城乡二元化。尤其在欠发达地区，儿童发展二元化现象更加严重。其次，儿童发展政府财政供给不均，中央与地方对儿童发展基本公共服务财政支出分担比例失衡。地方政府缺乏足够的财权，却承担大部分的儿童发展基本公共服务责任，增加了地方供给儿童发展基本公共服务的难度[①]。再次，儿童发展服务人员、设备和设施供给不均。城市配备了更多优秀人才，配置了更优质的设备，服务质量更高。最后，儿童发展服务质量不均。儿童发展水平的城乡差距、区域差距本质上反映了儿童发展基本公共服务在数量和质量上的不均。

（四）市场

市场是为儿童发展提供服务的重要力量。改革开放以来，以民办教育为代表的市场化力量得到快速发展，扩大了教育供给，满足了多元需求。

但同时，市场化的服务存在失灵问题，过度的儿童发展服务市场化会对儿童发展产生消极影响。留守儿童、流动儿童和低收入家庭儿童等群体处于弱势的地位，靠市场和自身能力是无法解决他们的基本公共服务问题的，政府必须在其中发挥主导作用。将本该由政府承担的公共服务完全推向市场，会严重阻碍儿童的健康成长，影响社会公平。

首先是影响公平。最典型的是流动儿童的教育机会不公平问题。目前，在北京、上海和广州等流动儿童入学解决得较好的城市，也仍有相当数量的流动儿童在民办学校就读，而在一些中西部城市这个比例则更高。相比公办学校，民办的农民工子弟学校大多存在基础设施差、师资水平低、收费高和教育质量低的问题。流动儿童的受教育权利依旧没有得到充分保障，服务提供机制不够有效合理。

其次是影响服务可及性及质量。国家卫生健康委数据显示，2023年我国3岁以下婴幼儿约有3220万人，超过三成婴幼儿家庭有托育需求，但托育服务机构入托率仅为6%左右。截至2022年底，我国每千人口托位数约为2.5个，距离"十四五"末要达到4.5个的目标仍有差距[②]。民办

---

① 肖文涛、唐国清：《基本公共服务均等化：共享改革发展成果的关键》，《科学社会主义》2008年第5期。

② 杨文庄：《促进儿童友好、生育友好环境建设》，《早期儿童发展》2023年第2期。

托育机构作为市场主力，带来的一个结果是托育价格偏高。一些调查发现，在北京，民办托育机构收费最高可达每月 16000 元以上，低的也在 6000 元以上，而未送托家庭的理想月托育费用在 3000 元以内。

最后是影响国家人力资本积累、城镇化及社会融合。流动儿童是城市未来的劳动力和新市民，他们的成长需要包括教育和健康在内的人力资本投资和积累。在政府提供较少公共服务的状况下，流动儿童缺乏教育和健康卫生服务，家长由于自身的低收入，只能从市场上获取低质量的教育和卫生健康服务，势必会影响流动儿童的健康成长和人力资本积累。而在这种状况下成长起来的流动儿童不仅不会促进流入地城市的产业升级和竞争力，还有可能成为极大的"负担"，影响城市化的持续健康发展和社会融合。

三、发展投资型儿童治理机制

伴随中国的现代化进程，儿童发展不应再被视为福利，而应是一种社会投资。社会投资区别于福利的重要特征是未来将获得回报。就中国的情况来说，对儿童的投资就是对国家未来和社会未来的投资。儿童是中国未来发展最宝贵也最稀缺的资源，因此，需要重塑观念，重视对儿童的投资，通过建立儿童发展投资型治理机制，推动儿童福利事业的进一步发展。

在儿童优先的价值理念导引下，新的儿童发展治理体系应以儿童为中心、以发展为导向，投资儿童发展。政府积极主导，市场、社区、家庭共同参与，共同合作促进儿童的健康成长。

第一，儿童发展治理体系必须要以儿童为中心、以发展为导向。国家和政府不能局限于眼前和局部的利益，而应着眼于未来，以投资发展为导向，视儿童为国家的人力资本、新国民和未来劳动力。对儿童进行早期投资是回报率最大的社会投资，有助于提升人力资本，阻断贫困的代际传递，促进社会公平。

第二，政府在儿童发展的治理中应发挥主导作用。长期以来，我国政府只是通过资金支持与机构照顾的方式为孤残儿童提供关爱照护。随着经济社会和城镇化的快速发展，家庭由于小型化和"残缺化"，已无法充分发挥儿童养育的功能。比如留守儿童和流动儿童无法从家庭、社会与市场获得充分的照顾，亟须国家力量的介入和保护，政府必须承担起为其提供充足和高质量公共服务的责任[①]。

第三，以早期发展、教育和健康卫生为主要内容。早期发展、教育和健康卫生是人力资本的重要组成部分。目前我国的劳动力素质与发达国家相比还有较大的差距，这实际上是人力资本投资不足和儿童早期发展不受重视的结果。因此必须重视人力资本投资，并从儿童早期发展做起，早投资早受益。

第四，加强对家庭的支持。儿童的需要与家庭的需要是不可分割的，帮助家庭就是帮助儿童。广泛的研究证明，监护者与儿童互动质量差，极易造成儿童发育迟缓、失学、青少年犯罪等社会问题。需要加大对儿童家庭尤其是那些功能不完整家庭的支持，早预防，早干预。

第五，以社区为主要抓手。社区是儿童生活和学习的主要场所和空间。加大对儿童社区公共服务的提供，建设儿童友好社区，是当前儿童发展治理的重要内容和着力点。为此，要积极制定相关政策，激励地方政府将流动儿童集中居住社区发展纳入地方发展规划。加大公共财政投入和专项转移支付，积极建设儿童友好城市和儿童友好村庄。

第六，推进财政改革，加大对儿童发展，尤其是儿童早期发展的投入。应当尽快扩大儿童发展的财政投资规模，注重调整相应的财政支出结构。在努力提升义务教育均衡水平的基础上，积极向儿童的早期养育、学前教育和高中教育阶段延伸，并将其纳入公共财政。政府应在流动儿童的教育和卫生健康方面建立人钱挂钩机制，每年按照各城市所解决的流动儿童教育和卫生健康问题惠及的人数予以专项财政转移支付。同时，积极投资儿童的营养和卫生保健，确保儿童的健康和人力资本积累。

---

① 杨雄：《我国儿童社会政策建设的几个基本问题》，《当代青年研究》2011 年第 1 期。

第七，中国儿童发展城乡差距大，发展诉求呈现多元化、早期化、综合化。现有的分散于教育部等九部委的儿童政策体系已不能满足发展需求。建议在中央层面设立中央儿童发展工作领导小组，在政府部门层面设立儿童发展署，给予儿童发展以组织和行政上的有力保障，确保城乡所有儿童均能分享发展成果，健康成长。

第十一章　实现儿童现代化

一、中国的儿童现代化

中国未来要通过走中国式现代化道路，推进中华民族的伟大复兴，其中就包含着实现人的现代化，尤其是实现儿童发展的现代化。党的二十大报告提出，全面建成社会主义现代化强国，总的战略安排是分两步走：从2020年到2035年基本实现社会主义现代化；从2035年到21世纪中叶把我国建成富强民主文明和谐美丽的社会主义现代化强国。

要实现中国式现代化的宏伟目标，需要对人口进行人力资本投资，明确将儿童发展作为重点纳入国家发展战略并实施，实现儿童现代化。现阶段应继续秉持儿童优先原则，有针对性地采取营养、健康、养育和教育等综合的、整体的干预措施，构建起现代化的儿童发展体系，确保所有儿童获得平等的发展机会，缩小农村地区与城市的儿童发展差距，构筑向上流动的渠道，阻断贫困的代际传递，实现社会公平。这不仅是最具成本效益的投资策略之一，可以提高未来人口的生产力和竞争力，避免未来劳动力素质和社会生产率的下降，也可以在较长时期内保持国家的核心竞争力和社会凝聚力，使中国能够有能力克服在人口老龄化、少子化、快速城镇化、高科技发展和向高收入国家迈进过程中所面临的各种困难。通过重视和鼓励儿童发展政策与项目创新，鼓励社会力量参与，举家庭、学校、社会、政府之合力推动中国儿童发展，实现儿童现代化。

实现中国式现代化目标意味着需要约两代人的健康成长和努力奋

斗。今天的儿童会陆续在 2035 年左右成年并进入劳动力市场，成为经济发展和社会进步的建设者和贡献者。他们的下一代又大约会在 2050 年之后成长为中国式现代化的生力军和主人翁。这两代人建设国家、社会和获得个人幸福的能力很大程度上取决于当下他们所受的养育、教育及社会保护的质量。当前，国家和社会还需要弥合儿童发展鸿沟。受各种因素的影响，中国的儿童发展事业发展还不平衡，城乡和区域间发展差距大的趋势还没有得到根本扭转，特别是欠发达地区的儿童，在健康、营养、教育等方面的发展水平明显低于全国平均水平。相对于义务教育和高等教育，目前儿童的早期发展还是短板，尤其是儿童早期养育投入还远远不够。这些发展差距都亟须在上述两代人内弥补。儿童的公平且高质量的现代化发展将是推动实现人的现代化和中国式现代化的基石。

现代化是一个系统而深刻的社会变迁过程，其中涉及理念的变革、社会的转型、国家的建设和制度体系的建立。从儿童的视角出发，实现中国儿童的现代化，需要实现儿童发展理念的现代化、建设儿童优先社会、成为儿童投资型国家、建成儿童现代化发展体系。

1. 儿童发展理念的现代化

儿童发展理念的现代化是儿童现代化的基础。儿童发展的现代化理念集中体现在儿童权利、儿童优先、儿童友好，它包含 3 个方面的含义：首先是加快制定和出台与儿童发展相关的法律，切实保护儿童的基本权利，使儿童的权利维护和健康成长有法可依、有法必依。其次是制订国家层面的儿童发展战略计划，明确提出适应中国建成社会主义现代化强国的儿童发展目标，切实落实儿童优先，实现中国儿童工作从生存保护型向高质量发展型的转变，实现 2030 年可持续发展目标，奠基中国未来发展的国家竞争力。最后是建设儿童友好型城市和乡村。在城市和社区通过充分考虑儿童发展需求，广泛提供寓教于乐的儿童活动公共设施；在农村通过积极提高有质量保证的卫生、教育和儿童保护等公共服务，建设儿童友好型村庄。

2. 建设儿童优先社会

1990 年举行了首届世界儿童问题首脑会议，提出了儿童优先的原则。该原则要求在社会资源有限的情况下，儿童的基本需求应该得到优先发展和满足。当前中国迫切需要建设儿童优先社会，一是因为随着近年来生育率的急剧下降，儿童数量急剧下降，儿童成为更加宝贵的社会财富。二是儿童是弱势人群，儿童的主张需要有人代言，儿童需要发出自己的声音，维护自己的权利。三是儿童早期是人的能力发展的关键期，是奠定一生成就和幸福感获得的重要时期，所以必须重视和投资儿童发展。四是在现代社会中，孩子是家庭的核心。重视儿童、促进儿童健康成长有助于家庭幸福和谐，提升社会凝聚力和满意度。五是因为今天的儿童就是明天的公民和国家的主人，一个儿童优先的社会，孩子们应该享有受到高度重视、优先对待、法律维护、安全友好、和谐温情的成长环境。

3. 成为儿童投资型国家

儿童投资型国家意味着：第一，儿童的治理必须要以儿童为中心、以发展为导向。国家和政府不能仅仅局限于眼前和局部的利益，而应着眼于未来，以投资发展为导向，视儿童为国家的人力资本、新国民和未来劳动力。第二，政府在儿童发展的治理中应发挥主导作用，必须承担起为儿童提供充足和高质量公共服务的重要责任。第三，以早期发展、教育和健康卫生为主要内容。早期发展、教育和健康卫生是人力资本的重要组成部分。第四，加强对家庭的支持。儿童的需要与家庭的需要是不可分割的，帮助家庭就是帮助儿童。第五，积极建设儿童友好城市和儿童友好村庄。第六，推进财政改革，加大对儿童发展，尤其是儿童早期发展的投入。第七，在政府层面设立专职部门，给予儿童发展以组织和行政上的有力保障，确保城乡所有儿童均能分享发展成果，健康成长。第八，政府积极主导，市场、社区、家庭共同参与，合力促进儿童的健康成长。

4. 建成儿童现代化发展体系

儿童现代化发展体系的初步构想主要包括 3 个方面：一是强调儿童发

展体系的全体共享性；二是强调儿童发展体系的发展型特征；三是强调儿童发展体系的高质量。

全体共享性是未来中国儿童发展体系公平性最重要的体现之一。其突出的特点为，使新型的儿童发展体系能惠及所有儿童，特别是欠发达地区的农村儿童。它包括3层含义。第一，为没有发展公共服务保障的儿童群体建章立制。为留守儿童、流动儿童、低收入家庭儿童建立儿童发展公共服务体系，提供养育、教育、营养、保护等基本干预和服务。第二，逐步提高儿童发展水平和儿童发展的公平性，使每个儿童通过国家儿童发展项目保障健康成长并享有适当的公共服务；同时应建立儿童发展服务水平调整机制，随着国家财政收入与人民收入水平的提高适时调整，保证全体儿童共享社会经济发展的成果。第三，实现儿童发展公共服务体系的均等化。

发展型儿童发展体系也包括3层含义。第一，新型儿童发展体系突出以人为本，关注与推进儿童的发展和健康成长的新理念，把教育、营养、心理、援助等上游干预性领域纳入儿童发展政策体系。第二，强调儿童发展体系的渐进发展过程，充分兼顾中国在不同发展时期的财政能力、人口结构、收入水平、市场化程度、区域发展差别、城乡二元结构、城市化水平、劳动力市场、科技发展和儒家文化传统等特征，使儿童发展体系的改善与中国社会经济的发展阶段相适应。第三，从中长期发展战略的角度入手制定儿童发展政策，加强儿童早期发展的社会投资功能，把传统的儿童政策从补偿型福利模式转变为一种与经济发展相互促进的预分配模式。

高质量的儿童发展体系包含7个方面的内容。一是填空白、补短板，优化和完善儿童的发展和治理体系；二是切实落实幼有所育，提高早期养育质量；三是扎实实施幼有所教，提高教育质量；四是落实弱有所护，消除儿童成长的风险；五是提高儿童的营养和健康水平；六是加大儿童高质量发展的资源投入力度；七是加强儿童高质量发展的研究和评估监测。

二、发展阶段和目标

中国的现代化儿童发展体系的建立可分为两个阶段：2020—2035 年为第一阶段，主要任务是初步建立中国儿童现代化发展制度框架；2035 年至 21 世纪中叶为第二阶段，建成中国儿童现代普惠发展体系。

国际上，日本和韩国等东亚国家在全面建成普惠型儿童福利服务制度时的人均 GDP 分别为 3.6 万美元和 2.0 万美元。2023 年，中国人均 GDP 已突破 1.25 万美元，到 2035 年中国基本实现社会主义现代化的时候，人民的生活会更加富裕，建成普惠的儿童发展服务体系是内在要求[①]。2035 年中国儿童现代化发展体系的目标是进一步实现全体儿童的发展权利和待遇的公平性，基本实现儿童发展城乡公共服务的均等化，农村儿童发展水平接近城市儿童水平。这包括 4 个方面的具体内容：一是实行公益普惠的学前教育模式，所有学龄前儿童在九年义务教育之前享受三年的学前教育；二是进一步完善可及、普惠和有质量的 0~3 岁婴幼儿早期养育公共服务基本制度，让所有 0~3 岁婴幼儿都能享受到中心型、家访型或两者结合的早期养育服务；三是建立公平和有质量的儿童营养健康政策体系，让所有从孕期开始直到 14 岁的儿童都能得到基本的营养健康干预和保障，确保健康成长；四是在已普及义务教育的基础上，大力提升义务教育质量，缩小城乡教育差距。

21 世纪中叶，中国现代化普惠的儿童发展体系主要目标是：成为儿童投资型国家，建成全程干预、全程关爱的儿童发展体系，儿童发展水平接近发达国家水平。具体包括：通过制定实施儿童发展法、儿童福利法等使儿童权利得到根本保障和维护；形成以政府为主导的儿童投资体系，教育支出占到 GDP 的 5% 及以上，儿童早期发展投入占到 GDP 的 1% 及以上；儿童公共服务均等化，建成遍布城乡的婴幼儿照护体系，普及普惠的

---

① 谢琼：《中国儿童福利的发展与制度构建》，《中国社会保障》2021 年第 11 期。

学前教育，建成高质量的义务教育体系，实施从孕期到义务教育阶段的国家儿童营养项目；形成完善的儿童保护体系，将儿童保护和预防结合起来；为全体具有公民身份的儿童提供儿童补贴；促进儿童健康成长，积累丰厚的人力资本。

三、主要政策建议

为实现 2020—2035 年初步形成儿童现代化发展体系，应切实保障儿童发展机会公平，增进儿童福祉，促进健康发展，让每一个孩子都有机会实现中国梦。

1. 制定儿童发展国家战略，积极落实 2030 年可持续发展议程目标，加快儿童发展立法

将儿童发展尤其是早期发展上升为国家发展战略。将儿童早期发展纳入国家高质量发展目标和《中国儿童发展纲要（2021—2030 年）》、"十五五"规划纲要、"十六五"规划纲要。强化中央和省级政府统筹，将责任分工和任务进度切实落实到政府、事业单位、民间机构和社会组织等各个方面。力争到 2025 年，初步建立城乡覆盖、有质量保证的儿童发展服务体系（重点是儿童早期发展）；到 2035 年，农村地区儿童发展整体水平基本达到或接近全国平均水平。

建议在中央层面设立儿童发展工作领导小组，在国务院尽快设立主管儿童发展和福利事务的行政机构。将分散于各部门、各组织的儿童发展和福利职能集中规划和管理，形成整体上推动儿童优先落实的行政力量。加快制定和出台儿童发展法等与儿童发展相关的法律，切实贯彻儿童优先原则，使儿童的权利维护和健康成长有法可依、有法必依。

2. 积极应对中国"少子化"挑战

制定并出台积极、系统的政策，短期内会延缓我国生育水平的下降，长期有可能维持生育水平的稳定或缓慢提升。

一是提升人类发展水平，推动生育率反弹。通过更完整的经济社会发展，特别是通过人类发展指数（HDI）水平的提升，有针对性地解决制

约家庭发展的诸多因素，在社会范围内和家庭内部创造职业与生育、养育和教育子女之间的平衡，以此推动生育率朝着更替水平或意愿水平反弹[①]。

二是实现从家庭养育到社会养育和家庭养育并重的转变。加快实施覆盖城乡育龄妇女的生育补贴制度。适度延长妇女产假，实行男方护理假，积极探索和普及实施父母育儿假制度。对企业实施育儿带薪休假制度采取税收支持政策，加快探索建立生育家庭税收减免等长效激励制度。

三是增大投入。要解决低生育率问题，需要整个社会巨大的投入，可以考虑将 GDP 的 1% 用于鼓励生育措施。

四是高度重视农村地区的生育和养育事业。目前农村地区的生育率处于政策可以有效干预的关键窗口期。因此，政府和社会应该高度重视农村地区的生育和养育事业，积极投资和开展政策干预。

五是设立国家机构，加强儿童发展的统筹和执行。在政府部门层面设立国务院直属的行政机构，积极应对"少子化"，给儿童发展以组织和行政上的有力保障。

六是营造生育友好的社会文化和氛围。调节影响生育意愿和生育行为的社会经济因素，影响家庭夫妇对生育的知识了解和理性选择，形成生育友好的社会文化和氛围。

3. 确保所有儿童获得高质量的早期发展公共服务，实现幼有所育

实现幼有所育目标，普及有质量的儿童早期发展，是儿童现代化的重要任务。

建立可及、普惠和有质量的儿童早期养育体系。到 2025 年婴幼儿照护服务的政策法规体系和标准规范体系基本健全，多元化、多样化、覆盖城乡的婴幼儿照护服务体系基本形成；到 2035 年建成普惠、高质量、覆盖城乡的婴幼儿照护体系。加大财政投入。在城镇以社区为依托建立服务机构，发展普惠性早期养育中心，鼓励有条件的用人单位建设儿童日间照

---

① 蔡昉：《人口负增长时代：中国经济增长的挑战与机遇》，中信出版集团，2023。

料设施，鼓励兴办民营托幼机构并加强监管。在农村地区以家访、家访结合中心的模式尽快扩大试点范围，早期养育服务要入户。国家财政加大早期养育投入，重点向欠发达地区倾斜，争取到2025年底，能在欠发达地区的所有县开展早期养育公共服务。

将学前教育纳入义务教育体系，提供普惠和优质的学前教育。率先在欠发达地区实现学前三年免费教育，2035年之前在全国范围内将学前教育纳入义务教育体系，全面普及学前三年教育，建成覆盖城乡、布局合理的学前教育公共服务体系，为幼儿提供普惠和优质的学前教育。政府加大对学前教育的投入。提高学前教育质量，提高学前教育教师工作待遇。开展对学前教育质量和效果的监测评估。

4. 建立公平和有质量的儿童早期营养健康政策体系

由国家卫生健康委负责，在欠发达地区落实生命早期1000天营养行动，为欠发达地区孕产妇发放孕妇营养包，与婴幼儿辅食营养包相互配合，完整覆盖生命早期1000天。发放新生儿大礼包，开办妈妈学校，大力提倡纯母乳喂养，通过孕产妇营养理念和行为的改变，保障婴幼儿健康。继续实施婴幼儿营养包项目，并进一步加大项目投入，提升项目质量，确保婴幼儿健康成长。

由教育部负责启动实施欠发达地区幼儿园营养午餐项目。把农村义务教育阶段学生营养改善计划进一步前移覆盖至学前教育阶段儿童。中央和地方财政共同实施幼儿园营养午餐计划，优先覆盖原来的集中连片特殊困难地区680个县的3~6岁在园儿童，按照每童每天4元进行财政补贴。

加大儿童医院和标准化妇幼保健机构建设。设立"农村儿童大病医保基金"，为农村儿童大病医疗免费提供保障。

5. 确保所有儿童完成免费、公平、优质的义务教育，并取得有效的学习成果

义务教育由基本均衡向优质均衡迈进，2035年实现义务教育高质量发展的目标。继续加大义务教育保障水平并向欠发达地区倾斜，建立以发展素质教育为导向的课程和教学体系，加强教师队伍建设，实施义

务教育质量提升工程，促进县域义务教育从基本均衡向优质均衡发展，坚持和完善国家义务教育质量监测制度。加大农村义务教育资源的投入，提高农村教师待遇，加强培训，推进农村教育高质量发展。义务教育向学前阶段和高中阶段延伸。继续推进中高考制度改革。推进随迁子女入学待遇同城化，健全家庭经济困难学生资助体系，实现"一个都不能少"[①]。

6. 促进儿童心理健康，增进儿童健康福祉

儿童青少年心理健康工作关键是要坚持预防为主，减少促发儿童青少年心理健康问题的危害性因素。完善教育系统的心理服务网络，实施科学的学生心理测评，为学校配备专业的心理辅导老师，进行积极心理培养和建设，开展丰富多彩的校园文体社团活动。对出现心理健康问题征兆的学生尽早进行评估和干预，做好与专业精神卫生机构的转介服务。将儿童青少年心理健康纳入社会服务体系、公共卫生服务体系及社会保障体系来协同推进、共同发力。加大投入力度，中央财政安排专项资金，支持社会心理服务体系建设。加大关于青少年心理健康的公共宣传和教育力度。积极开展关于青少年心理健康的家庭教育，加强家校联系和合作。加强跨部门合作，共同制定和实施关于青少年心理健康的工作和项目[②]。

7. 抓住数字革命的有利契机，进行教育转型和变革，使其更具包容性、公平性、有效性和可持续性

要塑造和平、公正和可持续的未来，教育本身必须变革。国家教育部门应该推动教育数字化转型的实践引导、组织管理、安全保障、质量监管和资源配给等制度的改革与完善。应充分利用数字技术，确保将教育作为一项公共产品来提供，优质教育资源互联互通，普遍惠及所有群体，确保数字学习机会公平。尽快建立与课程相一致的高质量教育资源公共数字学

---

① 王建：《可持续发展、教育现代化与儿童发展》，《教育与教学研究》2020 年第 8 期。
② 郭祥情：《促进儿童心理健康 共同守护美好未来》，《中国家庭报》2023 年 10 月 16 日。

习平台，确保这些平台免费开放，并满足语言和学习方式的多样化需求，积极为教师、学生及其家庭赋能。要确保教师获得充分的培训和支持，提升教师在不同教学场景中合理使用数字技术、优化课堂教学的能力，并帮助学生掌握数字技能。

8. 构建家庭、学校、社区"三位一体"的儿童保护和服务体系网络

强化家庭监护主体责任。扩大家庭教育公共服务供给，构建家庭教育指导服务体系，为家庭履行监护责任提供指导、支持和监督。完善困境儿童及其家庭的支持政策，把对困境儿童及其家庭的支持与保障作为家庭政策改革的优先和重点领域，通过各种服务和福利保障减轻家庭的生育、养育、教育负担，为家庭更好地养育孩子提供有利条件。

发挥学校教育的主渠道作用，加强家长学校、家长委员会建设，促进家校联动与沟通，强化学校对家庭的指导和服务，形成学校与家庭的教育合力。

加强基层儿童保护体系建设。建立监测预防、发现报告、调查评估、应急处置、帮扶干预"五位一体"的基层儿童保护机制，建立一支包括村儿童主任在内的专业化的社区儿童工作队伍。

9. 加大儿童发展投入

继续加大教育投入。我国教育财政性经费占国内生产总值比例连续十多年不低于4%。到2035年，总体实现教育现代化，教育财政经费占国内生产总值的比例需要进一步提高，应达到或超过5%。

加大儿童早期发展投入。建议将1%的GDP用于儿童早期发展。建立健全以财政投入为主、社会力量参与、家庭合理分担的儿童早期发展经费投入机制。对儿童早期发展的社会公益项目实行税收优惠政策。特别建议加大中央财政资金针对欠发达地区儿童早期发展的专项投入，设立基本公共服务领域中央与地方共同财政事权项目，保障每个欠发达地区的孩子每年3000元的早期发展经费。创建中央政府儿童早期发展示范项目，保持中央政府对儿童早期发展方向的引导和奖补。

10. 建设儿童友好型社区和村庄

在城市社区通过充分考虑儿童发展需求，广泛提供寓教于乐的儿童活动公共设施。在村庄通过提高有质量保证的卫生、教育和儿童保护等公共服务，积极建设儿童友好型村庄。

参 考 文 献

［1］安徽省陈鹤琴教育思想研究会.爱国老教育家陈鹤琴［M］.合肥：安徽文艺出版社，2002.

［2］史黛西·比勒.中国留美学生史［M］.张艳，译.北京：生活·读书·新知三联书店，2010.

［3］边燕杰，芦强.阶层再生产与代际资源传递［J］.决策探索（下半月），2014（2）.

［4］蔡昉.人口负增长时代：中国经济增长的挑战和机遇［M］.北京：中信出版集团，2023.

［5］毕节试验区农村儿童发展综合示范区0~3岁儿童早期养育项目实施方案［EB/OL］.毕节市人民政府，2023-08-03.

［6］中国近代史丛书编写组.洋务运动［M］.上海：上海人民出版社，1973.

［7］陈鹤琴.创建中国化、科学化的现代幼儿教育［M］.北京：金城出版社，2002.

［8］陈景磐.中国近代教育史［M］.北京：人民教育出版社，1979.

［9］陈琳.中国城镇代际收入弹性研究：测量误差的纠正和收入影响的识别［J］.经济学（季刊），2016（1）.

［10］陈四益."营养包"的故事［J］.瞭望，2015（40）.

［11］陈晓宇.谁更有机会进入好大学——我国不同质量高等教育机会分配的实

证研究［J］.高等教育研究，2012（2）.

［12］陈竹君，张莉清.抗战期间国民政府社会部的儿童福利工作述论［J］.乐山师范学院学报，2007（9）.

［13］成海军.儿童福利机构照顾存在的问题及对策［J］.民政论坛，2001（1）.

［14］成有信.九国普及义务教育［M］.北京：人民教育出版社，1985.

［15］程猛.读书的料及其文化生产：当代农家子弟成长叙事研究［M］.北京：中国社会科学出版社，2018.

［16］池瑾，Eduardo Velez.儿童早期发展的投资与干预：国际的实验依据［J］.基础教育，2017（5）.

［17］促进儿童早期发展：从科学理论到推广普及［J］.柳叶刀，2016（10）.

［18］中国大百科全书总编辑委员会，《教育》编辑委员会，中国大百科全书出版社编辑部.中国大百科全书（教育）［M］.北京：中国大百科全书出版社，1985.

［19］戴建兵，曹艳春.论我国适度普惠型社会福利制度的建构与发展［J］.华东师范大学学报（哲学社会科学版），2012（1）.

［20］丁韪良.花甲记忆——一个美国教士眼中的晚清帝国［M］.沈弘，等，译.桂林：广西师范大学出版社，2004.

［21］丁小浩.规模扩大与高等教育入学机会均等化［J］.北京大学教育评论，2006（2）.

［22］杜智鑫.被忽视的一代：船房社区流动儿童社会融合调查研究［M］.北京：中国发展出版社，2016.

［23］范兴华，方晓义，黄月胜，等.父母关爱对农村留守儿童抑郁的影响机制：追踪研究［J］.心理学报，2018（9）.

［24］高如峰.义务教育投资的国际比较［M］.北京：人民教育出版社，2003.

［25］歌路营.中国农村住校生调查报告［R］.2015.

［26］高奇.中国现代教育史［M］.北京：北京师范大学出版社，1985.

［27］龚乃传.中国义务教育学制改革大思路［M］.北京：人民教育出版社，1995.

［28］龚芮.我国城乡居民代际收入流动性研究［D］.北方工业大学，2019.

［29］龚芸.论陶行知关于建设中国式幼稚园的构想［J］.邵阳学院学报（社会科学版），2005（2）.

［30］共青团中央维护青少年权益部，中国互联网络信息中心.2021年全国未成年人互联网使用情况研究报告［R］.2022.

［31］王英杰，曲恒昌，李家永.亚洲发展中国家的义务教育比较［M］.北京：人民教育出版社，1999.

［32］郭炯，杨丽勤.教育信息化促进教育系统性变革路径研究——基于教育部首批教育信息化优秀试点案例的分析［J］.中国电化教育，2019（5）.

［33］国家发展改革委关于印发《2021年新型城镇化和城乡融合发展重点任务》的通知［EB/OL］.国家发展改革委，2021-04-08.

［34］国家统计局，联合国儿童基金会，联合国人口基金.2015年中国儿童人口状况：事实与数据［R］.2017.

［35］国家统计局.中国妇女发展纲要（2011—2020年）实施情况统计报告［R］.2013.

［36］国家统计局.中国儿童发展纲要（2011—2020年）统计监测报告［R］.2018.

［37］国家统计局.第七次全国人口普查公报［R］.2021.

［38］卫生计生委发布贫困地区儿童营养改善项目实施情况［EB/OL］.中国政府网，2014-02-10.

［39］《国家中长期教育改革和发展规划纲要（2010—2020年）》中期评估 教师

队伍建设专题评估报告［R］.2015.

［40］《国家中长期教育改革和发展规划纲要》中期评估 学前教育专题评估报告［R］. 2015.

［41］洪秀敏，陶鑫萌.改革开放40年我国0～3岁早期教育服务的政策与实践［J］. 学前教育研究，2019（2）.

［42］韩红升.民主革命时期毛泽东的人民教育实践［J］.党的文献，2005（6）.

［43］何炳棣.明清社会史论［M］.北京：中华书局，2019.

［44］中国（海南）改革发展研究院课题组，何冬妮，方栓喜.应对高龄少子化挑战的建议［J］.社会治理，2021（10）.

［45］洪银兴.未来中国如何"现代化"——发展经济学的视阈［J］.南国学术，2015（1）.

［46］侯龙龙，李锋亮，郑勤华.家庭背景对高等教育数量和质量获得的影响——社会分层的视角［J］.高等教育研究，2008（10）.

［47］胡荣，张义祯.高等教育机会阶层辈出率影响因素研究［J］.清华大学教育研究，2007（1）.

［48］胡祎.大数据时代西部地区基础教育信息化现状与发展策略［J］.经济研究导刊，2019（7）.

［49］华东师范大学教育系.中国现代教育文选（修订版）［M］.北京：人民教育出版社，1998.

［50］蒋亚丽，腾芸.教育的文化再生产与社会阶层的向上流动［J］.广州大学学报（社会科学版），2015（2）.

［51］专家监测显示：2013年农村义务教育学生营养改善计划取得五方面显著成效［EB/OL］.中华人民共和国教育部，2014-03-03.

［52］2017年全国教育事业发展统计公报［R］.2018.

［53］2018 年全国教育事业发展统计公报［R］. 2019.

［54］教育部教育年鉴编纂委员会. 第一次中国教育年鉴［M］. 上海：开明书店，1934.

［55］教育部教育年鉴编纂委员会. 第二次中国教育年鉴［M］. 上海：商务印书馆，1948.

［56］景天魁，毕天云，高和荣，等. 当代中国社会福利思想与制度：从小福利迈向大福利［M］. 北京：中国社会出版社，2011.

［57］李宝库. 积极开展孤残儿童家庭寄养工作 全面推进儿童福利事业的社会化进程［J］. 社会福利，2003（11）.

［58］李春玲. 社会结构变迁中的城镇社会流动［J］. 社会学研究，1997（5）.

［59］李定开，熊明安，徐仲林. 简明中国教育史［M］. 成都：四川人民出版社，1985.

［60］李桂林. 中国现代教育史［M］. 长春：吉林教育出版社，1991.

［61］于述胜. 中国教育制度通史（第七卷）［M］. 济南：山东教育出版社，2000.

［62］李华兴. 民国教育史［M］. 上海：上海教育出版社，1997.

［63］李季湄，冯晓霞.《3-6 岁儿童学习与发展指南》解读［M］. 北京：人民教育出版社，2013

［64］李路路，石磊，朱斌. 固化还是流动？——当代中国阶层结构变迁四十年［J］. 社会学研究，2018（6）.

［65］李曼丽，刘东梅，刘爱东，等. 中国贫困地区 2~5 岁儿童贫血患病现状及家长喂养行为的影响因素分析［J］. 卫生研究，2011（2）.

［66］李若建. 当代中国职业流动研究［J］. 人口研究，1995（2）.

［67］李晓曼，曾湘泉. 新人力资本理论——基于能力的人力资本理论研究动态［J］.

经济学动态，2012（11）．

　　［68］李映涛．底层民众与城市近代化：民国前期内地城市贫困人口的人口学特征研究［J］．中华文化论坛，2023（1）．

　　［69］联合国开发计划署．2014年人类发展报告［R］．2014.

　　［70］陈元晖．中国近代教育史资料汇编：学制演变［M］．上海：上海教育出版社，2007.

　　［71］廖其发．中国幼儿教育史［M］．太原：山西教育出版社，2006.

　　［72］林宝．应对"少子老龄化"的国际经验［J］．时事报告，2018（10）．

　　［73］刘继同．国家责任与儿童福利：中国儿童健康与儿童福利政策研究［M］．北京：中国社会出版社，2010.

　　［74］刘精明．高等教育扩展与入学机会差异：1978—2003［J］．社会，2006（3）．

　　［75］刘鹏．"寒门难出贵子"是个危险信号［J］．江西教育，2011（34）．

　　［76］刘尧．"寒门学子"何以圆梦北大清华？——从七百余名农村考生圆梦北大谈起［J］．上海教育评估研究，2016（6）．

　　［77］舒新城．近代中国教育史料［M］．北京：中国人民大学出版社，2012.

　　［78］陆士桢．适度普惠社会保障体制下的社会福利服务——以儿童福利的视角［J］．社会保障研究，2010（2）．

　　［79］约·罗伯茨．十九世纪西方人眼中的中国［M］．蒋重跃，刘林海，译．北京：中华书局，2006.

　　［80］E.A.罗斯．变化中的中国人［M］．李上，译．北京：电子工业出版社，2016.

　　［81］毛礼锐．中国教育通史［M］．济南：山东教育出版社，1988.

　　［82］毛泽东．毛泽东选集［M］．北京：人民出版社，1991.

　　［83］蒙冰峰．"寒门难出贵子"：现象、原因与破解［J］．中国青年研究，2014(12).

　　［84］潘懋元．公平与效率：高等教育决策的依据［J］．北京大学教育评论，

2003（1）．

［85］庞丽娟，范明丽．"省级统筹以县为主"完善我国学前教育管理体制［J］．教育研究，2013（10）．

［86］庞丽娟．中国教育改革30年：学前教育卷［M］．北京：北京师范大学出版社，2009．

［87］溥任．晚清皇子生活与读书习武［J］．紫禁城，1989（2）．

［88］钱钢，胡劲草．留美幼童：中国最早的官派留学生［M］．上海：文汇出版社，2004．

［89］十年健康监测见证营养改善——农村义务教育学生营养改善计划营养健康状况变迁（2012—2022）［R］．2022．

［90］钟叔河．走向世界丛书［M］．长沙：岳麓书社出版社，1985．

［91］阿玛蒂亚·森．以自由看待发展［M］．任赜，于真，译．北京：中国人民大学出版社，2002．

［92］尚俊杰，李秀晗．教育数字化转型的困难和应对策略［J］．华东师范大学学报（教育科学版），2023（3）．

［93］尚晓援．中国弱势儿童群体保护制度［M］．北京：社会科学文献出版社，2008．

［94］尚晓媛，王小林．中国儿童福利前沿［M］．北京：社会科学文献出版社，2012．

［95］沈祖超，阎凤桥．社会分层对于高等教育分层的影响——西安民办高校学生家庭背景的实证分析［J］．北京大学教育评论，2006（2）．

［96］石霓．观念与悲剧：晚清留美幼童命运剖析［M］．上海：上海人民出版社，2000．

［97］史仲文，胡晓林．中国全史［M］．北京：中国社会科学出版社，1994．

［98］舒新城．中国近代教育史资料［M］．北京：人民教育出版社，1980．

［99］宋金寿．抗战时期的陕甘宁边区［M］．北京：北京出版社，1995．

［100］广东省社会科学院历史研究室，中国社会科学院近代史研究所，中华民国史研究室，中山大学历史系孙中山研究室．孙中山全集［M］．北京：中华书局，1981．

［101］唐淑．学前教育思想史［M］．北京：人民教育出版社，2018．

［102］田正平，肖朗．世纪之理想：中国近代义务教育研究［M］．杭州：浙江教育出版社，2000．

［103］童馨乐，潘妍，杨向阳．寒门为何难出贵子？基于教育观视角的解释［J］.中国经济问题，2019（4）．

［104］万国威．迈向"儿童投资型国家"：我国低生育率的福利逻辑及儿童福利制度的转型升级［J］.华中科技大学学报（社会科学版），2023（3）．

［105］王登峰．毛泽东儿童保育思想发微［J］.当代教师教育，2018（3）．

［106］王建．中国第一个乡村幼稚园［N］.大众日报，2014–10–08．

［107］王素英．从家庭寄养看中国儿童福利事业发展趋势［J］.民政论坛，2001（2）．

［108］王伟宜，谢作栩．家庭文化背景对高等教育入学机会的影响［J］.江苏高教，2005（4）．

［109］文东茅．家庭背景对我国高等教育机会及毕业生就业的影响［J］.北京大学教育评论，2005（3）．

［110］吴方文，宋映泉，黄晓婷．校园欺凌：让农村寄宿生更"受伤"——基于17841名农村寄宿制学校学生的实证研究［J］.中小学管理，2016（8）．

［111］吴亮．我国社会阶层固化的成因及对策研究［J］.经贸实践，2018（18）．

［112］吴全华．深化教育领域综合改革须着力关注的几个方面——纪念改革开放40周年［J］.教育发展研究，2018（9）．

［113］吴媛媛．抗战末期国民政府领导的大后方儿童福利实验运动——以国民政

府社会部北碚儿童福利社区实验为例［J］.社会工作，2016（1）.

［114］谢俊美.翁同龢传［M］.北京：中华书局，2000.

［115］熊明安.中华民国教育史［M］.重庆：重庆出版社，1990.

［116］熊贤君.千秋基业——中国近代义务教育研究［M］.武汉：华中师范大学出版社，1998.

［117］徐瑞娥.关于农村义务教育经费保障机制的研究综述［J］.经济研究参考，2007（48）.

［118］阎树声，胡民新，李忠全，等.毛泽东与延安教育［M］.西安：陕西人民出版社，1993.

［119］阳义南，连玉君.中国社会代际流动性的动态解析——CGSS与CLDS混合横截面数据的经验证据［J］.管理世界，2015（4）.

［120］杨德广，张兴.关于高等教育公平与效率的思考［J］.北京大学教育评论，2003（1）.

［121］杨三喜.高考不是阶层流动的唯一通道［N］.中国青年报，2017-06-06.

［122］杨文庄.促进儿童友好、生育友好环境建设［J］.早期儿童发展，2023（2）.

［123］杨晓哲，王若昕.困局与破局：教育数字化转型的下一步［J］.华东师范大学学报，2023（3）.

［124］杨兴隆.民国初期各阶层的收入水平与生活状况［J］.经济社会史评论，2015（3）.

［125］叶铁桥，田国垒.寒门子弟为何离一流高校越来越远［N］.中国青年报，2012-04-16.

［126］奕阳教育.白宫发布STEM教育下一个五年计划——"北极星计划"［EB/OL］.奕阳教育公众号，2019-01-18.

［127］阿历史斯·英格尔斯.人的现代化［M］.殷陆君，译.成都：四川人民出

版社，1985.

［128］于美丽.抗战时期陕甘宁边区的儿童保育工作——以保育机构为中心［D］.北京：中共中央党校，2014.

［129］余胜泉.教育数字化转型的关键路径［J］.华东师范大学学报（教育科学版），2023（3）.

［130］余秀兰，韩燕.寒门如何出"贵子"——基于文化资本视角的阶层突破［J］.高等教育研究，2018（2）.

［131］虞永平.中国幼教之父——陈鹤琴［M］.南京：南京大学出版社，2019.

［132］全面深化综合改革 全面加强依法治教 加快推进教育现代化——袁贵仁部长在2015年全国教育工作会议上的讲话［EB/OL］.中华人民共和国教育部，2015-02-12.

［133］袁振国.教育数字化转型：转什么，怎么转［J］.华东师范大学学报（教育科学版），2023（3）.

［134］杨菊华.理论基础、现实依据与改革思路：中国3岁以下婴幼儿托育服务发展研究［J］.社会科学，2018（9）.

［135］张斌.农村幼儿园规划布局问题探讨与对策建议［J］.早期教育（教科研版），2016（11）.

［136］张纯.抗战时期陕甘宁边区第一保育院的保教实施及历史意义［J］.河北师范大学学报（教育科学版），2015（4）.

［137］张凡.儿童福利事业的定位与发展［J］.中国民政，2001（3）.

［138］张红霞.当前我国儿童福利机构面临的问题［J］.社会福利，2003（12）.

［139］张晓梅.陕甘宁边区战时儿童保育分会工作概况［N］.新华日报，1939-11-11.

［140］张延军.儿童福利机构：家庭寄养工作调查［J］.社会福利，2007（2）.

［141］郑观应.盛世危言［M］.长春：北方妇女儿童出版社，2001.

［142］中共中央 国务院关于学前教育深化改革规范发展的若干意见［EB/OL］.中国政府网，2018-11-15.

［143］中国第二历史档案馆.中华民国史档案资料汇编［M］.南京：江苏古籍出版社，1991.

［144］中国儿童发展纲要（2001—2010 年）［R］.2001.

［145］中国发展研究基金会，中国儿童中心.脱贫地区儿童早期发展调查研究报告［R］.2021.

［146］王梦奎.反贫困与中国儿童发展［M］.北京：中国发展出版社，2013.

［147］中国发展研究基金会.“慧育中国”课题组基线测试报告［R］.2015.

［148］中国发展研究基金会.山村幼儿园效果评估报告［R］.2015.

［149］中国发展研究基金会.贫困地区儿童营养改善项目效果评估报告［R］.2016.

［150］中国发展研究基金会.中国儿童发展报告2017：反贫困与儿童早期发展［M］.北京：中国发展出版社，2017.

［151］李伟.反贫困与中国儿童发展 II［M］.北京：中国发展出版社，2018.

［152］中国发展研究基金会.中国儿童发展报告2023：促进农村儿童高质量发展［M］.北京：中国发展出版社，2023.

［153］联合国儿童基金会，北京师范大学中国公益研究院.中国儿童福利与保护政策报告2019［R］.2019.

［154］中国学前教育史编写组.中国学前教育史资料选［M］.北京：人民教育出版社，1989.

［155］中华人民共和国国民经济和社会发展第十四个五年规划和2035 年远景目标纲要［EB/OL］.求是网，2021-03-13.

［156］中央教育科学研究所 . 中国现代教育大事记（1919—1949）［M］. 北京：教育科学出版社，1988.

［157］周弘 . 福利的解析：来自欧美的启示［M］. 上海：上海远东出版社，1998.

［158］周勇 . 寒门学子的教育奋斗与社会上升——历史社会学视角［J］. 南京师范大学学报（社会科学版），2017（4）.

［159］朱有瓛 . 中国近代学制史料［M］. 上海：华东师范大学出版社，1983.

［160］Barr A，Gibbs C R. Breaking the Cycle？ Intergenerational Effects of an Anti-poverty Program in Early Childhood［J］. Journal of Political Economy，2022，130（12）.

［161］Blau P M，Duncan O D. Industrialization and Social Stratification［J］. Sociological Inquiry，1967，40（2）.

［162］Chen R，An J，Ou J. Suicidal Behaviour among Children and Adolescents in China［J］. The Lancet，Child & Adolescent Health，2018，2（8）.

［163］Guo J，Zhu Y，Fang L，et al. The Relationship between Being Bullied and Addictive Internet Use among Chinese Rural Adolescents：The Mediating Effect of Adult Attachment［J］. Journal of Interpersonal Violence，2022，37.

［164］Heckman J J，Carneiro P. Human Capital Policy［J］. National Bureau of Economic Research，2003.

［165］Heckman J J，Rubinstein Y. The Importance of Noncognitive Skills：Lessons from the GED testing［J］. The American Economic Review，2001，91（2）.

［166］Heckman J J，Larenas M I，Urzua S. Accounting for the Effect of Schooling and Abilities in the Analysis of Racial and Ethnic Disparities in Achievement Test Scores［EB/OL］. 2004.

［167］Heckman J J，Stixrud J，Urzua S. The Effects of Cognitive and Noncognitive

Abilities on Labor Market Outcomes and Social Behavior［J］. Journal of Labor Economics, 2006, 24.

［168］Lipset S M, Bendix R. Social Mobility in Industrial Society［J］.University of California Press, 1959, 16（2）.

［169］Lyu Y, Chow J C C, Hwang, J J., et al. Psychological well-being of Left-behind Children in China: Text Mining of the Social Media Website Zhihu［J］. International Journal of Environmental Research and Public Health, 2022, 19（4）.

［170］OECD. Starting Strong 2017: Key OECD Indicators on Early Childhood Education and Care［R］. 2017.

［171］She X, Zhao D, Li M. Adolescent Mental Health Disparities in Rural Guizhou vs.Urban Beijing: A comparative Analysis from China［J］. Global Pediatrics, 2022（2）.